China Knowledge:
科技与资产管理系列丛书
丛书主编　林　桦

中国科技金融应用与创新案例研究

陈作章　于宝山　杨刘礴睿　等著

苏州大学出版社

图书在版编目(CIP)数据

中国科技金融应用与创新案例研究 / 陈作章等著. —苏州：苏州大学出版社，2019.9
（China Knowledge：金融科技与资产管理系列丛书 / 林桦主编）
ISBN 978-7-5672-2814-6

Ⅰ.①中… Ⅱ.①陈… Ⅲ.①科学技术-金融-研究-中国 Ⅳ.①F832

中国版本图书馆 CIP 数据核字(2019)第 103399 号

中国科技金融应用与创新案例研究
Zhongguo Keji Jinrong Yingyong Yu Chuangxin Anli Yanjiu
陈作章　于宝山　杨刘礴睿　等著
责任编辑　薛华强

苏 州 大 学 出 版 社 出 版 发 行
（地址：苏州市十梓街 1 号　邮编：215006）
镇江文苑制版印刷有限责任公司印装
（地址：镇江市黄山南路 18 号润州花园 6-1 号　邮编：212000）

开本 700mm×1 000mm　1/16　印张 13.75　字数 240 千
2019 年 9 月第 1 版　2019 年 9 月第 1 次印刷
ISBN 978-7-5672-2814-6　定价：49.00 元

苏州大学版图书若有印装错误，本社负责调换
苏州大学出版社营销部　电话：0512-67481020
苏州大学出版社网址 http://www.sudapress.com
苏州大学出版社邮箱　sdcbs@suda.edu.cn

序 一

中国古代丝绸之路为当时沿途各国人民友好往来、互利互惠做出了贡献。如今"一带一路"倡议通过"丝绸之路经济带"和"21世纪海上丝绸之路"发展同各国的外交关系与经济、文化交流,构建人类命运共同体已经成为应对人类共同挑战的全球价值观,并逐步获得国际共识。

新加坡在"一带一路"特别是"21世纪海上丝绸之路"中发挥着积极作用,并成为重要的战略支点之一。2015年新加坡对华投资占"一带一路"沿线64个国家对华投资总额的80%以上,中国对新加坡投资占中国对"一带一路"沿线国家投资总额的33.49%,中新贸易额占中国与"一带一路"沿线国家贸易总额的8%,新加坡的地位和作用凸显。

继苏州工业园区和天津生态城之后,中新第三个政府间合作项目以"现代互联互通和现代服务经济"为主题,面向中国西部地区,项目运营中心落户重庆市,充分显示中新政治互信和经贸关系日益加强。

新加坡作为"一带一路",特别是"海上丝绸之路"沿线重要国家,也是亚太金融、贸易、航运中心,其独特的地理位置和有目共睹的"软"实力,孕育了与"一带一路"交汇的巨大潜力和发展机会。新加坡是一个非常重要的金融中心,是大量资本聚集地之一,是全球第二大财富管理中心、第三大金融市场中心,也是最大的大宗商品交易中心。在东南亚所有项目融资中,有60%是由在新加坡运营的银行安排的。作为一个全球金融中心,新加坡既可帮助中国资本和贸易走出去,也可为中国引入外资发挥作用。随着中国资本市场的进一步开放,新加坡可为中国企业进入全球债券市场提供帮助。

阿里巴巴在新加坡设立研究中心,说明未来中新两国共同推动"一带一路"相关项目的前景十分广阔。"一带一路"倡议给中国经济、企业和金融机构带来很多机会,同时也给周边国家及区域经济体带来了一些机遇。世界各国都能够以双赢模式共享发展成果。

新加坡是较早支持"一带一路"倡议的国家。新加坡正在打造四个平台以支持"一带一路"的发展:一是在金融方面,有很多中资企业到新加坡融资,这将为人民币率先在"一带一路"沿线国家实现国际化创造机会;二是在硬件设施方面,如正在推进的新加坡与苏州工业园区深度合作、重庆互联互通项目等;三是在三方合作领域,可为"一带一路"沿线国家的官员提供培训;四是在法务合作方面,可为国际商业纠纷提供帮助,新加坡已有完善的平台给企业提供这方面的服务。

在全球经济复苏不稳定、反全球化、民粹主义以及贸易保护主义抬头的背景下,新科技迅猛发展及地缘政治问题给世界经济发展带来巨大挑战,并且对世界各国就业市场造成巨大冲击。许多国家的企业,特别是中小企业,面临需求不振和成本居高不下等问题,迫切需要产业转型升级和开拓新市场。各国政府虽已采取许多鼓励措施帮助企业,并提高银行业对实体经济的支持力度,但中国银行业不仅要应对互联网企业的业务竞争,也要应对国内外同行业的业务竞争,其面临着许多亟待解决的问题和挑战,因此,需要从理论和实际上对这些难题进行深入探讨和研究。

新加坡中盛集团与苏州大学出版社合作出版的"金融科技与资产管理系列丛书"针对中国企业技术创新与金融科技发展中的实践和理论问题进行深入研究,分析其原因并找到解决方案,这不仅对中国经济发展具有参考价值,而且对世界其他国家经济发展也具有借鉴意义。该系列丛书对增进国际经济发展与合作及学术交流具有推动作用。

新加坡中盛集团(China Knowledge)执行董事
赵中隆(Charles Chaw)

序 二

本书属于"China Knowledge：金融科技与资产管理系列丛书"中的一本，该系列丛书由法国 SKEMA 商学院中国苏州校区学术校长林桦教授主编。该丛书包括多本著作，其中《中国科技金融应用与创新案例研究》一书主要针对第三方支付对商业银行盈利水平的影响问题进行实证分析，对 C 公司商业保理业务发展问题进行深入研究，基于 DEA 方法对我国商业银行效率及其影响因素进行研究，研究 PE 参与度对深圳创业板上市公司治理水平的影响问题，基于 Shapley 修正值对山东潍坊高铁投融资问题进行研究，对苏州 X 小贷公司业务风险控制问题进行研究，并提出相应具有可操作性的对策与建议。本系列丛书以理论联系实际为指导思想，运用案例分析或实证分析的研究方法，主要针对中国金融体系中的金融机构和金融市场在经济发展新常态大背景下所面临的发展困境与金融创新中的实际问题及对策进行深入探讨，从中找到具有可操作性的解决方案。这些研究成果可以较全面地诠释在中国特色社会主义市场经济发展中，中国金融机构和企业的创新发展路径。因此，本系列丛书不仅对中国金融机构和企业高层领导者的经营战略决策具有重要的参考价值，也对相关专业本科生和研究生及 MBA 学员深入探讨理论和从事工作实践活动具有一定的指导和参考价值。随着"一带一路"倡议的提出，今后金融机构和企业也需要探索和把握如何展开中国产业全球布局和投融资业务的问题。因此，这些研究成果不仅对于中国学者和金融从业人员具有实际参考价值，而且对于"一带一路"沿线国家金融业和实体经济发展也具有重要借鉴意义。

法国 SKEMA 商学院(SKEMA BUSINESS SCHOOL)中国苏州校区学术校长

林桦教授(Prof. Hua LIN)

前言

随着我国金融科技的飞速发展,金融机构将客户群体扩大至从前未被金融服务覆盖的群体。金融产品向追求体验至上转变,金融机构提供产品和服务的重点也将从简单的标准化转变为创造个性化的体验。尤其是利用移动互联网渠道展开的网上银行业务量大幅度上升,使得商业银行实体分支机构的重要性逐渐下降。这些不仅使各商业银行之间的业务竞争加剧,也使商业银行与互联网金融机构之间形成激烈竞争。而未来人工智能、区块链和机器人流程自动化这三项创新科技的发展将给金融业带来深远的变化。

随着中国实体经济向工业4.0、共享经济演变,信息化、智能化和个性化将成为主流商业及社会经济发展模式。为顺应这一潮流,未来金融服务业也将向金融3.0转型,从"产品和渠道为王"转变为以客户为中心。一方面,金融机构实体网点功能向产品和服务研发与生产中心、后台处理中心转型,所有的交易执行将通过智能渠道来完成;另一方面,金融服务也将融入生活,相关的支付、融资、保险等需求通过生活场景来挖掘。因此,未来的"新金融"服务模式将包含"产品服务""应用场景""智能渠道"三大要素,而科技将是金融服务业迈向金融3.0时代的重要推力。

近年来,国际银行业的运行环境和监管环境发生了巨大变化,信用风险和市场风险以外的风险破坏力日趋显现,《巴塞尔协议Ⅰ》的局限性逐渐暴露出来。由于《巴塞尔协议Ⅰ》本身在制度设计上存在缺陷,同时随着经济金融全球化的进一步发展,金融创新层出不穷,金融衍生品被大量使用,银行业趋于多样化和复杂化,信用风险以外的其他风险逐渐凸显,诱发了多起重大银行倒闭和巨额亏损事件;此外,银行通过开展表外业务等方式来规避管理的能力不断提高。因此,《巴塞尔协议Ⅱ》在最低资本要求的基本原则基础上,增加了外部监管和市场约束来对银行风险进行监管,构建了三大支柱——资本充足率、外部监管和市场约束,形成了对银行风险全面监管的完整体系。然而,2007年金融危机的爆发使得《巴塞尔协议Ⅱ》的问题也日益暴露出来,为应对金融危机,《巴塞尔协议Ⅲ》从银行个体和金融体系两方面提出了微观审慎监管和宏观审慎监管理念。2007年2月,中国银监会发布了《中国银行业实施新资本协议指导意见》,标志着中国正式启动实施《巴塞尔协议Ⅲ》工程。按照中国商业银行的发展水平和外部环境,短期内中国银行业尚不具备全面实施《巴塞尔协议Ⅲ》的条件,于是银监会确立了分类实施、分层推进、分步达标的基本原则。2012年6月,银监会发布了《商业银行资本管理办法(试行)》,这对中国商业银行风险管理提出更高的要求,因此,今后各商业银行如何推进风险防范与管理成为关注焦点。

金融机构要提升自身业务竞争力就必须跟上金融科技发展的节奏。目前,金融机构不仅专注于系统升级,也着眼于相关解决方案。这些举措除提高客户服务质量外,还有助于金融机构提升效率、降低成本、强化安全性。这一切不仅将对金融业从业者产生巨大压力,也将对金融专业学生的学习与就业造成巨大冲击。如果他们不能够在将来的工作中发挥机器不可替代的作用,就将被新的金融科技浪潮所淘汰。今后金融机构所需要的是复合型人才,数字技能、商业头脑、管理能力缺一不可。因此,如何培养面向未来的金融专业人才,不仅是大学教育需要深入探究的问题,也是金融机构所面临的重要课题。针对上述状况,本书对以下几个方面的问题进行了深入研究:

通过理论研究分析第三方支付平台的出现对商业银行三大业务经营的具体影响,如中间业务的资金托管、支付转账、理财产品销售等,资产业务的中小微企业和个人借贷,负债业务的存款分流等;同时通过实证研究分析第三方支付平台对商业银行的盈利水平产生了正向还是负向影响,得出第三方支付平台对商业银行的负向影响大于其正向影响的实证结论;最后针对其分流商业银行利润的现象,分别就三大业务提出对策和建议。

以C商业保理公司为研究对象,通过查阅文献资料,学习借鉴国内外学者已有研究成果,总结保理业务相关概念及理论;以C公司为例,从保理业务风险管控及一般业务流程及其发展取得的成绩入手,通过图表数据分析商业保理业务发展现状;综合运用案例分析、比较分析的方法详细阐述C公司不同保理业务模式创新的特点、优势及难点,寻找当前保理业务发展存在的突出问题,并针对问题提出具有操作性的对策和建议。

选择采用 DEA 模型对商业银行的经营效率进行测度和评价。在实际操作过程中结合前人的研究成果,分别将投入变量定义为固定资产净值、员工人数、营业支出;将产出变量定义为扣除不良贷款余额的贷款、净利润、存贷比。使用 15 家上市银行 2012—2016 年的数据进行综合技术效率的测度,并在此基础上将其进一步分解为纯技术效率和规模效率。结果显示,在综合技术效率和纯技术效率方面,我国商业银行水平均比较高,且股份制的效率值普遍高于国有银行;在规模效率方面,国有银行的效率值则较高。利用 Tobit 模型对效率的影响因素进行回归,得出总资产净利率、非利息收入占比、权益比率、产权结构、存贷比与银行效率呈显著的正相关关系,不良贷款率与银行效率呈显著的负相关关系的结论。最后,综合效率和影响因素的研究结论,对如何提高我国商业银行的经营效率提出了建议。

实证分析了 PE 的参与对被投资企业公司治理水平的影响,并进一步分析了 PE 持股时长、持股比例、是否多家 PE 机构联合投资以及机构性质四个方面的特征与公司治理水平的关系。研究发现,PE 的参与能够显著提高被投资企业的公司治理水平。进一步研究显示,PE 的持股时长、持股比例均与被投资企业的公司治理水平正相关,但当持股比例低于 5%(含 5%)时,PE 治理无效,而当持股比例高于 5% 时,PE 对公司治理具有正面效应;相比一家 PE 单独投资,多家 PE 机构联合投资更能提高上市公司治理水平;相比没有外资背景的 PE,有外资背景的 PE 更能提高上市公司治理水平。基于 PE 的参与能够提高被投资企业的公司治理水平的研究结论,从促进 PE 行业发展和提高被投资企业公司治理水平两个方面提出相关建议。

政府在城市轨道交通建设过程中越来越多地采用投融资模式。公私合作的投融资项目意味着产生了新型的利益分配格局,项目整体收益的合理分配是推动项目顺利实施的源动力,对调动项目合作伙伴的积极性,追求投融资模式下项目整体收益的最大化有很大的推进作用。通过研究城市交通设施中的投融资项目,并以山东潍坊高铁项目为例分析探讨了投融资项目中利益相关者关于收益分配的基本原则、各类影响因素以及 Shapley 值收益分配模型,试图在此基础上建立一个能够使各方满意度最大的、公平的收益分配方案,以化解利益相关者各方的冲突和矛盾。

以苏州 X 小贷公司为研究对象,采用理论与实际相结合的分析方法,对该公司的中小企业贷款风险控制问题进行深入分析,研究总结其在贷款风险控制方面值得推广和借鉴的管理模式,同时,通过分析发现其在管理中存在的不足与问题,并提出相应的解决方案。该研究不仅对该小贷公司进一步探索行之有效的贷款风险控制机制具有参考价值,对其他小贷公司也具有借鉴意义。

目录

第一章 第三方支付对商业银行盈利水平的影响 /1
一、前言 /1
二、第三方支付平台概况 /2
三、商业银行发展概况 /6
四、第三方支付影响商业银行的理论分析 /7
五、第三方支付影响商业银行的实证分析 /10
六、商业银行应对第三方支付冲击的对策 /18
七、结论 /19

第二章 C公司商业保理业务发展问题研究 /21
一、绪论 /22
二、保理业务相关概念及理论 /29
三、C公司商业保理业务发展现状分析 /36
四、C公司商业保理业务模式创新 /43
五、C公司商业保理业务发展存在的问题 /47
六、C公司商业保理业务发展对策建议 /53
七、结论与展望 /59

第三章 基于DEA方法的我国商业银行效率及其影响因素研究 /61
一、绪论 /61
二、商业银行效率理论及文献综述 /65
三、我国商业银行效率的DEA分析 /74
四、我国商业银行效率影响因素的Tobit回归分析 /92

五、结论与建议 /99

第四章 PE的参与对公司治理水平的影响
——基于深圳创业板上市公司的实证研究 /102

一、绪论 /102
二、文献综述 /110
三、理论分析与研究假设 /115
四、研究设计 /120
五、实证结果与分析 /127
六、结论与政策建议 /134

第五章 基于Shapley修正值的山东潍坊高铁投融资项目研究 /138

一、引言 /138
二、文献综述 /140
三、我国政府和社会资本合作项目运行状况 /141
四、我国政府和社会资本合作示范项目执行情况 /156
五、投融资项目收益分配原则 /162
六、城市基础设施投融资项目收益分配影响因素 /163
七、基于Shapley修正值的山东潍坊高铁投融资项目分析 /164
八、结论 /169

第六章 苏州X小贷公司业务风险控制问题研究 /170

一、绪论 /170
二、小额贷款公司概述及风险控制相关理论 /175
三、苏州X小额贷款公司简介与风控体系分析 /180
四、公司风控制度存在问题及原因分析 /191
五、完善业务风控措施的建议 /197
六、小结 /200

参考文献 /201

后 记 /204

第一章

第三方支付对商业银行盈利水平的影响

电子商务的发展带动了互联网金融的兴起,其中萌生了第三方支付平台,它的业务与传统银行和非银行金融机构的业务有所重叠。尽管商业银行也开始涉及第三方支付平台所从事的业务,但后者的出现依然分流了这类传统金融机构的部分利润。所以,第三方支付平台成为商业银行市场上强而有力的竞争对手。本章通过理论研究分析第三方支付平台的出现对商业银行三大业务经营的具体影响,如中间业务的资金托管、支付转账、理财产品销售等,资产业务的中小微企业和个人的借贷,负债业务的存款分流等;同时通过实证研究分析第三方支付平台究竟对商业银行的盈利水平产生了正向还是负向影响,得出第三方支付平台对商业银行的负向影响大于其正向影响的实证结论;最后针对其分流商业银行利润的现象,分别就三大业务提出对策和建议。

一、前言

(一)研究背景

第三方支付起源于支付结算业务,在有形市场中,双方的支付结算可通过法律支持和附加信用条款来约束和保障,而在无形市场中,由于彼此之间信用和资金状况等信息的不对称导致交易进入瓶颈,一度成为制约电子商务发展的障碍之一。在这种缺乏法律支撑或信用保证的环境下,作为买卖双方资金支付"中间平台"的第三方支付平台应运而生。

随着2011年央行开始为第三方支付平台发放合法牌照,其发展愈发迅速。据数据显示,2011年第三方支付的规模尚为2.28万亿元,到2017年已高达128.80万亿元,同时业务范围也从支付结算业务扩展到理财、借贷业务等。这与商业银行的日常业务大大重叠,尤其是中间业务,因此不自觉地会逐渐分流一部分商业银行的利润,这引起了商业银行的重视。

(二)研究意义

随着第三方支付平台的发展,它的业务内容不断丰富,并不断涉猎传统金融机构的业务,由此会对传统金融机构的利润产生一定影响。商业银行作为传统金融机构的主体,它受到第三方支付平台的影响则更为明显。这两者在经营中由于业务重叠而存在着合作和竞争的关系。

第三方支付平台如何影响商业银行的盈利水平,以及对商业银行盈利水平的影响程度如何,就是本章的研究内容。因此本章首先通过定性分析来研究第三方支付平台对商业银行的盈利所产生的影响,主要分析其三大业务利润被第三方支付平台分流的情况,其中细化至各个业务来具体分析;其次通过定量分析来研究第三方支付平台对商业银行影响的程度和方向,选取具有代表性的16家商业银行,通过整合其6年的年报数据,用面板数据的回归模型来定量分析第三方支付平台对商业银行盈利影响的程度及方向。

二、第三方支付平台概况

本章首先介绍第三方支付平台的内涵、发展历程,并通过数据分析其发展现状。历经十几年的发展,第三方支付平台规模已十分可观,由此可预测其今后依然会有更好的发展前景。

(一)第三方支付平台内涵

对第三方支付业务,中国人民银行于2010年6月在《非金融机构支付服务管理办法》中这样定义:非金融机构能够在收付款人之间作为一个中介机构,它通过网络支付、预付卡发行与受理、银行卡收单业务完成部分或全部货币的资金转移服务,以及中国人民银行规定的其他服务。同时结合其他学者的研究认为,第三方支付是在银行、商家、消费者三方之间建立起的一个信用中介平台,它通过公共网络和专用网络的指令以及电子设备的支持,从而实现了三者之间资金转换和货币转让。这就是指消费者在无形平台支付钱款时,将其转存入第三方支付平台,经过交易信息确认,当商品交易完成后由第三方支付平台将款项汇入商家账户(图1-1)。

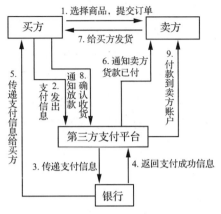

图1-1　第三方支付交易模式图①

(二) 第三方支付的发展历程

我国第三方支付始于1998年,当时首都电子商务工程正式启动;1999年,北京首信股份公司与上海环迅电子商务有限公司联手成立了我国早期第一家第三方支付公司——北京首信易支付。在此时期,该模式的应用在国内存在着一定的局限性:我国互联网普及率不高,电子商务平台技术上没有保障,进入门槛低。

从2003年起,由于互联网的高速普及、网民的数量急剧增长,第三方支付开始日渐繁荣。2004年,支付宝作为淘宝网的支付渠道独立出来,开始成为保障平台,业务范围拓宽至转账、缴费和代销等。在此期间,拉卡拉、财付通等在国内相继成立,我国第三方支付领域进入了井喷阶段。然此期间也不断暴露出一些问题,如沉淀资金的风险、不当管理运作风险、非法套现风险等。

2010年,中国人民银行颁布了《非金融机构服务管理办法》,这意味着第三方支付开始迈入规范运作轨道。2011年,央行发布许可证,截至2015年已有270家机构获得支付许可证。② 期间有严重违规的机构则被取消资格,如中汇电子有限责任公司于2016年1月因挪用客户备用金而被取消资格。在此期间,我国互联网支付业务已进入成熟期,业内经营也逐步规范化。

---

① 孙丽. 第三方支付产业对我国银行业影响及对策研究[D]. 北京:对外经济贸易大学,2014.
② 谭青梅. 第三方支付平台的发展分析[J]. 财讯,2016(15):59–60.

(三) 第三方支付的发展现状

1. 第三方支付平台交易规模总量大

艾瑞咨询的资料显示(图1-2),2015年我国第三方支付规模达24.1万亿元;2016年规模为78.7万亿元。由2017年前三季度的报告可知,这种增长速度依然保持,尤其是第三方移动支付的规模增长率,此得益于移动手机的普及和用户黏性的保持,人们的消费已逐渐习惯于随时随地以移动手机端线下消费代替现金消费。

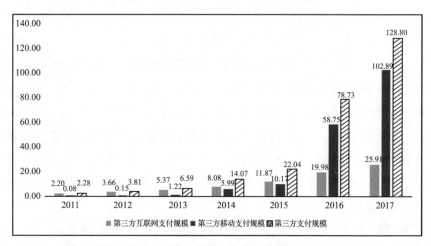

图1-2 2011—2017年第三方支付交易规模(单位:万亿元)

(数据来源:根据艾瑞咨询2017年互联网经济核心数据报告整理)

2. 第三方支付业务交易规模结构

艾瑞咨询的数据显示(图1-3),以2016年第三季度至2017年第三季度数据为例,第三方移动支付业务中以个人应用和移动金融为主,前者包括信用卡还款、银行卡间转账等,后者包括移动电商和团购、电子游戏等。另外,自2015年以来,个人业务占比显著增多,由2015年第四季度的30.8%增长至2016年第一季度的74.1%,而消费金融业务占比相对下降,同期自39.7%降至15.5%。

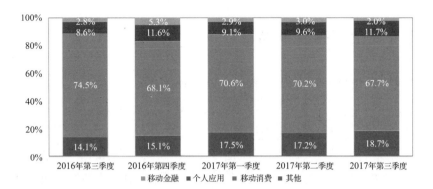

图 1-3　2016 年第三季度—2017 年第三季度中国第三方移动支付交易规模结构

（数据来源：艾瑞咨询根据 2017 年第三季度第三方支付季度数据发布的研究报告）

3. 第三方支付机构的市场占有率

根据艾瑞咨询的数据（图 1-4），在第三方支付的机构交易的市场占有率中，支付宝和财付通在市场中占有率最高，其中在 2017 年第二季度第三方交易市场交易份额中，移动支付交易市场中支付宝和财付通占了 94.3%，其中支付宝占 54.5%；而互联网支付交易市场中两者占 50.8%，其中支付宝占 31.5%。究其原因，一是由于两者进入该领域的时间相较其他公司更早，以时间优势占据市场并掌握了大批忠实客户资源；二是两者背后的母公司在技术、资源、营销团队方面都有优势。

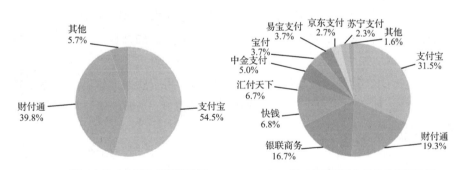

图 1-4　2017 年第二季度第三方机构的市场占有率图

（数据来源：艾瑞咨询根据 2017 年第二季度第三方支付季度数据发布的研究报告）

三、商业银行发展概况

(一)商业银行业务概况

商业银行是我国金融体系三大支柱之一,它以盈利为目的,将多种资金作为经营对象,同时提供各种金融服务。

在利率市场化时代,商业银行的主营业务——资产和负债业务收益受到影响,利率差的市场化对利润产生了不利后果,所以中间业务和表外业务成为诸多商业银行的竞争之地和创新之所,其中结算业务是我国商业银行中间业务主要的利润来源。

(二)商业银行发展现状

在我国商业银行三大业务中,传统的资产业务和负债业务的收入占总盈利的近80%,而中间业务在收入中占比甚少。根据对2017年我国16家上市商业银行三季报的整理,手续费及佣金占比平均值仅20.93%,非息占比平均值也只有25.59%,而整理同期欧美银行业各大行年报可得,同期非息占比达50%左右,手续费及佣金占比达40%左右。[①] 可见我国商业银行中间业务的盈利能力大大逊色于西方发达国家。

在我国,商业银行的发展日益出现了以下趋势:

一是混业经营趋势。国务院在2002年批准光大、中信、平安集团等作为我国金融控股的试点集团,这可以被视作中国金融机构开启混业经营模式的标志性事件。

二是集团经营趋势。在混业经营的趋势下,当一些商业银行尚不具备混业的条件时,便可以采取金融控股集团经营的形式,如因政策性因素产生的平安集团和光大集团等。

三是网络经营趋势。现在商业银行的部分业务逐渐开始依托网络平台,比如网上银行和手机银行模式使部分业务不再需要在银行网点办理。易观数据显示,仅2017年第三季度我国网上银行交易规模达481.5万亿元,同期手机银行交易规模达57.41万亿元,这能够提高办事效率和释放柜台劳动力。

我国商业银行网上银行产业链模式如图1-5所示。

---

① 李菲雅. 国内外上市商业银行中间业务对比研究[J]. 四川师范大学学报(社会科学版),2016(5):76-82.

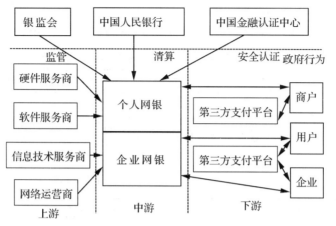

图 1-5　商业银行网上银行产业链模式图①

四、第三方支付影响商业银行的理论分析

本章通过理论研究分析第三方支付平台的出现对商业银行三大业务经营的具体影响,如中间业务的资金托管、支付转账、理财产品销售等,资产业务的中小微企业和个人的借贷,负债业务的存款分流等。

(一) 第三方支付对商业银行中间业务的影响

1. 支付转账业务

从手续费用看,第三方支付平台前期为积攒人气和积累客户,往往采取免手续费的做法,而在拥有一定的客户后开始收取一定手续费。然而由于它前期成功的营销,这对其总客户群体的数量不会产生较大的影响。而商业银行收取服务费用的规定受到中国人民银行和全国商业银行结算体系的限制。如央行 2016 年发布了《关于加强支付结算管理,防范电信网络新型违法犯罪有关事项的通知》,其中就要求各商业银行须自 2016 年 12 月 1 日起下调甚至减免转账支付费用。②

从利润分配看,不同的支付方式会产生不同的利润分配方式。如使用 POS 机时,手续费的 10% 交给银联后,剩下的 20% 归收单行,70% 归发卡行。根据《中国人民银行关于切实做好银行卡刷卡手续费标准调整实施工作的通知》,

---

① 李鑫. 我国电子商业银行发展现状[J]. 商, 2016(17): 186.
② 汪萍. 第三方支付对商业银行支付结算业务的影响及其对策研究[J]. 产业与科技论坛, 2017(15): 101-102.

我们能计算出发卡行和收单行皆可获得 0.34%~1.12% 的手续费,而如果通过第三方支付平台支付,其后台银行仅可获手续费的 0.2%~0.4%(表 1-1)。

表 1-1 传统模式商业银行和第三方支付银行手续费分成表

支付类型	传统模式商业银行分成	使用第三方支付银行分成
普通支付	POS 机:银行收取 0.34%~1.12% 的交易费用(发卡行+收单行); 网银:银行直接收取交易费用 2~50 元/笔	银行收取 0.2%~0.4% 的交易费用
转账汇款	网银/柜台:银行收取 0.2%~0.4% 的交易费用	银行收取 0.1%~0.4% 的交易费用

数据来源:中国人民银行等。

2. 代理销售业务

从保险代销业务看,第三方支付机构已和保险公司合作代理销售保险产品。这可分为三种模式:一是电子商务平台对接,即在第三方支付平台上开辟渠道直接销售保险产品;二是合作开发平台所需的产品,如华泰保险与天猫合作开发的运费险;三是第三方支付机构为保险公司提供收付费服务,如汇付天下、快钱等。因此保险公司不会全部倚重商业银行来销售保险产品。

从基金代销业务看,第三方支付平台分流了商业银行基金代销业务的利润。如支付宝和天弘基金合作的余额宝,对比 2014 年商业银行 0.35% 的活期存款年率,它以 5.36% 的收益率吸引了投资者的眼球,同时其高流动性、低投资门槛也为自己争取到了较好的客户群(表 1-2)。[①] 因此,这也导致商业银行的基金代销业务受到了冲击。

表 1-2 2014 年余额宝和商业银行理财产品对比

	活期存款	余额宝	短期理财产品 (1 个月以内)	中长期理财产品 (6 个月以内)
流动性	高	高(T+0 转出入)	较低,预定期限内才能转出	较低,预定期限内才能转出
投资门槛	无	1 元	50 000 元	50 000 元
预期收益	0.35%	5.36%	4.11%	4.68%

3. 资金托管业务

我国有能力经营资金托管业务的机构包括商业银行和第三方支付平台。

---

① 张景智,吕斌,杨晓萍. 互联网货币基金对商业银行经营的影响研究[J]. 区域金融研究,2015(3):45-51.

早在2013年,汇付天下已经开始建立P2P托管账户,截至2017年第三季度与其合作的P2P平台已超过400家;同时,已有300余家P2P公司加入了易宝支付建立的资金托管平台。对于商业银行的资金托管业务,中国银行、平安银行、招商银行等也与P2P平台签订了合同。在此业务上,虽然商业银行有着得天独厚的信誉和经验,但是第三方支付平台有着先于银行进入市场的时间优势,因此双方在此业务上竞争激烈。

(二)第三方支付对商业银行资产业务的影响

1. 中小微企业贷款业务

在我国当今,企业、个人的借款主要依赖间接筹资,但是其放款门槛较高、手续烦琐、成本较高,同时需要较好的资信状况和偿还能力,这对具有潜力但当下缺乏实力的中小微企业的发展来说是一个障碍。因此,部分中小微企业不得不借助高风险的地下钱庄或民间借贷等渠道筹资。

第三方支付平台抓住了商业银行这种对中小微企业放款不畅的机会,推出三种放款方式:一是构建中介资金平台。如阿里公司成立的无担保、无抵押的小额贷款公司在三年内累计发放贷款2 000亿元人民币。[①] 二是同商业银行合作发放贷款。第三方支付平台利用自己的数据优势提供信息和给予担保,而商业银行同时提供资金,以谋求利益最大化。如易宝支付和招商银行、工商银行合作,给自己供应链上下游企业提供贷款。三是根据客户的交易信息对其信誉状况进行评级,在自己的平台上直接提供资金。如支付宝通过阿里小贷给客户提供小额贷款。

2. 个人借贷业务

在第三方支付平台兴起前,人们往往依赖于商业银行发放的信用卡来实现提前消费。然而,商业银行发放的信用卡审核严格,对收入能力和年龄等有规定,这限制了受众群体,而第三方支付的虚拟信用卡的发放门槛较低。同时,商业银行的免息还款期限为30~45天不等,而第三方支付平台的信用业务的免息还款期限更为宽松。因此,第三方支付机构的个人借贷业务更有优势。同时,第三方支付依托互联网技术,能更有效地掌握消费者的消费习惯,这对于把握客户数量和忠诚度更有优势。

(三)第三方支付对商业银行负债业务的影响

商业银行存款的多少向来影响着它的可用资金,而第三方支付平台往往

---

① 李宾,林雪,彭牧泽. 第三方支付对商业银行传统业务的影响研究[J]. 商业会计,2016(16):26-29,81.

分流了一部分商业银行的活期和定期存款,这不可避免地影响了商业银行的传统业务经营。第三方支付平台可通过客户之间的交易留存客户备付金,同时,平台巧妙地将这笔备付金投资于金融领域,于是获得了相较活期存款更高的收益率。

同时,根据《支付机构客户备付金存管办法》的规定,第三方支付平台的客户备付金须以单位定期存款、单位通知存款、协定存款或其他形式全额存入一家商业银行的备付金专用存款账户,因此一定程度上将原本分散在各大商业银行的存款集中到了一起,对一部分商业银行的存款量产生了影响;另外,将成本较低的活期存款、储蓄存款转化为相对高成本的存款形式,这也提高了商业银行的成本。

五、第三方支付影响商业银行的实证分析

(一)样本选取

在截面的选择上,本章选取了工商银行、中国银行、建设银行、农业银行、交通银行、招商银行、平安银行、浦发银行、中信银行、民生银行、华夏银行、光大银行、兴业银行、北京银行、南京银行、宁波银行这 16 家银行作为我国商业银行的代表。

在时间的选取上,考虑到第三方支付企业出现的时间及可获得其规模数据的年份有限,所以选取较有代表性的年限为实证的时间范围。因为中国人民银行自 2011 年开始为第三方支付企业发放经营许可证,由此开始正式合法经营,所以第三方支付平台在 2011 年之后的发展更加稳定和正规,因此本章选取各变量 2012—2017 年的数据作为样本。又进一步考虑到各商业银行的季度数据会根据各季度不同的监管要求和强度进行季度的数据调整,因此本章采取统一的较有可比性的年度数据作为样本数据。

本章的第三方支付规模、各家银行数据均来自艾瑞咨询和 Wind 数据库,建模软件为 EViews7.2。

(二)变量选取

1. 因变量

商业银行的盈利水平可由总资产回报率(Y)和净资产回报率衡量。因为净资产回报率是净利润同其所有者权益的比值,这反映了商业银行自有资本使用效率的高低;而总资产回报率表现了商业银行所有资产的盈利效率和

能力,其中也包括利用财务杠杆来盈利的能力。而商业银行作为金融机构,天然具有加杠杆的特点,利用高负债来维持运作十分普遍,因此,为了强调资产本身的使用效益,本章使用总资产回报率以更全面地反映商业银行使用资产的能力,也更符合本章的研究意图。总资产回报率(Y)的计算公式为:

$$Y = \frac{净利润}{平均总资产}$$

2. 自变量

商业银行的内在盈利水平受其三大业务——资产业务、负债业务和中间业务的影响,因此本章选取和商业银行三大业务密切相关的指标。

贷存比(X_1)——与资产业务和负债业务有关,它体现了银行资产的流动性和盈利性,贷存比越高说明银行的贷款越多,其流动性会相对变小,但可获得的贷款利息收入会更多,反之则银行的流动性较好,而盈利水平下降。因此它对商业银行盈利水平的影响需要具体分析。该指标可以通过商业银行的贷款总额和存款总额之比得到,计算公式为:

$$X_1 = \frac{贷款总额}{存款总额}$$

中间业务收入占营业总收入之比(X_2)——与中间业务有关的自变量。随着利率市场化的完成和商业银行彼此之间竞争的日趋激烈,中间业务收入对于商业银行盈利水平来说日益重要。而由于当今我国商业银行中间业务的主要来源为手续费及佣金收入,因此主要选取手续费及佣金收入作为中间业务收入的代表,计算公式为:

$$X_2 = \frac{手续费及佣金收入}{营业总收入}$$

除了商业银行内部盈利因子之外,本章也选取第三方支付规模(X_3)为另一个自变量,这是本章研究的最重要的变量。

(三) 模型设定

根据上述已选定的因变量和三个自变量,可设立一个大概的多元一次方程:

$$Y = \beta_0 + \beta_1 X_1 + \beta_2 X_2 + \beta_3 X_3 + \varepsilon$$

其中,β 是系数,ε 为随意扰动项。

表 1-3 为模型各变量名称及含义。

表1-3　模型变量名称及含义

	变量名称	符号	变量定义
因变量	总资产回报率	Y	$\dfrac{\text{净利润}}{\text{平均总资产}}$
自变量	贷存比	X_1	$\dfrac{\text{贷款总额}}{\text{存款总额}}$
	中间业务收入	X_2	$\dfrac{\text{手续费收入及佣金收入}}{\text{营业总收入}}$
	第三方支付	X_3	第三方支付规模

面板数据的回归类型可分为混合回归模型、变截距回归模型和变系数回归模型,其中变截距回归模型有个体固定效应回归模型、个体随机效应回归模型两种。根据以往学者的研究结果和本研究数据的特征,本章主要应用混合回归模型和变截距回归模型。

对于具体模型的设定,分两步进行判断:

一是通过统计量 F 检验判断方程为混合回归模型或变截距回归模型。

原假设 H_0:模型里不同个体的截距相同(混合回归模型)。

备择假设 H_1:模型里不同个体的截距不同(个体固定效应回归模型)。

通过 EViews 软件对混合模型和固定效应模型进行回归,得出两者的残差平方和 $SSEr$ 与 $SSEu$,计算统计量 $F = \dfrac{(SSEr - SSEu)/(N-1)}{SSEu/(NT-N-k)}$,并对比其与 F 临界值的大小。若统计量 F 小于 F 临界值,则接受 H_0,即方程为混合回归模型,随后无须进行第二步检验;反之则拒绝 H_0,即方程为变截距回归模型,在此种情况下需进行以下的第二步检验。

二是通过霍斯曼检验判断方程为个体固定效应回归模型或个体随机效应回归模型。

原假设 H_0:个体效应与回归变量无关(个体随机效应回归模型)。

备择假设 H_1:个体效应与回归变量相关(个体固定效应回归模型)。

通过 EViews 软件得到 H 值,再对比 H 值与相应的 χ^2。若 H 值大于 χ^2,则拒绝 H_0,即方程为个体固定效应回归模型;反之则接受 H_0,即方程为个体随机效应回归模型。

(四)变量的平稳性检验

对含有时间序列的数据而言,时间序列的平稳是其能得到可靠回归结果的必要前提,只有这样才能在相应的约束条件下使得过去的数据资料能更真实地反映未来发展的趋势。一般来说,每个变量的平稳性检验主要是通过单位根检验来完成的,若测试的序列中含有单位根,则该序列应当被视作非平稳的时间序列。同时在这种情况下,伪回归的情况很容易发生,进一步的回归结果则会缺乏现实意义。

本章主要采用 ADF 检验,ADF 检验可说明数据是不是同阶单整的。如果能通过 ADF 检验,则说明该序列通过了平稳性检验(表 1-4)。

表 1-4 变量的 ADF 检验结果

	ADF 检验结果	
	检测值	P 值
Y	46.178 4	0.047 6
X_1	66.787 8	0.000 3
X_2	48.649 7	0.029 9
X_3	15.672 5	0.035 4

数据来源:根据 EViews7.2 检验结果整理所得。

根据 EViews 的 ADF 检验结果,在 5% 的显著性水平下,总资产回报率(Y)、贷存比(X_1)、中间业务收入占营业总收入之比(X_2)、第三方支付总规模(X_3)四个变量的 P 值都小于 0.05,都能通过平稳性检验,因此该序列为平稳序列,可进行下一步模型的回归。

(五)模型估计

1. F 检验

首先对上述 16 家商业银行的年度数据和第三方支付增长规模的数据进行混合回归模型估计,所得回归结果如表 1-5 所示,其中残差平方和 $SSEr = 0.020\ 176$,判定系数 $R^2 = 0.625\ 886$;然后对该数据进行个体固定效应回归模型的估计,所得回归结果如表 1-6 所示,其中残差平方和 $SSEu = 0.005\ 501$,判定系数 $R^2 = 0.815\ 688$;接着计算统计量 $F = \frac{(SSEr - SSEu)/(N-1)}{SSEu/(NT-N-k)} = 13.69 > F_{0.05}(15,89) = 1.82$。这样可拒绝原假设,即否定方程为混合回归模型的原假设,因此方程为变截距模型,而该方程具体为固定效应回归模型或随机效应回归模型须进行霍斯曼检验。

表1-5 混合回归模型估计结果

混合回归模型				
变量	系数	标准差	t 值	P 值
C	0.111 042	0.001 200	9.200 047	0.000 0
X_1	-0.094 906	0.001 955	-1.854 892	0.050 2
X_2	0.501 267	0.003 304	3.062 881	0.000 2
X_3	-0.223 53	0.003 786	-5.904 788	0.000 0
判定系数	0.625 886		修正判定系数	0.603 904
F 值	14.825 17		P 值(F 值)	0.000 000
残差平方和	0.020 176		DW 值	1.824 793

数据来源:根据EViews7.2回归结果整理所得。

表1-6 个体固定效应回归模型估计结果

个体固定效应回归模型				
变量	系数	标准差	t 值	P 值
C	0.112 845	0.001 408	9.124 633	0.000 0
X_1	-0.094 789	0.002 196	-2.431 270	0.021 9
X_2	0.548 678	0.002 903	1.999 890	0.047 5
X_3	-0.178 042	0.002 816	-6.322 349	0.000 0
		截距		
GS-C		0.012 342		
JS-C		0.102 330		
ZG-C		0.100 667		
NY-C		-0.200 114		
ZS-C		0.001 641		
JT-C		-0.021 116		
ZX-C		-0.011 161		
PA-C		-0.015 956		
PF-C		-0.053 806		
MS-C		0.001 519		
GD-C		-0.003 190		

续表

HX-C	-0.014 987	
XY-C	-0.000 200	
BJ-C	-0.010 847	
NJ-C	-0.001 470	
NB-C	-0.020 802	
判定系数	0.815 688	修正判定系数	0.772 601
F 值	18.931 60	P 值(F 值)	0.000 000
残差平方和	0.005 501	DW 值	1.947 491

数据来源：根据 EViews7.2 回归结果整理所得。

2. 霍斯曼检验

由于该模型已拒绝为混合回归模型，因此应继续通过霍斯曼检验来判断该变截距方程是个体固定效应回归模型还是个体随机效应回归模型。根据 EViews 的输出结果可知，霍斯曼检验的统计值为 $H = 1.766\ 403 < \chi^2_{0.05}(3) = 7.815$，且显而易见其 P 值为 0.622 3，因此接受方程为个体随机效应回归模型的原假定（表 1-7）。

表 1-7 霍斯曼检验结果表

霍斯曼检验值	自由度	P 值
1.766 403	3	0.622 3

数据来源：根据 EViews7.2 回归结果整理所得。

3. 模型估计

由于方程为个体随机效应回归模型，于是进一步进行回归，可得估计结果如表 1-8 所示。

表 1-8 个体随机效应回归模型估计结果

个体随机效应回归模型				
变量	系数	标准差	t 值	P 值
C	0.112 411	0.001 315	9.441 077	0.000 0
X_1	-0.056 087	0.002 003	-2.796 314	0.015 6
X_2	0.453 062	0.002 778	2.630 395	0.020 4
X_3	-0.186 988	0.002 684	-6.695 848	0.000 0

续表

截距	
GS-C	0.012 196
JS-C	0.102 185
ZG-C	0.161 738
NY-C	-0.034 605
ZS-C	0.001 471
JT-C	-0.040 176
ZX-C	-0.010 754
PA-C	-0.015 194
PF-C	-0.519 205
MS-C	0.001 322
GD-C	0.003 247
HX-C	-0.013 227
XY-C	-0.000 192
BJ-C	-0.010 977
NJ-C	-0.001 231
NB-C	-0.020 697

加权统计			
判定系数	0.802 883	修正判定系数	0.789 934
F 值	46.556 68	P 值(F 值)	0.000 000
残差平方和	0.006 565	DW 值	1.889 171

数据来源:根据 EViews7.2 回归结果整理所得。

根据上表,可得估计结果为:

$Y = (0.112\ 4 + 0.012\ 2)D_{GS} + (0.112\ 4 + 0.102\ 2)D_{JS} +$
$(0.112\ 4 + 0.161\ 7)D_{ZG} + (0.112\ 4 - 0.034\ 6)D_{NY} +$
$(0.112\ 4 + 0.001\ 5)D_{ZS} + (0.112\ 4 - 0.040\ 2)D_{JT} +$
$(0.112\ 4 - 0.010\ 8)D_{ZX} + (0.112\ 4 - 0.015\ 2)D_{PA} +$
$(0.112\ 4 - 0.519\ 2)D_{PF} + (0.112\ 4 + 0.001\ 3)D_{MS} +$
$(0.112\ 4 + 0.003\ 2)D_{GD} + (0.112\ 4 - 0.013\ 2)D_{HX} +$
$(0.112\ 4 - 0.000\ 2)D_{XY} + (0.112\ 4 - 0.011\ 0)D_{BJ} +$
$(0.112\ 4 - 0.001\ 2)D_{NJ} + (0.112\ 4 - 0.020\ 7)D_{NB} -$
$0.056\ 1X_1 + 0.453\ 1X_2 - 0.187\ 0X_3$

其中虚拟变量 $D_{GS}, D_{JS}, D_{ZG}, D_{NY}$ 等的定义为：

$$D_i = \begin{cases} 1, \text{如果属于第} i \text{个个体}, i = GS, JS, ZG, NY \ldots \\ 0, \text{其他} \end{cases}$$

对于回归模型，可进行以下统计检验：

（1）拟合优度检验。由于方程的判定系数（R-squared）和修正判定系数（Adjusted R-squared）分别为 0.802 883 和 0.789 934，都较为接近 1，说明拟合良好。

（2）模型的显著性检验。$H_0: \beta_0 = \beta_1 = \beta_2 = \beta_3 = 0$，即模型的线性关系不显著；$H_1: \beta_0 \neq \beta_1 \neq \beta_2 \neq \beta_3 \neq 0$，即模型的线性关系显著。根据 EViews 软件回归结果可知，F 值为 46.556 68，对照 F 分布表可得 $F = 46.556 68 > F_{0.05}(15, 89) = 1.82$，也即可拒绝模型不显著的原假设，也即该模型的线性关系显著。

（3）解释变量的显著性检验。$H_0: \beta_{0,1,2,3} = 0$，即自变量对因变量影响不显著；$H_1: \beta_{0,1,2,3} \neq 0$，即自变量对因变量影响显著。根据 EViews 软件回归结果可知，常数项 C 以及变量 X_1, X_2, X_3 中的 t 值分别为 9.441 074，$-2.796 314, 2.630 395, -6.695 848$，对照 t 值分布表，可知其绝对值皆大于 $t_{0.025}(92) = 1.990$，因此它们对因变量的影响都显著。

4. 模型结论

由回归结果可知，贷存比和第三方支付对商业银行的盈利水平存在负向影响，其中贷存比和第三方支付的规模每提高 1%，商业银行的盈利水平则会分别下降 0.11% 和 0.19%；而中间业务收入占营业总收入之比对盈利水平存在正向影响，即中间业务收入之比每提高 1%，盈利水平则会提高 0.45%。

（六）实证结果

根据 EViews 的回归结果可知，贷存比和第三方支付规模增长与总资产回报率存在着负相关关系，但中间业务收入对盈利水平有着正向影响。

贷存比涉及商业银行资产业务的放款业务和负债业务的存款业务，随着利率市场化改革的完成，商业银行的存款和贷款利率应基于短期国债利率，并由市场供求决定，这意味着商业银行不能再依靠存贷款的息差来获得更稳定的收入。

中间业务收入占营业总收入之比与商业银行的中间业务收入正相关，而在利率市场化之下，根据西方商业银行的发展趋势（一般中间业务收入占到总收入的 45% 以上，多则达到总收入的 75%～85%），中间业务在我国未来也会逐步成为商业银行的主要盈利渠道，因此，它对商业银行的盈利水平有积极影响。

第三方支付规模的系数表明,第三方支付规模的日益增长与商业银行的盈利水平存在着明显的负相关关系。因为第三方支付平台的业务与商业银行的业务在一定程度上有所重叠,尽管两者之间存在着合作和竞争关系,但是很明显,第三方支付平台对商业银行的负面影响超过了正向影响,在一定程度上侵蚀了商业银行的利润,从而成为商业银行在利率市场化大环境下的有力竞争对手。

六、商业银行应对第三方支付冲击的对策

本章针对商业银行的利润被第三方支付平台分流的现象,对其每个业务提出相关的建议和意见。

(一)中间业务角度的应对措施

1. 利用网络优势、政策优势优化支付结算功能

商业银行可进一步完善和丰富其手机银行、网上银行功能,如开通便捷支付等功能以打入零售支付业务来增加客户黏性,并通过其高信誉、高资产体量在与第三方支付平台的竞争中获得一席之地。

2015年中国人民银行发布了《中国人民银行关于改进个人银行账户服务、加强账户管理的通知》,这使得第三方支付平台所拥有的一部分客户需要通过开户行的认证,这一政策巩固了商业银行在该方面的主导权。[①] 因此商业银行可借助此政策支持,进一步细化市场,提供个性化的支付结算服务。

2. 与第三方支付平台合作销售理财产品

商业银行可通过与第三方支付平台签订协议,双方共同代理销售理财产品。同时,商业银行也可以同第三方支付平台合作,自行设计新型的理财产品,可从投资门槛、流动性、回报度等方面对以往的理财产品进行改进。如建设银行同支付宝合作设计的双月定期理财产品——飞月宝,平均七日化收益率达4.86%,且它的流动性高于以往至少一年期的定期产品。

3. 深化中间业务创新范围

商业银行可开拓中间业务的范围,可通过各支行各层级员工与客户的接触深入了解市场需求,以此进行产品创新。如中信银行开通的出国一体化服

---

① 潘璐. 我国商业银行与第三方支付平台竞争合作关系研究[D]. 云南:云南财经大学,2014.

务,为客户节省了时间和精力。① 同时,商业银行还可以和与自己业务关系密切的企业合作,便于共享客户资源,以通过合作来打造更能吸引客户的产品。

同时,相较于第三方支付平台,商业银行在资金实力、人才资源、国际信誉上更有竞争力,因此可在"一带一路"的背景下抓住各种国际合作项目的机遇,加大对国际业务的投入,创新传统的国际结算、贸易担保等业务,并结合国际客户的特点和需求,创造出面向国际的金融衍生和贸易融资产品。

(二)资产业务角度的应对措施

1. 提高对有潜力的中小微企业的支持力度

中小微企业在发展初期往往存在着资金匮乏的共性,由于商业银行无法预测它们未来的潜力和未来的生存可能性,因此往往拒绝给它们放款。所以,商业银行可借助自身的信息优势和行业优势,并综合政策状况来对这些中小微企业经营者和股东等的资信状况进行分析和评级,对有发展前景的中小微企业以含有不同等级水平的利率放款。综合看来,商业银行的资金实力和信誉往往更雄厚,优越于第三方支付平台,因此在这方面更有吸引力。

2. 控股或收购第三方支付平台

第三方支付平台在信息和数据资源方面具有极大优势,这对于商业银行来说是一块肥沃之地。同时,第三方支付的市场竞争日趋激烈,那些未形成良好盈利模式的中小型第三方支付企业的生存日益艰难。因此商业银行可收购、控股此类第三方支付机构,如中国平安收购壹卡会,运用自身的优势形成协同发展模式,吸引更多优质的潜在客户。

(三)负债业务角度的应对措施

第三方支付平台虽然具有结算、转账业务,但不属于金融机构,无法存有过量的沉淀资金,因此不得不与商业银行合作,将备付金存于商业银行的账户中。因此商业银行可与第三方支付平台达成协议与之合作,利用自身的政策优势、体量优势吸收备付金以扩大自身的负债范围。

七、结论

第三方支付平台所经营的业务同商业银行经营的业务在很大程度上有

---

① 吴佳蔚. 第三方支付平台业务的发展对商业银行中间业务收入的影响分析[D]. 成都:西南财经大学,2016.

所重叠,尤其在中间业务方面重叠更多,因此它在自身的发展中也分流了一部分商业银行的经营利润,这不得不引起商业银行的重视。

本章通过定性和定量分析发现,第三方支付平台对商业银行的冲击存在于后者的三大业务中,包括中间业务的资金托管、支付转账、理财产品销售等,资产业务的中小微企业和个人的借贷,负债业务的存款分流等。同时,第三方支付平台无论对国有银行还是股份制银行,都有着负向影响。但是两者并不完全是竞争关系,可以通过合作达到一种共赢的生存状态,在相互博弈中,两者会寻到一种合理的方式来容纳共同的生存。

第二章

C 公司商业保理业务发展问题研究

当前,我国经济正处在结构调整、动力转换的新常态下,经济增速持续放缓,实体经济面临困难。商业保理作为提供应收账款融资和风险管理服务的信用工具,具有逆周期特点,对解决中小企业融资难、融资贵问题,支持实体经济发展有着重要作用。自 2012 年下半年商务部在全国部分地区开展商业保理试点以来,我国商业保理行业发展迅猛。截至 2017 年年底,全国已注册商业保理法人企业及分公司共计 8 261 家(不含已注销、吊销企业),较 2016 年年底的 5 583 家增长了 48%,较 2012 年年底商务部开展商业保理试点当年已注册企业存量翻了 90 倍。2017 年我国商业保理业务量约为 1 万亿元人民币,较 2016 年 5 000 亿元人民币翻了一番。过去几年,我国商业保理企业注册数量、业务量实现了快速增长,但整体仍处在初级发展阶段。随着商业保理行业的发展,也出现了诸多问题,如缺乏行业政策支持、融资环境严峻、专业人才短缺等,这些都大大制约了行业发展。

基于以上背景,本章以 C 商业保理公司为研究对象,通过查阅文献资料,学习借鉴国内外学者已有研究成果,总结保理业务相关概念及理论;以 C 公司为例,从保理业务风险管控、一般业务流程及保理业务发展取得的成绩入手,通过图表数据分析商业保理业务发展现状;综合运用案例分析、比较分析的方法详细阐述 C 公司不同保理业务模式创新的特点、优势及难点;找到当前保理业务发展存在的突出问题,并针对问题提出具有操作性的对策建议。希望对该问题的研究,不仅可以推动 C 公司保理业务进一步发展,而且对其他商业保理公司业务持续健康发展具有一定的借鉴意义。

一、绪论

（一）研究背景和意义

1. 研究的背景

自 2012 年下半年商务部在全国部分地区开展商业保理试点以来，我国商业保理行业发展迅猛。商业保理市场的认知度逐步提高，政策法规环境不断完善，行业领域稳步扩展，业务模式和产品加速创新，融资渠道不断拓宽，商业保理企业数量、业务量和融资余额连续六年高速增长。根据中国服务贸易协会商业保理专业委员会测算，2017 年我国商业保理业务量约为 1 万亿元人民币。① 虽然在过去 6 年，我国商业保理行业从无到有，取得了令人瞩目的成绩，但整体仍处在初级发展阶段。

商业保理业务是基于真实贸易背景，以应收账款转让为前提，依托付款方的信用为上游供应商提供应收账款融资等综合性服务。这种融资方式与实体经济结合紧密，特别适合于成长性的中小企业，同时对降低大企业杠杆率，改善商业信用环境有着特殊作用。2016 年 1 月 27 日，李克强总理主持召开国务院常务会议，会议确定金融支持工业增效升级的措施，壮大实体经济基础，其中包括鼓励拓宽融资渠道，鼓励扩大股权、债券等直接融资，大力发展应收账款融资。国务院首次提出"大力发展应收账款融资"，给应收账款融资带来新的发展机遇。2016 年 10 月 10 日，国务院下发《关于积极稳妥降低企业杠杆率的意见》，实施推进供给侧结构性改革、重点做好"三去一降一补"工作的决策部署，促进建立和完善现代企业制度，增强经济中长期发展韧性。从宏观经济形势看，当前我国经济正处在结构调整、动力转换的新常态下，经济增速持续放缓，实体经济发展困难较多，市场风险逐步加大，中小企业融资难、融资贵的问题亟须找到有效解决办法。基于以上背景，中央提出在适当扩大总需求的同时，更加注重推进供给侧结构性改革，全面推进简政放权、降税降费，鼓励创业创新。保理行业是一个逆经济周期行业，在经济下行、风险上升时期，对传统金融服务收缩造成的供给不足进行弥补。在当前新常态下，保理对解决中小微企业融资难、融资贵问题，降低企业杠杆率具有独特作用。

---

① 韩家平，祁广亚. 2017 年中国商业保理行业发展报告[R]. 2018：3-28.

国家统计局数据显示,2013—2017年全国规模以上工业企业应收账款总额和流动资产总额均持续增长,但是增长趋势逐渐放缓。截至2017年12月底,全国规模以上工业企业应收账款134 778亿元,比上年增长8.5%。基于此强大的应收账款市场规模,在国家大力发展应收账款融资政策推动下,商业保理行业将在服务实体经济发展过程中发挥更重要的作用。

C公司是一家国有独资商业保理公司,具有鲜明的业务特色和专业定位,依托集团资源和优势,延伸产业链,针对建筑、新能源、物流等链属企业开展保理服务。本章的研究立足于C公司商业保理业务发展现状,对其进行分析并找出发展存在的问题,提出可操作性的对策建议。

2. 研究的意义

商业保理作为一种融资手段,是以应收账款转让为前提进行融资的业务模式,对支持实体经济发展,解决中小企业融资难、融资贵问题具有重要作用,在我国具有十分广阔的发展空间。

商业保理的发展从2012年6月商务部同意在天津滨海新区和上海浦东新区两地试点开始。随着商业保理业务的迅速发展,商业保理公司如雨后春笋般纷纷注册成立,但是由于外部环境变化、内部管理缺失等问题,保理业务发展受到制约。

C公司成立于2014年年初,是一家发展较快、有一定成功经验的商业保理公司。本章以C公司为例,通过分析其过去五年商业保理业务发展现状、业务创新模式,找出业务发展中存在的问题,针对问题提出具有可操作性的对策和建议,这不仅可推动C公司保理业务进一步发展,也对其他开展保理业务的公司发展具有参考价值。因此,本研究具有一定的理论价值和现实意义。

(二) 文献综述及简要评析

1. 关于国内外保理业务发展研究

Bakker(2004)研究了东欧八个国家的保理业务市场,通过测算保理业务量占GDP的比重来衡量各个国家的保理业务发展程度。他指出,影响一个国家保理业务发展程度的主要因素有三个:出口银行资本金、宏观经济水平以及司法的效率。

Klapper(2006)提出以应收账款为担保的贷款取决于过去已经形成的销售返还款项,故保理业务核心关键点是借款企业的信用水平和更新应收账款的水平。Klapper对保理与应收账款质押融资进行辨析后认为,保理融资能够有效转移供应商信贷风险，解决供应商融资问题。

高晓明（2005）通过对中国保理业发展现状和趋势，以及与保理业发展相关的管理技术和风险控制技术的研究，系统分析了保理的理论基础和理论框架，提出了保理产品的定价原则，即成本定价、竞争定价和关系定价，但是实际保理产品的定价过程十分复杂。发展我国保理业务的基本思路是：单保理机制更具有优势，风险监控和风险管理是保理公司第一要务，市场需求的变动推动了保理产品的创新，保理产品和操作模式日趋灵活多变。这些论断具有十分重要的借鉴价值和参考意义。

陶凌云（2014）通过对上海市浦东新区已经试点的33家商业保理企业的业务开展现状展开的问卷调查，得出商业保理公司发展普遍存在国内保理业务规范缺失、信用管理政策不配套、商业保理公司与金融机构的合作模式单一、人才队伍严重短缺等问题。

钟洁（2016）从现代保理业务的发展特点入手，分析了保理业务在当前经济形势下的新发展和发展前景。受宏观经济的影响，实体经济应收账款规模持续加大，保理业务获得新的发展机遇：一是应收账款的增加刺激了保理业务的市场需求；二是银行保理占主导，商业保理发展势头强劲；三是产品日益创新丰富；四是风险控制面临新挑战。

蒋敏聪（2015）指出了我国银行保理与商业保理的区别，得出商业保理对于解决中小微企业融资难问题意义重大，易于获得市场消费者信赖。但要在以下几个方面防范风险：谨慎审核买卖双方交易情况，合理确定融资期限，重视合同文本，加强社会征信体系建设，加快商业保理人才队伍建设。

邵煜晗（2016）以一个案例还原了商业保理业务的实操全过程，分析出目前商业保理业务开展中存在的实际问题：其一，近九成的商业保理公司成了僵尸型公司，重要原因是公司自身资金融资渠道单一；其二，相关保理财税准则、法律法规的缺失，加大了商业保理业务操作过程中的难度；其三，国内信用环境的不成熟，减慢了保理商对企业资信调查的进程；其四，国内一些保理公司业务流程的紊乱使得业务效率降低，并且缺失对项目风险评估的具体方法，增加了整个行业的风险。通过分析问题提出对策，借鉴其他国家丰富的经验，从保理商、政府、企业多元视角出发，提出了促使我国保理行业健康且快速发展的建议，如保理公司融资渠道的扩展，专业性保理人才的培养，相关配套法律、财会准则的完善，等等。

刘文文（2018）认为，我国国际保理业务发展存在以下限制因素：一是国际保理业务法规建设滞后,行业监管缺位;二是我国信用安全环境较差;三是商业银行作为国际保理业务的主要保理商,制度建设、硬件条件、人才培养等方面均有不足;四是我国外贸企业普遍缺乏对国际保理的正确认知和理解。对国际保理业务拓展提出四点对策:一是建立有效的国际保理业务法律体系;二是建立信用评级机构,健全社会信用体系;三是加强商业银行软、硬件设施建设;四是增强企业保理意识,提高财务制度标准。

康力文(2018)以苇禾保理公司背景及其基本业务为案例,重点解析商业保理业务中的内外部问题。内部问题主要是保理公司自身融资方式单一,提供的保理种类较少,保理项目风险评估缺乏统一的步骤和方法,缺乏专业性人才;外部问题是法律法规不完善。针对保理公司、行业协会、中小企业各方面提出了对策与建议。

郑加梅、陈霜华(2018)以上海浦东地区的商业保理企业为典型样本,采用DEA效率分析法评估分析商业保理行业效率,得出结论:企业规模越大生产效率越高,外资保理企业总体效率高于内资保理企业,企业经营年限越长整体效率越高。当前我国商业保理行业的效率水平整体偏低,平均效率得分仅为0.282。大多数商业保理企业处于无效状态,主要因素是技术无效率,而不是规模无效率。优化投入产出结构、提高业务效率、走内涵式发展道路将是我国商业保理行业下一步发展的必然选择。

吴传旺(2018)认为具有放款速度快、融资小额化、融资频率高特征的云链金融商业保理,其面临的各种融资问题可通过提升资金周转效率、不断创新业务模式、寻求更多资金端协调发展、面向优质集团企业的资产证券化、深入应用区块链技术等方式解决。

凌智(2018)认为不同种类的保理业务各具优势,如:减少资金积压,降低成本;缩短流动资金占用,提高资金周转速度;增加企业的现金流量。并得出了应收账款保理在企业管理中的作用:加快企业资金周转,增强销售能力,化解企业潜在财务风险,改善财务会计报表结构。这些都是保理业务快速发展的重要原因。

2. 关于保理业务融资模式应用研究

赵永军(2013)分析了工程建设行业的特点,得出商业保理融资是较为契合工程建设行业的融资方式之一。他总结了工程建设保理的优势,通过分析不同工程建设保理的模式和类型,认为方式灵活、操作简便、产品适应性强的工程建设保理将成为建筑施工企业的主要融资方式之一,具有广阔的应用前景。

胡仕炜(2018)认为,保理业务的基础是出让人将应收账款债权转让给保理商获得融资,暗保理业务可以隐藏出让人的财务状况,并指出为更好地发展保理业务,有效缓解中小企业资金短缺问题,应对暗保理中的债权转让通知进行特殊的规范。

赵海荣(2018)认为,在保理关系中,融资是基于应收账款的质量,而不是借款人本身的信用状况。中小企业由于信用记录不完善、没有抵押品、缺乏专业知识和资源管理其贷款与应收账款业务,在贷款中存在风险较高、信息不透明的问题,因此更适合保理融资方式。即使保理融资具有各类优势,信息基础设施和信用体系、商业法律环境、税收和监管环境这些外部环境因素还是制约了保理业务的发展。

石璋铭、李永金(2018)认为,在保理业务中,供应链金融风险按照风险重要程度排列,信用风险居于首位,其次是操作风险、市场风险和法律风险。因此,提高保理业务中供应链金融信用风险防控能力,完善市场信用体系建设刻不容缓。

房丽媛、张子彪、程雪(2018)通过对房地产行业供应链金融保理资产证券化应用的深入研究,认为供应链金融保理资产证券化通过围绕核心企业反向延伸,既能解决供应链上下游企业的融资难题,同时也能实现核心企业对应付账款和现金流的有效管理。供应链金融与保理融合是供应链金融未来发展的新方向。

王李(2018)指出民营施工企业存在融资难、融资模式单一、在行业中话语权不足、回笼资金困难等问题,完善建筑施工企业基于供应链金融的融资对策一是与开展供应链业务的商业银行合作,二是提高自身行业竞争力。供应链金融能够在一定程度上解决供应链下游企业的融资问题。

田奇(2018)探讨了保理业务期限与融资成本,采用案例分析的形式进行测算,最后得出结论:虽然金融保理公司提供的融资利率远高于银行贷款利率及市场有价证券利率,但采取金融保理业务融资时节约了总成本,金融保理业务具有很大的优势。

梁金祥、李宝德、梁正大(2016)指出,商业保理公司处于起步阶段,自身资金有限,同时还面临着资金来源受限的问题,通过资产证券化融资,可寻找更加有效的融资渠道来盘活自身的资产,并获得流动资金。

陆昊天(2018)认为,利用财务信息系统获得高质量的财务信息,可为商业保理公司管理等工作提供高含金量的信息服务,从而降低保理商风险。通过财务信息系统可有效核实应收账款的真实性,提高预算管理水平,进行自动化财务管理,这在商业保理模式中应用意义重大。

熊阳春(2016)认为,我国商业保理行业发展存在的诸多问题中,人才问题是根本问题。从地方高职院校金融专业人才培养模式角度出发,为提升院校办学及教学质量,提出对高职金融人才培养进行系统化教学改革:以优化人才培养方案设计为前提,以强化课程教学改革为导向,以加大实践教学为重点,以完善教学管理机制为保障,最终培养目标是适应我国商业保理行业发展需要。

张法、张秀娥(2018)认为,应收账款反保理融资创新应用供应链金融模式,对于供应商而言可在降低融资成本的同时盘活应收账款,对于核心企业来说可获得更加稳定的供应和分销渠道,从而降低整个供应链的成本,实现三方共赢。

支磊(2017)指出,保理资产证券化是解决保理公司发展商业保理业务中自身融资方式单一问题的重要方式。2015年5月,上海摩山商业保理有限公司发行了我国第一单商业保理资产证券化产品,意味着我国应收账款保理业务证券化迈出了坚实的一步。

3. 文献评述

通过对国内外文献资料的研究发现,国外学者对于保理业务的研究起步较早,最早有关保理文献的介绍可以追溯到20世纪30年代,至今已经建立了较完善的理论体系。相对而言,国内对保理业务的研究起步较晚,始于20世纪80年代。中国对保理业务的研究是在国内商业银行开展保理业务之后开始的,存在一定的滞后性。学者们对国内外保理业务发展现状进行研究后认为,保理业务发展存在的主要问题是保理业务产品单一、社会信用体系不完善、法律法规缺失、专业人才队伍缺失等,问题研究较为宽泛,缺乏深入分析,提出的对策不太具有可行性和针对性。随着商业保理业务的迅速发展,国内学者对保理业务融资模式的研究越来越多,保理业务类型多样化,创新业务层出不穷,在工程建筑、能源、房地产等行业应用较广,但是大多研究仍然处于探索阶段,未取得全面系统的研究成果。

国内外学者主要以整个保理行业发展和某一种保理业务融资模式作为研究对象,通过研究得出普遍性地优化某一具体保理融资模式的建议,而针对开展商业保理业务的某一实体企业如保理公司、融资租赁公司的发展现状的具体分析或者对策建议几乎很少涉及。本章以具体开展保理业务的保理公司作为研究对象,以分析C公司商业保理业务发展现状为出发点,学习和借鉴已有研究成果,找出商业保理业务发展存在的问题,结合我国商业保理公司所处的发展环境及现状提出可操作性的对策建议,以期为开展保理业务的其他实体企业的持续健康发展提供借鉴。

(三) 研究方法、研究思路及框架

1. 研究方法

(1) 文献研究法。利用期刊网络和图书馆资源获取大量关于商业保理、保理业务模式方面的文献资料,同时查阅了金融学、税务学等相关学科的理论知识。以收集的C商业保理公司相关文献为基础,结合其实际情况,对公司的保理业务发展进行研究。

(2) 实地调研法。系统收集整理C公司发展取得的成绩及其业务流程、业务模式等大量资料,并针对具体问题向同行业展开调查,与C公司进行比较分析,从而得出更具实用价值的结论。

(3) 案例分析法。以具体案例形式分析C公司保理业务创新模式,得出不同模式的特点、优势、难点,找到共性问题,指出C公司保理业务发展的具体问题,并提出相应的解决对策。

(4) 理论联系实际的方法。对信息不对称理论、内部控制理论及企业生命周期理论进行详细阐述,并将其应用于解决C公司保理发展问题。

2. 研究思路

本章首先对国内外文献进行分析,介绍目前国内外保理业务发展情况。利用问卷和访谈的形式,对C公司商业保理业务发展的现状进行分析。通过对管理现状的分析,从中找出现阶段C公司商业保理业务发展存在的一些问题,如保理业务行业集中度高、融资渠道单一、营改增税负增加、买卖双方信用缺失、业务操作效率较低、保理专业人才缺失等。针对C公司发展存在的问题,提出一些相应的对策建议,主要包括:拓宽业务范围,加强与银行合作,做好税收筹划,加强买卖双方信用监管,提高业务操作效率,引进、培养、留住保理专业人才,等等。

3. 研究框架

本章的研究框架如图2-1所示。

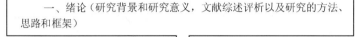

图 2-1 研究的框架结构

4. 本章可能的创新点

本章以商业保理试点以来成立时间较早、有成功经验的国有商业保理公司为例，从分析其发展现状入手，收集整理各项数据、资料，找到目前存在的商业保理业务行业集中度高、融资渠道单一、营改增税负增加等关键性问题，针对这些问题提出解决对策。商业保理业务发展时间较短，数据资料、业务模式创新经验比较珍贵，本章所提出的开拓新的业务发展范围、拓宽融资渠道、加强企业税收筹划等对策，不仅可推动 C 公司保理业务进一步发展，而且对推动整个商业保理行业持续健康发展具有积极作用。

二、保理业务相关概念及理论

（一）保理业务相关概念

1. 保理的定义

（1）《国际保理公约》的定义。根据《国际保理公约》的定义，保理是指一方当事人（供应商）与另一方当事人之间存在的一种契约关系，供应商将其基于与客户(债务人,一般个人及家庭除外)订立的货物销售合同(包含服务)所产生的应收账款转让给保理商,由保理商为其提供下列服务中的至少两项:贸易融资(货款或预支付金)、销售分户账管理、应收账款的催收、坏账担保。

(2)《国际保理通用规则》定义。根据国际保理商联合会(Factors Chain International,FCI)颁布的《国际保理通用规则》(General Rules for International Factoring,GRIF)所下的定义,保理是指存在一种契约关系,根据该契约,无论是否为了取得融资,供应商将基于本规则所定义的应收账款转让给保理商,由保理商为供应商提供下列服务中的至少一项:销售分户账管理、应收账款的催收、坏账担保。

(3)中国银监会的定义。中国银监会2014年第5号令颁布的《商业银行保理业务管理暂行办法》第二章第六条规定:本办法所称保理业务是以债权人转让其应收账款为前提,集应收账款催收、管理、坏账担保及融资于一体的综合性金融服务。债权人将其应收账款转让给商业银行,由商业银行向其提供应收账款催收、应收账款管理、坏账担保和保理融资服务中至少一项的,即为保理业务。

(4)我国商业保理的定义。2012年6月,商务部发布《关于商业保理试点有关工作的通知》,同意在天津滨海新区、上海浦东新区开展商业保理试点,设立商业保理公司,为企业提供贸易融资、销售分户账管理、客户资信调查与评估、应收账款管理与催收、信用风险担保等服务。

2016年8月,商业保理专委会受商务部市场秩序司委托对起草的《商业保理术语:基本术语》公开征求意见,其中,商业保理(Commercial Factoring)指商业保理企业受让应收账款的全部(或部分)权利及权益,并向债权人提供应收账款融资、应收账款管理、应收账款催收、还款保证中至少两项业务的经营活动。

对以上定义综述如下:

以上国内外主要机构组织对保理的定义在不同阶段表述的侧重点略有不同,但实质还是围绕着保理所提供的贸易融资、应收账款催收、销售分户账管理与坏账担保等服务。例如,我国商业保理行业将保理归属于综合性的"商贸"服务,而银行保理行业则将保理定性为综合性的"金融"服务,这是不同的监管机关从其角度所下的定义,在本质上并无差别。

另外,无论是否办理融资,保理是以应收账款的转让作为前提的,凡是没有办理应收账款转让或以质押方式办理业务的,均不能称之为保理业务。

保理是以应收账款的转让作为前提的,虽然各国法律对应收账款转让通知生效的规定有所不同或不尽明确,但转让应收账款必须通知原债务人才能对债务人发生效力的这一规定基本是一致的。本研究认为债务人的付款是保理业务的第一还款来源,所以,如何办理应收账款转让的通知并确保账款转让对债务人发生效力,始终是保理业务一项非常重要的操作环节。

2. 保理的类型

由于保理提供多项服务,具备多项功能,不同功能的组合也将形成各种保理产品,这就使得保理的实践操作具有很强的灵活性和适应性。在实际运用中,保理业务有多种不同的操作方式,一般可以分为:国际保理和国内保理;双保理和单保理;有追索权和无追索权的保理;明保理和暗保理;折扣保理和到期保理。

(1) 按买卖双方是否位于同一国家(与保理商所处的地方无关),可以分为国际保理与国内保理。

国际保理又称为国际付款保理或保付代理。国际保理,不言而喻,是指买卖双方分处不同的国家,保理商提供跨国保理服务的业务品种。国际保理业务分为单保理和双保理两种运作方式。仅涉及进出口商一方保理商的被称为单保理;涉及双方保理商的被称为双保理。

国内保理是根据国际保理发展而来的。国内保理即买卖双方均在同一个国家,所以一般采用单保理方式。

(2) 按保理业务的开展主体不同,可以分为双保理与单保理。

涉及进出口商(卖方)一方保理商的保理业务叫作单保理;由双方保理商分工协作共同完成的保理业务叫作双保理。单保理通常是国内保理业务,不对进口(买方)保理商和出口(卖方)保理商进行区分。

(3) 按保理商对受让的应收账款是否保留追索权,可以分为有追索权保理与无追索权保理。

有追索权的保理是指供应商通过将应收账款债权转让给保理商,获得应收账款融资后,如果购货商拒绝或无力向保理商付款,保理商有权向供应商进行追索,要求偿还预付的货币资金,不对供应商提供坏账担保。一般情况下,保理商为了降低风险,避免自身发生损失,更多采用有追索权保理。

无追索权保理,顾名思义,即保理商放弃对供应商追索的权力,独自承担购货商拒绝付款或无力付款的风险,这样就对供应商转让的应收账款提供了坏账担保,全部的风险转嫁给了保理商。

有追索权保理与无追索权保理服务项目对比见表2-1。

表2-1 有追索权保理与无追索权保理服务项目对比

保理类型	应收账款融资	应收账款管理	应收账款催收	坏账担保
有追索权保理	√	√	√	×
无追索权保理	√	√	√	√

（4）按保理商是否将应收账款转让事宜通知购货商,可以分为明保理和暗保理。

明保理又称公开型保理、通知保理,是指供货商在债权转让的时候应立即以书面形式将应收账款转让事宜告知购货商,并让购货商将货款直接付至保理商账户。

暗保理又称隐蔽性保理、不通知保理,是指保理商和供货商单独进行保理业务,购货商不参与其中,应收账款到期后由供货商自己进行款项的催收,作为归还保理商融资款的还款来源。供货商开展暗保理的重要原因是希望隐瞒自身资金状况不佳的情况,以获得融资款,解决资金需求。

（5）按是否提供融资,可以分为折扣保理和到期保理。

折扣保理又称为融资保理,是指供货商将代表应收账款的票据交给保理商,保理商立即以预付款方式向供货商提供不超过应收账款80%的融资,剩余20%的应收账款待保理商向购货商收到全部货款后,再行清算。这是比较典型的保理方式。

到期保理是指保理商收到供货商提交的代表应收账款的销售发票等单据时并不向供货商提供融资,而是在单据到期后,向供货商支付货款。无论到时候货款是否能够收到,保理商都必须支付货款,此时保理商只提供坏账担保服务不提供融资服务。

3. 保理业务的意义

保理业务是基于真实贸易背景,以应收账款转让为前提的一种贸易融资工具,有利于缓解中小企业融资难、融资贵的问题,支持实体经济发展,对贸易中双方都有较大意义。

保理业务对于买方（即贸易中采购方）的意义:

（1）采购商通过赊购方式获得货物,无付款程序,仅仅通过交易单据清算,大大简化了贸易手续。

（2）采购商基于自身商业信用获得一定付款账期，先购货物后付款，提高了既有支付能力下的购买力。

（3）对保持与销售方的稳定关系有积极作用，从而获得稳定的供货来源，满足企业日常经营。

（4）降低了资金占用，减少了开具银行承兑汇票、申请贷款的费用成本。

保理业务对于卖方（即贸易中销售方）的意义：

（1）销售方以赊销方式销售货物，有利于提高自身竞争力，扩大市场规模，获得更多客户。

（2）销售方通过应收账款转让获得保理融资服务，无须担保、抵押等手续，较快获得流动资金，加快资金周转速度。

（3）通过办理保理业务，从保理商对采购方的尽职调查中了解更多采购方资信状况和财务状况的信息，培养自己的核心客户，并且可享受保理商对应收账款管理和债务催收服务。

4. 银行保理和商业保理的区别

在我国，从事保理业务的主体主要是银行和商业保理公司，通常把商业银行开展的保理业务称为银行保理，把专业的保理公司开展的保理业务称为商业保理。商业保理在一定程度上更能满足中小企业对融资的需求，支持实体经济发展，对银行保理有补充作用。长久以来，银行保理占据我国保理业务市场的主要份额，而商业保理公司所占市场份额很小。商业保理的发展从2012年6月商务部同意在天津滨海新区、上海浦东新区两地开展商业保理试点开始，起步晚是银行保理和商业保理发展不平衡的重要因素。但是，经过近几年的发展，商业保理注册公司成倍增长，业务量迅速提升，市场认知度逐步提高，银行保理业务不断收缩，商业保理更能满足市场发展需求。同时，银行保理与商业保理在业务开展中也存在一些区别（表2-2）。

（1）银行保理和商业保理的主要客户群不同，前者主要针对的是大中型企业，且不分行业；后者主要针对的是中小型企业，且专注细分行业。由于受准入门槛、融资成本、风险控制等方面的影响，我国银行保理主要服务于大企业和大单，很少涉及中小微企业市场，这一点上与商业保理形成互补。

（2）银行保理与银行其他信贷业务无本质区别，核心风控手段仍然是已建立的信贷评估体系。商业保理目前核心风控手段相对薄弱，尚未建立规范、统一的风控体系，主要结合自身的业务领域建立核心风控手段。

（3）银行保理作为银行多项授信业务之一，不分行业，具有统一的操作标准,产品具有统一性,一般要求额外抵押质押作为增信手段,对于"轻资产"的中小企业来说融资受限。商业保理作为保理公司的核心业务,无统一的操作标准,可以基于细分行业设计非标准化产品,对担保物无要求,受到中小企业青睐。

表2-2 银行保理和商业保理的对比

	银行保理	商业保理
主体	银行	商业保理公司、融资租赁公司(部分经营范围含保理业务)
主要客户群	不分行业,聚焦大中型企业	专注细分行业,聚焦中小型企业
核心风控手段	嫁接信贷评估体系	相对薄弱,主要结合自身的业务领域建立核心风控手段
业务定位	授信业务之一	公司的核心业务
操作标准	不分行业,具有统一的操作标准	无统一的操作标准
产品特征	统一性	可以基于细分行业设计非标准化产品
担保物要求	一般要求额外抵押质押作为增信手段	无要求

(二)相关理论

1. 信息不对称理论

早在19世纪70年代,三位美国经济学家就已经开始关注和研究信息不对称这一现象。最早研究这一现象的是阿克尔洛夫,他首次提出"信息市场"概念是1970年在哈佛大学经济学期刊上发表的著名的《次品问题》一文中。2001年度诺贝尔经济学奖得主阿克尔洛夫研究当时普遍存在的二手车市场中信息不对称现象,而另外两个得主斯宾塞和斯蒂格利茨,前者的研究着重于劳动力市场,即用人单位与应聘者之间的信息不对称现象,后者研究保险市场中被保险人与保险公司间的信息不对称现象。

在商品交易中,信息不对称现象的存在使得买卖双方总有一方获得的信息不完整,从而对交易缺乏信心,付出昂贵成本。当今社会,信息不对称现象无处不在。按照这一理论理解各种名牌商品,名牌之所以成为名牌,让人们崇拜和追逐,源自它提供了更加完全的信息,降低了商家和消费者之间的交易成本。同样,为商品做广告也是对这一理论的实际应用,在商品同质的前提下,通过做大量广告让消费者了解更多信息的商品比不做广告或者少做广告的商品,更容易让消费者接受。

在市场经济活动中,各类人员对有关信息的了解是有差异的。掌握信息比较充分的人员,往往处于比较有利的地位;而信息贫乏的人员,则处于比较不利的地位。该理论认为:市场中卖方比买方更了解有关商品的各种信息;掌握更多信息的一方可以通过向信息贫乏的一方传递可靠信息而在市场中获益;买卖双方拥有信息较少的一方会努力从另一方获取信息;市场信号在一定程度上可以弥补信息不对称的问题。

2. 内部控制理论

1949 年,美国会计师协会的审计程序委员会在《内部控制:一种协调制度要素及其对管理当局和独立注册会计师的重要性》的报告中,对内部控制首次做了权威性定义:"内部控制包括组织机构的设计和企业内部采取的所有相互协调的方法和措施。这些方法和措施都用于保护企业的财产,检查会计信息的准确性,提高经营效率,推动企业坚持执行既定的管理政策。"

内部控制的主要目标是保证企业经营的效率与效益。控制方法主要有:① 授权批准控制,即对单位内部部门或职员处理经济业务权限的控制。为了保证单位既定方针的执行和避免滥用职权,部门和职员必须经过批准才能处理各项经济业务。② 奖惩激励控制,即通过奖励和惩罚手段,如合理的薪金制度、职务晋升制度等,激励和约束被控制者,使其更好地为实现控制目标服务。③ 全面预算控制。预算管理由预算编制、预算执行、预算控制、预算分析和预算考核等一系列环节组成。

COSO(美国反虚假财务报告委员会下属的发起人委员会)内部控制框架认为,内部控制系统由控制环境、风险评估、内控活动、信息与沟通、监督五要素组成,它们取决于管理层经营企业的方式,并融入管理过程本身,其相互关系也可以用模型表示。

3. 企业生命周期理论

伊查克·爱迪思(Ichak Adizes)是美国最有影响力的管理学家之一,是企业生命周期理论的创立者,组织变革和组织治疗专家。他曾用 20 多年的时间研究企业如何发展、老化和衰亡。他在《企业生命周期》一书中把企业生命周期分为十个阶段,准确生动地概括了企业生命不同阶段的特征,并提出了相应的对策,揭示了企业生命周期的基本规律,指出了企业生存过程中发展与制约的关系。

企业生命周期理论认为,企业发展到一定程度,便难以增长,有一种力量似乎在制约和摆布着其命运。通过分析发现,此时企业缺乏留住人才和培育人才的机制,落后的管理和组织机构长期停滞在粗放经营和管理上,制约了企业的发展。根据爱迪斯的理论,壮年期是企业生命周期曲线中最为理想的点,在这一点上企业的自控力和灵活性达到了平衡。壮年期的企业知道自己在做什么,该做什么,以及如何才能达到目的。壮年期并非生命周期的顶点,企业应该通过自己正确的决策和不断的创新变革,保持持续增长。但如果失去再创业的劲头,就会丧失活力,停止增长,走向官僚化和衰退。

企业生命周期理论和研究方法,把企业看成一个有机体,而不仅仅是一个组织,从把握全程到注重阶段,提出动态管理的思想,对于思考企业的战略管理,提供了一个新的视角。企业生命周期是企业发展与成长的动态轨迹,包括发展、成长、成熟、衰退几个阶段。企业生命周期理论的研究目的在于试图为处于不同生命周期阶段的企业找到能够与其特点相适应并能不断促进其发展延续的特定组织结构形式,使得企业可以从内部管理方面找到一个相对较优的模式来保持企业的发展能力,在每个生命周期内充分发挥特色优势,进而延长企业的生命周期,帮助企业实现自身的可持续发展。

三、C 公司商业保理业务发展现状分析

(一) C 公司简介

C 公司成立于 2014 年 1 月,注册资本 5 亿元,为满足公司业务发展需要,陆续增资后注册资本达到 10 亿元,是由 C 集团公司出资设立的国有类金融企业。2012 年下半年以来,商务部陆续批准了全国部分地区开展商业保理试点,C 公司是商务部 2013 年 8 月 26 日发文《关于在重庆两江新区、苏南现代化建设示范区、苏州工业园区开展商业保理试点有关问题的复函》(商资函〔2013〕680 号)后,首批设立的商业保理公司,成立时间相对较早。

C 公司保理业务发展一方面依托集团资源优势和产业优势,以产融结合为发展理念,以产业链金融为核心,抓住 C 集团公司作为工程项目发包方的身份,以建设工程保理为突破口,针对商贸物流、工业采购、城市建设、建筑施工、新能源、政府采购等链属企业开展全方位保理业务服务;另一方面,C 集团公司为 C 公司业务发展提供强大的资金保障,具体体现在集团和股东的短期资金支持、银行授信支持。

C 公司拥有较强的集团支持、适时发展的外部条件,建立了相对专业的保理业务团队和业务风控体系,在保理业内赢得了较好的业绩口碑,但是随

着业务规模扩大、外部市场环境变化等,保理业务发展同样遇到了一些问题。

(二) C 公司风险管控及一般业务流程

1. 风险管理与控制

C 公司现有员工 13 人,平均年龄 36 岁,本科学历者占比 77%(包括成人高等教育专升本),研究生学历 2 人,占比 15%,是一支成熟、有经验、积极向上的团队,公司组织架构如图 2-2 所示。公司部门设置上分为前台业务部、中后台风控部、财务部、综合部,部门之间分工明确,建立了各自的规章制度。在业务审批上,设立了三级风审制度,风险评审小组由分管业务总经理、风审人员、其他人员组成,人数不少于 4 人,负责审议权限范围内的金融业务及业务开展的合规性。风险审查委员会(简称"风审会")是公司董事会下设的风险监督管理机构,主要负责对相关金融业务及风险管理进行审议、指导、监督及检查,并对审批起专业支持和制约作用,坚持"专业审查、集体审议、独立表决"的原则。集团公司金融业务风险审查委员会(简称"金融委")是集团公司股东会下设的风险评估指导机构,对业务投向进行指导与管理,制定短期、中长期业务发展规划,按行业和业务种类进行风险评估,平衡收益与风险,保证公司风控比例的最优化,审议超出风险审查委员会权限外的金融业务。三级风审委员会分别规定不同的权限范围,完善风险决策机制,提高风险管理水平。保理业务按照风险分类管理,各类业务按照客户足额偿还到期债务的可能性划分为正常类、非正常类和损失类(即不良类)三类,目前全部业务均属于正常类。

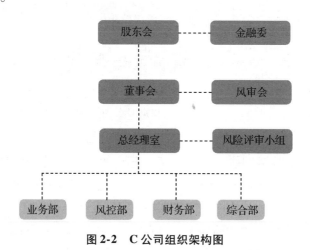

图 2-2 C 公司组织架构图

为了规避和控制业务风险,C 公司对商业保理业务准入管理规则和范围要求进行了分类,共分为积极支持类、适度支持类、审慎介入类及禁止介入类四类。其中积极支持类包括:① 集团公司产业链业务;② 地市级以上政府牵头的基础设施项目业务;③ 铁路运输、高速公路、港口、码头建设和轨道交通等行业的业务;④ 符合国家战略导向的转型升级、环保生态等行业业务;⑤ 关系国计民生,如粮油、医药、医疗、医院、白色家电、大众化食品等行业业务。适度支持类包括:① 能源、电力及其配套上游行业业务;② 行业内技术成熟、产品市场占有率较高且稳定、行业内排名靠前、市值较大的本地上市公司业务;③ 以整车生产企业为核心的供应链业务;④ 以产品成熟度高、具有稳定销售市场、效益良好的大中型优质医药生产企业为核心的供应链业务;⑤ 家电龙头企业上游供应商业务;⑥ 开展以全国性综合排名靠前的大型优质房地产开发商为核心的企业业务、销售尾款业务等。审慎介入类为产能过剩行业,涉及钢铁、煤炭、平板玻璃、水泥、电解铝、船舶、光伏、风电和石化产业等行业业务。禁止介入类为不符合国家产业政策,内部管理混乱,财务状况较差的企业业务。

2. 一般业务流程

C 公司商业保理业务流程环节共分为 10 个阶段(图 2-3)、37 个步骤,其中每个步骤包括相应文件及公司内部审批流程。

图 2-3　商业保理业务的一般业务流程环节示意图

(资料来源:根据 C 公司商业保理业务流程指引制度绘制)

第 1 阶段,业务申请。客户经理与业务申请人洽谈具体的业务意向,初步了解申请人和业务结构基本情况,报分管总经理决定是否受理。

第 2 阶段,业务受理与调查。分管总经理指定客户经理进行双人调查,获取初步资料和信息。客户经理收集相关客户及业务资料,审查核实业务各方及担保人主体资格、信用记录、交易真实性、经营和财务状况、抵(质)押物及拟转让债权合规性和有效性及其他相关情况等。调查实行两名客户经理和风审人员共同调查制度,采用现场和非现场调查相结合的方式。现场调查包括现场会谈和实地考察（要求现场拍照或视频留档），非现场调查包括搜寻调查、委托调查等方式。客户经理将初步调查情况向分管总经理汇报，分管总经理和风审人员共同就调查结果提出分析和评估意见，并对风险点进行提示和提出进一步调查的指导意见。客户经理根据分管总经理和风审人员的风险提示进行深入调查，对授信方案进行完善。客户经理按要求撰写《业务调查报告》并双人签字，同时签署《尽职确认书》。风审人员、公司总经理在《业务调查报告》上签署明确意见。

第3阶段，业务风险评价。风控部对送审资料的完整性、调查工作与申报流程的合规性进行审核，对送审业务的政策合规性、投向符合性、材料内容合法性、完整性和有效性进行审核；对业务各方、担保人等主体资格和基本情况以及抵（质）押物状况进行核查；对保理业务基础交易合同和债权的合法性、有效性、充足性以及价值进行审查；对财务及非财务因素进行审查；对担保的合法性、风险加固的有效性进行审查；对《业务调查报告》结论的合理性、准确度进行评估；对相关风险点进行揭示；在全面论证、平衡风险收益的基础上，提出审查结论（建议），按权限提交相应审批机构审议。

第4阶段，业务审批。风审会成员进行集体审议，各成员应充分发表意见和提示风险点，修改和完善授信方案，形成会议记录，会议记录须留存归档。

第5阶段，合同签订。包括合同文本（含相关决议、协议、文本等）的填写、合同的审核、合同的修订、合同的签订等环节，在合同签订中客户经理双人携带签约文本至客户方或由客户来保理公司面签，现场面签要求拍照或视频留档，所有法律文本均须加盖骑缝章。

第6阶段，融资发放。前提是授信条件落实。客户经理授信条件落实包括（不限于）：落实保证金，收妥保理费和其他应收费用，并通过中征动产融资统一登记平台（中国人民银行征信中心）等进行登记，落实客户相关承诺或补充协议。然后对授信条件落实情况进行核查。风审人员对客户经理授信条件落实情况进行核查比对，对中征动产融资统一登记平台（中国人民银行征信中心）信息查询情况及客户的工商登记和外部信息情况进行复核，对授信审查审批单上的所有授信条件和提款限制条件进行逐条核对并出具审核意见。最后进行融资发放审批。

第7阶段，融资资金支付。C公司融资资金支付方式有三种：现金、银行承兑汇票、保函。

第8阶段，贷后管理。客户经理为贷后管理的第一责任人，须定期检查并按要求撰写《贷后监控报告》；风控部为贷后风险管理部门，参与贷后监控检查，并对贷后管理进行评估和提出工作建议。保理业务须定期核对应收账款债权，对中登网登记的债权进行核查和维护，实时收集、核查、更新应收账款债权所对应的发票，确保应收账款债权的合法、足额及有效。应收账款债权回笼后，涉及有溢出需要的，进行溢出审批后才能支付溢出款。在业务发生期间，客户经理应及时发现预警信息，有效识别风险点。

第9阶段，融资归还与风险处置。客户经理在保理业务到期前15天进行检查，对买卖双方进行催收，了解客户还款计划和资金来源，对还款风险做出客观评估和分析。客户经理在融资到期前3天与客户联系，确认还款资金的具体到账时间。客户经理在融资款到期当天跟踪账务处理方式和到账情况。保理融资还款时，财务部在清算利息和相关费用后核准进行还款处理。融资到期后未收回的，客户经理应立即展开调查，跟踪客户情况，并发出《逾期通知书》。融资逾期1个月未收回或出现不确定的风险因素时，业务部与风控部应立即制订风险处置预案，并上报公司风审会及集团公司金融委。风控部根据公司风审会及金融委确定的行动方案指导客户经理开展催收和保全工作，对不良资产通过加固担保、冻结额度、催收、重组、诉讼、以物抵债、打包处置、债权转让等方式化解风险，客户经理须全方位配合。

第10阶段，业务档案的保管和归档。业务申请、调查、审查、审批、签约、发放阶段，由客户经理收集、整理、保管相关业务资料。业务发放后2个月内，由客户经理将相关业务资料移交档案管理员保管，法务岗监交。后续陆续形成的档案资料，客户经理定期移交档案管理员。

（三）保理业务发展取得的成绩

1. 发展速度快，经济效益显著

C公司保理业务发展速度快。在2014年成立当年，公司上半年忙于制度流程的建立、经营模式的探索和人员队伍的建设等方面工作，下半年开始实现业务投放后便快速发展，融资放款金额达7.55亿元，实现营业收入2 377万元。如图2-4所示，2015年营业收入达到最大值7 403万元；2016年营业收入为6 151万元，同比下降了16.9%；2017年同比上升5.0%。2016年、2017年营业收入相近。通过公司内部资料分析发现，2015年融资投放额度大，市场融资放款利率较高。2016年、2017年市场融资放款利率下降，保理业务没有开拓新的行业领域，营业收入下降并趋于平稳。2016年、2017年利润总额、净利润包含了公司股权投资产生的投资收益、补助收入等，其他影响因素较为合理。截至 2017 年年底累计融资投放额 31.6 亿元，累计营业收入达到 2.23 亿元，累计净利润 1.6 亿元。保理公司员工平均人数 13 人左右，每年人均净利润 300 万元，人均经济效益非常高。

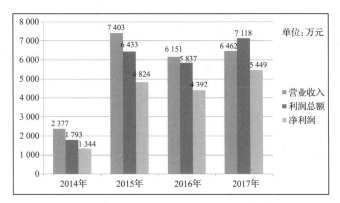

图 2-4　2014—2017 年度 C 公司营业收入、利润总额、净利润数据汇总
（资料来源：根据 C 公司 2014—2017 年度审计报告数据绘制）

C 公司保理业务发展速度快有两方面原因。一方面，公司内部管理较完善，公司分为前台业务部、中后台风控部、财务部、综合部，部门之间分工明确、有效配合，公司整体风险尚可控。公司目前所涉业务的"买方"或"卖方"客户中，至少有一方具备"国资"或"上市公司"背景的居多，占比在 80% 以上，保理业务所涉客户的背景实力相对较强。另一方面，外部市场需求大，保理业务契合中小企业融资需求。当前经济交易信用化的比例不断提高，2012 年全球国际贸易结算当中，赊销比例已经达到 82%，预测到 2020 年会达到 91%，而 20 世纪 90 年代的时候只有 20% 不到。据国家统计局发布的数据，2014 年年末全国规模以上工业企业应收账款累计 105 168 亿元，2015 年同比增长 7.9%，2016 年同比增长 9.6%，到 2017 年年底，全国规模以上工业企业应收账款累计达到 134 778 亿人民币，比上年增长 8.5%，创历史数据新高，增速继续保持高位（图 2-5）。保理业务是基于应收账款转让开展的综合性金融服务，企业报表中有大量的应收账款余额，大大加快了保理业务的发展。对于卖方即融资方来说，能够获得无须担保、手续简便的融资，从而缩短流动资金占用，提高资金周转速度，将应收账款提前变为现金流，增加企业现金流量，改善财务状况。对于买方即债务方来说，可以基于自身商业信用获得一定付款账期，先购货物后付款，降低了资金占用率，减少了开具银行承兑汇票、申请贷款的费用成本。

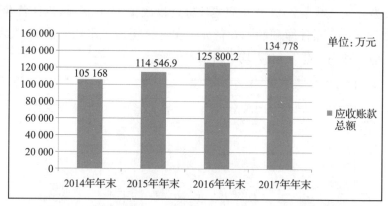

图 2-5　2014—2017 年全国规模以上工业企业应收账款总额

(资料来源：国家统计局)

2. 创新开展工程建设保理业务,占领本地市场客户资源

分析 C 公司保理业务发现,其保理业务中应收账款涉及工程建设款、工程材料款、能源材料款、电力设备款等,保理业务涉足领域集中在工程建设和新能源领域。C 公司成立后一方面在实体民营经济中开展保理业务,如木材行业等;另一方面利用集团公司作为城市基础设施建设运营商和服务商的优势,开展城市基础设施建设领域的工程建设保理业务。民营实体经济风险较大,现金流不可控,与公司风险偏好、发展战略不相符。C 公司作为一家国有类金融公司,严格控制风险,以实现业务稳健发展为目标,更倾向工程建筑领域。

C 公司创新开展工程建设领域的保理业务,分别为工程建筑公司不同阶段提供不同的保理融资服务。建筑公司在项目中标后,C 公司提供开立保函业务服务,如履约保函、预付款保函;建筑公司在施工过程中进度款支付比例较低或者垫资过多,出现现金流不足问题时,C 公司提供进度款保理融资服务;项目完工后,工程审计款付款期限长,C 公司提供审计款保理融资服务,解决了建筑公司全过程资金问题。C 公司工程建设保理业务占其业务总额一半以上,到目前为止为超过 40 家建筑公司提供过保理融资服务,本地知名大型建筑承包商均有涉及,并且部分发展成为长期合作客户。

3. 商业保理业务优势明显,具有一定的市场竞争力

C 公司商业保理业务具有以下几方面优势:

(1) 政策优势。专注工程保理,对工程保理有一套完备的流程体系可进行业务风险点经验判断和行业数据分析。

(2) 额度优势。授信额度匹配工程项目实际情况,单笔授信额度无

限制。

（3）担保优势。仅仅转让应收账款债权，无须抵押物抵押，无须专业公司担保。为加强授信担保，目前公司有现金保证、企业或个人保证和信用方式，其中以个人保证方式居多。

（4）期限优势。随应收账款期限而定，最长可达3～5年，无须中间归还。目前公司保理业务期限绝大部分在1年以上，以1～2年的居多，期限最长达3.5年。

四、C公司商业保理业务模式创新

（一）工程建设保理

工程建设保理即工程施工企业（债权人）将其对项目业主方（债务人）的应收账款转让给保理公司，在支付融资费用的前提下，保理公司为施工企业提前支付工程建设资金，是基于应收账款转让、针对建筑企业的一种融资方式，是目前C公司保理业务中的核心业务，占业务总额的一半以上。

案例介绍：某建筑公司中标某保障房工程，合同金额2亿元；进度款60%，审计结束后付至95%，5%为质保金；该项目已于2017年年底完工并验收，公司累计已收款1.2亿元，现已进入审计阶段。此时向保理商申请办理保理融资。保理公司扣除质保金部分根据已形成的应收账款20 000×35% =7 000（万元），按8折比例一次性放款7 000×80% =5 600（万元），期限2年。业主方按施工合同支付审计款后，归还保理融资，剩余款项溢出给建筑公司。

工程建设保理业务流程如图2-6所示。

图2-6　工程建设保理业务流程示意图

（资料来源：根据C公司工程建设保理业务模式绘制）

第一步,工程发包方与工程施工方签订工程承包合同,即为真实交易背景,形成应收账款;

第二步,工程施工方向保理商申请办理保理业务;

第三步,保理商调查双方资信及工程情况,进行业务报批;

第四步,核心环节,业务报批成功后,保理商书面通知工程发包方(即买方)应收账款转让事宜,变更买方付款账户为保理商账户或者监管账户,控制现金流,控制还款来源;

第五步,保理商发放融资款给工程施工方(即卖方);

第六步,工程发包方(即买方)直接到期付款给保理商,融资方无须还款;

第七步,保理商扣除保理融资本息,余款退回融资方。

工程建设保理具有两方面优势。一方面,对于施工单位来说,额度、期限合理配置,工程保理的债权计算方式根据施工合同而定,形成的工程量减去累计付款即产生应收账款,乘以70%左右的预付比例,施工单位能够一次性获得足够的授信额度,满足项目需求。期限与项目末端的审计款支付时间匹配,最长可达2~3年。相比银行贷款一年一周转的要求,工程保理的融资期限更为灵活,不进银行征信系统,不影响企业负债率,无任何搭配销售要求,不限制资金用途,对建筑企业提供了资金支持,可有效降低融资成本。对于保理公司来说,工程保理的买方大多是实力较强的政府平台,此类买方履约能力强,违约成本大。特别是近年来农民工工资的支付得到有效保障后,政府工程项目的付款情况均表现良好,几乎不存在拖欠、折价、毁约等情况,能够有效保障保理融资的本金收回,使得业务整体风险可控。

工程建设保理有两个难点:一是放款资金来源受限,主要依靠集团借款和银行融资授信,来源渠道单一,银行授信难度大且融资成本较高;二是工程建设保理业务中买方大多是实力较强的政府平台,业务操作配合度较低,资料收集困难,使得保理业务中的应收账款核算、对账、现金流控制成为难点。

(二)供应链保理

供应链保理即围绕核心客户,通过供应链获取各类业务信息,对其上下游链属企业提供金融服务。核心客户可通过延长采购账期,改善财务状况,降低负债率,从而提高供应链整体竞争力。

案例介绍:某上市公司上游有A,B,C等多家供应商,A,B,C等多家供应商有该上市公司应收账款合计2亿元,基于核心客户的实力,保理商与上市公司签订《保理业务合作协议》,按照已形成应收账款的8折给予上市公司授信额度1.6亿元。A供应商将上市公司2 000万元应收账款转让给保理商后,获得1 600万元融资额度,保理公司向A供应商发放融资款,供应商支付融资费用,核心客户到期付款,核心客户到期未付,则供应商进行回购。

供应链保理业务流程如图2-7所示。分析该流程图可知,第1、第3、第4、第5步与工程建设保理均无差异,差别在第2步,供应链保理业务中由单一企业为主体的授信模式变为对产业供应链上下游多个企业提供全面金融服务,由核心客户即买方发起,双方签订《保理业务合作协议》,发送供应商转让清单。业务流程中的核心关键点为对核心客户实力的考量和授信额度的控制以及以供应链购销活动中产生的动产或权利为担保。

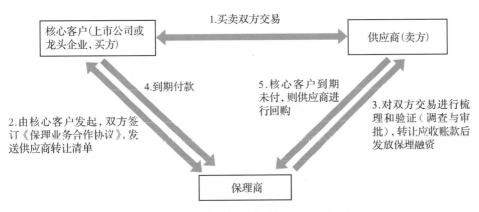

图2-7 供应链保理业务流程示意图

(资料来源:根据C公司供应链保理业务模式绘制)

供应链保理可为核心客户和供应商实现共赢。对于供应商有利之处:① 获得融资便利。基于应收账款提前获得融资,无抵押无担保,可解决中小企业融资难题。② 降低融资成本。基于核心客户高信用等级,融资成本将有所下降。③ 提升获利能力。盘活应收账款,加快资金周转效率,大幅提升业务规模,获得更多利润,因而可集中精力提升产品质量和服务,进一步融入供应链。对于核心客户有利之处:① 延长付款账期,优化财务状况。延长采购账期,增加现金沉淀,替代部分短期借款,可减少利息支出,同时可获得现金折扣,降低财务成本;拉长应付账款周转期,缩短现金周期,可提高资本效率,增加货币资金,改善流动比率、速动比率,提升流动性。② 管理供应商,优化供应链效率。通过搭建供应商融资网,增加供应商黏度,可获得更好的采购条件,提高供应效率。

供应链保理中有两个难点:一是确定交易的真实性。这需要与核心客户及合作机构进行反复对接,采集大量的交易数据、票据以及双方交易账务信息,进行一一核实印证。二是解决信息不对称问题。供应链保理业务,对产业供应链上下游多个企业提供全面的金融服务,这要求保理公司具有综合性专业人才,这类人才不仅熟悉保理业务操作,还要懂财务、懂行业特点,具备敏锐的判断能力;还需要保理公司具有专业业务信息系统,以提高数据整合、分析、判断能力,代替过多的人工操作,提高业务操作效率。

(三)保付函业务

保付函业务即保理公司基于核心客户转让的应收账款,给予核心客户相应的保付函额度。在这一额度下,保理公司对核心客户开给供应商的电子商业承兑汇票进行保付,供应商凭保付函和电子商业承兑汇票向保理公司申请保付款。

案例介绍:某建筑公司中标某保障房工程,合同金额2亿元。进度款60%,审计结束后付至95%,5%为质保金。公司上游的混凝土、材料、钢材等供应商表示需要现款交易,可承担一部分利息。保理公司在转让该项目项下剩余应收账款后,根据已形成的应收账款 20 000×35%=7 000(万元),按8折给予该公司保理融资5 600万元保付函额度,期限1年。公司向A,B,C,D四家供应商各开出1 400万元商业承兑汇票,按照年化3%的利率支付手续费。供应商按照自身资金需求选择是否向保理公司申请贴现,贴现价格5%。

保付函业务流程如图2-8所示。第一步,工程施工方与工程供应商签订采购合同;第二步,工程施工方向工程供应商支付商业承兑汇票;第三步,工程施工方向保理商申请开具保付函,支付手续费;第四步,工程供应商根据资金需要向保理商背书商业承兑汇票,并向保理公司申请贴现,支付贴现费用;第五步,保理商向工程供应商支付贴现款;第六步,工程施工方到期承兑保理商商票。

图2-8 保付函业务流程示意图

(资料来源:根据C公司保付函业务模式绘制)

保付函业务具有以下优势。首先,对核心客户而言,仅须承担开立保付函的手续费,既保留了对供应商的账期,又节约了财务成本和自身授信资源,并且使自己开出的商票得以流通,提高自身商誉。其次,对供应商而言,在材料供应普遍存在账期的情况下,带有保付功能的商票保障度较高,可根据自身的实际情况选择到期收款或提前申请兑付,提前兑付的利息也在合理范围内。最后,对保理公司而言,通过保付函的模式,将融资成本分为手续费和保付费,分摊给核心客户和供应商,能够在面向营销融资成本要求较高的客户时打开局面;有商票作为二次保障,从票据权利层面加固了整体业务的风险把控,可成功地将业务延伸至核心客户的上游。

保付函业务开展同样存在保理公司放款资金来源受限,转让应收账款核算、对账、信息不对称等问题。

通过对 C 公司商业保理业务各创新模式的对比、分析,发现保理业务使买卖双方各自具有优势,是解决中小企业融资问题的有效手段。但是各创新模式业务开展中也存在一些共同的难点问题,主要如下:保理公司自身放款资金来源受限且外部融资成本较高,这将大大限制公司业务规模;信息不对称问题一直存在,对应收账款债权掌控难度大,一旦买卖双方任一方信用缺失,极易导致保理公司出现损失;业务流程较为复杂,过度依赖人工操作,业务效率较低;亟须综合性、复合型人才;等等。

五、C 公司商业保理业务发展存在的问题

(一) 保理业务行业集中度高,类型单一

C 公司成立之初主要依托集团内工程保理业务,但是随着业务的发展,集团内客户占比逐步下降,已经不足 50%。2016 年年底,集团内关联客户融资余额 3.22 亿元,占总融资余额 10.41 亿元的 31.1%;2017 年年底,集团内关联客户融资余额占比 30%。集团内关联客户占比较小,没有充分利用集团资源和优势,仅仅在工程建设领域进行了深度开发,对于其他板块业务,如资产运营板块、新能源板块、养老产业板块,没有将保理业务融入其中,找到业务契合点,发展业务多样性。

2015 年 C 公司推动工程保理业务以来,聚焦在政府平台发包的保障房、学校、医院、道路桥梁等工程方面,买方履约能力较强,违约成本大,尤其是近年来农民工工资的支付得到有效保障后,政府工程项目的付款情况均表现良

好,几乎不存在拖欠、折价、毁约等情况,能够有效保障保理融资的本金收回,使得业务整体风险可控,工程保理的操作日趋成熟。C公司工程保理业务占据全部业务规模的半壁江山,且大部分为有追索权的保理业务,极少数为无追索权保理业务。2015年至2017年,工程保理业务余额占业务总额比例超过60%,2015年年底占比甚至高达99.66%,保理业务涉及行业高度集中,对其他行业少有涉足。随着对工程保理业务的深挖,本地区层级较高、资产规模较大、资质较好的建筑企业基本已发展成为公司的主要合作客户,其他实力较弱的建筑企业不作为公司业务营销重点。这样导致公司在本地区的工程保理业务营销市场基本饱和,潜力客户较少,工程保理业务规模上升空间缩小。从公司2016年年底、2017年年底营业收入看,营业收入无较大上升,限制了公司保理业务的整体发展规模和利润增长。

2016年,C公司创新开展了1.5亿元供应链保理业务,2017年开展了2 430万元工程保理保付函创新业务。新业务的开拓使得公司业务类型多样化,但是占比较低,授信额度不大。工程保理业务行业集中度高仍是C公司当前保理业务发展的核心问题,业务类型单一,无法满足市场多样化需求。

(二)资金来源渠道单一,外部融资成本较高

C公司资金来源于三个方面,分别是:自有资金、集团公司借款、银行融资。随着公司业务投放规模加大,公司注册资本及未分配利润无法保证业务投放资金需求,于是公司主要依赖于向集团公司借款,与集团公司签订借款协议,约定借款成本。集团公司为支持子公司类金融业务发展,约定借款利率为银行同期基准利率,一定程度上转嫁了公司营业成本,短期内解决了公司业务规模发展的重大难题,但是一旦离开集团公司支持,C公司几乎没有任何外部融资渠道。目前,C公司正加强与各方银行合作,申请银行授信,但审批难以通过,主要原因如下:一是银行授信门槛高,包括外部担保、应收账款质押等;二是银行风审通不过,认为保理公司的应收账款没有真实贸易背景;三是部分银行受政策限制;等等。随着2016年创新开展供应链保理业务以来,C公司对银行承兑汇票需求量加大,虽通过多方面努力与银行接洽合作,但未取得大型国有商业银行授信支持,仅少数股份制商业银行给予了授信支持。

2018年2月至3月,中国服务贸易协会商业保理专业委员会对63家会员单位进行了问卷调查。调查显示,51家商业保理企业进行了融资,融资总额共计934.49亿元,每家企业平均融资18.32亿元。这说明保理企业普遍

对融资需求量大。其中,银行是主要融资渠道,占比59%,股东融资占比18%。通过资产证券化、非银行金融机构、证券交易所和互联网金融平台的融资占比分别是9%、7%、3%和1%。以上数据表明,银行的授信仍是大部分商业保理公司资金来源的主要渠道,如果因为各种因素限制,保理公司无法获得银行授信支持,商业保理业务将无法开展,公司经济效益便无法提升。目前,国家相关政策限定保理公司自身风险资产不能超过净资产的十倍,即十倍财务杠杆。但从目前情况看,能顺利从其他金融机构融资成功的保理公司较少。即使成功融资,融资成本也较高。资金匮乏是制约保理公司业务开展的重要因素,因此融资渠道的扩展刻不容缓。

(三) 营改增税负增加,保理业务账务处理无章可循

自2016年5月1日起,我国全面推开营改增试点,将建筑业、房地产业、金融业、生活服务业全部纳入营改增试点范围。在原来征收营业税方式下,商业保理公司主要税种为营业税,按照营业收入的5%缴纳营业税。营业税属于价内税。营改增政策实施以后,按照营业收入的6%或3%缴纳增值税。增值税属于价外税,其营业收入为不含税价。C公司作为一般纳税人企业,按照营业收入的6%缴纳增值税。一方面,税率上升。保理融资利息及手续费收入由缴纳营业税改为缴纳增值税,增值税实际税率为5.66%,比原营业税税率5%提高了0.66个百分点。根据C公司每年6 000万元营业收入计算,税负增加39.6万元。另一方面,可抵扣进项税金项目少。具体有以下两点原因:一是在保理公司自身融资利息不允许抵扣的情况下,公司开展主营业务产生的营业成本基本没有进项抵扣项目;二是金融业其他可抵扣进项税项目较少,仅有少量固定资产采购、办公等营业费用。C公司在营改增后实际税负增加,公司运营成本增加,市场竞争力降低。在实施营业税阶段,天津、重庆、深圳等地的地税局为了给予保理公司一定的税收优惠政策,实行了营业税差额征收,避免重复征税,上海等地为保理公司提供了财政补贴。在实施增值税阶段,各地营业税差额征收政策不再实施,保理公司税赋明显上升。

在财务管理、账务处理方面,没有一套针对保理公司的明确、完整的政策或准则。随着市场经济的发展,会计准则与时俱进不断完善,已经形成了一套较为科学规范的会计体系。但是我国目前还未针对大多数具体行业制订细化的会计准则,导致账务处理中实务操作方面无章可循。传统金融行业如基金、证券、保险、银行,一些新兴的金融行业如融资租赁公司,均能在相应会

计准则下进行账务处理,但目前保理公司的账务处理无章可循。保理公司尽管在税务方面的处理参照金融企业,但财务方面没有相关规则要求其适用金融行业的科目,缺乏相应账务处理依据。C公司成立之初执行一般企业会计准则,但是在后续银行融资授信及对外提供报表过程中发现,从财务报表无法看出企业保理融资放款余额及转让应收账款债权情况,财务报表无法真实、准确地反映公司财务状况。两年后公司开始改为执行金融企业会计准则,通过咨询、访问其他保理公司财务人员发现,各家账务处理、报表差别较大,未形成统一的会计处理方法,主要体现在发放保理融资款、应收账款债权处理上。一般企业会计准则下发放保理融资款的会计分录为"借:应收账款 ××万;贷:银行存款 ××万",而金融企业会计准则下的会计分录为"借:发放贷款及垫款 ××万;贷:银行存款 ××万"。无论采用一般企业会计准则还是金融企业会计准则,转让到保理公司应收账款债权的会计核算都是难点,转让债权余额随着买卖双方交易的进行,一直在变动。由于保理公司、买方、卖方信息不对称,因此债权变动情况无法及时准确获得。2017年年末C公司确认债权余额29.93亿元,根据经验判断,这个数据实际存在±2%以内的差异已算是合理差异。由于缺乏统一政策指导,财务数据准确性受到影响,行业数据纵向、横向可比性不强,银行融资授信也复杂化。

(四)买卖双方信用缺失,应收账款现金流难以掌控

C公司开展的保理业务类型中90%以上为明保理,极少数业务为暗保理。即使是暗保理也告知了买方,只因为买方层级较高,不愿意履行相关操作确认手续。明保理中,C公司将融资方转让债权的事实告知债务方,一般以获得债务方《应收账款转让通知书》及回执敲章确认为依据,后续债务方配合保理公司进行贷后、对账等工作。实际业务操作中债务方不同意为《应收账款转让通知书》敲章,则弱化为邮寄方式通知等。转让给保理公司的应收账款,原则上应支付到保理公司账户,实际操作中,至少要支付到原户名的资金监管账户,并需要债务方确认收款账户变更。无论采取何种保理业务创新模式,以上应收账款确权、回款账户变更都是保理业务操作的关键点,通过控制应收账款现金流来控制保理业务风险。以工程保理为例,B建筑公司将A业主方发包工程项目产生的应收账款转让于C保理公司,A业主方原则上应该将所有款项付至C保理公司账户或者监管账户,C保理公司根据保理业务授信情况决定此款项作为还款或者溢出给B建筑公司,形成现金流闭环控制。一旦授信主体B建筑公司由于汇率和大宗商品的波动、经营成本上升、

业务规模下降、企业规模盲目扩大等原因导致履约能力下降,授信主体信用缺失,工程未能按照合同完工,应收账款存在虚假,将导致 C 保理公司融资款难以收回。

保理业务中存在保理公司、卖方、买方三方,由于信息不对称,保理公司无法第一时间得知买卖双方的财务状态、重大经营决策、应收账款金额与账期。卖方甚至可能会与买方商议,将款项直接付至卖方自己账户,而不是付至保理公司账户或者通过银行承兑汇票支付方式付款。这种信用缺失的跳付行为,导致保理公司的债权无法得到保障,现金流无法控制。C 公司 2015 年发生了一笔授信主体破产案件,公司在授信主体破产前,已经将融资款全部收回,但最后 240 万元发生在破产清算前 6 个月的融资款,被破产清算组追回,导致 C 公司发生 240 万元损失。

在暗保理中,融资方为了隐藏自身财务状况,在将应收账款转让保理商时不通知债务人。当应收账款账期将至或者融资方出现拒付和不付情况下,保理商为了避免产生经济损失,维护自己的合法权益,选择主动通知债务人,让债权转让合同对债务人发生效力。

（五）业务操作效率较低,无法满足客户紧急融资需求

C 公司保理业务同样存在技术无效率问题,主要表现在以下几点:① 保理业务中常规数据统计、分析大部分依赖人工完成,没有专业的业务信息系统;② 保理业务授信审批一视同仁,对业务类型没有详细划分,无论客户熟悉与否、是否为续授信,流程环节都相同;③ 保理业务一般流程环节分为 10 个阶段、37 个步骤,其中每个步骤包括相应文件及公司内部审批流程,审批环节严重重复。相对银行而言,保理公司具有融资的灵活性和放款的便捷性,这是保理公司的优势,但若做不到业务操作效率高、放款速度快,将会失去客户信任。客户融资更多的是在有急切需求情况下发生,如果无法及时满足客户用款需求,将前功尽弃。C 公司保理业务从前期调查到最后放款,长的达到 3 个月左右时间,短的也要 1 个月,这十分不利于老客户的融资授信需求及客户紧急情况下的融资需求。另外,在债务方将款项付至 C 公司账户时,从发现有款项到账到完成溢出款项给融资方,最长超过 1 周,最短也要 3 天,时间较长,时常引起客户不满意。

（六）保理专业人才缺失,人员无序流动严重

保理作为一项专业的综合性金融服务,由于其业务种类繁多,不仅在异常状况分析、商业纠纷的判断与协调上需要人工作业,在流程查核、文件查核

方面也依赖大量人工作业。保理业务对从业人员有很高的专业要求,既要精通金融、法律、财务等方面的知识,又要对不同行业领域的应收账款账期、履约情况、真实合理性有一定了解和判断。首先,C公司员工整体学历水平一般,77%为本科学历(包括成人高等教育专升本),研究生学历仅2人,占比15%,金融专业毕业的业务和风控人员较少,人员专业理论知识不扎实,这大大限制了公司创新业务的探索和推广;其次,C公司成立初期,客户经理主要来源于银行客户经理,并不了解保理业务,按照原来的银行信贷工作方式和经验开展商业保理业务,缺乏实务方面的工作经验;最后,公司员工没有专业培训教育渠道,中国服务贸易协会商业保理专业委员会主办的保理从业人员相应的专业资格考试——全国保理业务水平考试,目前普及率较低,C公司仅有一半员工通过了考试,并且后续无其他更多专业培训、行业交流、行业培训渠道闭塞。保理是一项专业的综合性金融服务,如果从业人员缺乏学历背景、专业知识、实务经验,会大大阻碍商业保理行业的发展。

近几年商业保理业务得到迅速发展,截至2017年年底,全国已注册商业保理法人企业及分公司共计8 261家(不含已注销、吊销企业),较2016年年底的5 583家增长了48%。5年间,保理公司注册数量较2012年年底商务部开展商业保理试点当年已注册企业存量翻了90倍。注册企业增加,保理业务发展,使保理人才更加稀缺,保理公司之间对人才的竞争也更加激烈,人员流动性变大。金融业务风险中,人的风险也是重点,人员无序流动导致出现客户信任度降低、业务无连续性、业务信息档案资料丢失等情况。C公司中后台人员流动性较小,业务人员流动性大,流动人员工作交接不明确导致出现信息丢失、客户维护不顺畅、错失客户业务等情况,造成公司潜在经济损失。

六、C公司商业保理业务发展对策建议

(一) 拓宽业务范围,坚持产品创新

根据企业生命周期理论,C公司经历了5年左右时间发展,目前处于成长阶段,前期发展经验已经有了充分运用。从企业盈利情况看,目前工程保理业务的单一性产生了一个阶段性瓶颈,需要找到新的业务模式、业务方向,以适应市场需求,保持企业发展增速。

1. 发挥集团公司优势,深挖集团资源

C公司开展工程保理的成功经验起初是源于集团公司的业务支持,随着

集团公司转型升级,原来的城市基础设施发包工程业务逐步缩减,C公司集团内业务量仅占30%左右,但是集团公司制定了新的五年战略规划,将集团业务划分为城市能源、生态建设、资产运营、资本运营四大板块。C公司作为资本运营板块中的重要成员,加强与其他板块的联动,寻找业务契合点,形成集团内产融结合。C公司通过为集团内的项目融资,转让集团内应收账款,可大大降低业务风险和操作难度,构筑起公司业务未来发展的基石。

2. 拓展周边城市业务,扩大业务规模

根据上文所述,C公司在本地区内的工程保理业务拓展空间较小,工程保理的操作日趋成熟,模仿成本越来越低,逐渐形成同业竞争的局面。因此,向周边城市拓展业务是必然选择。建议将周边实力较强地区的业务作为公司关注的对象和营销目标,而周边地区有庞大的市场需求。

C公司应加大对业务营销方向的指导,明确营销重点,做到精准营销,设定业务区域和买方政府层级准入要求:① 积极支持本市范围内业务,如买方为政府类企业,原则上层级须为区县级以上(含)或经济强镇(上年度一般公共预算收入不低于20亿元)。② 适度支持省内经济较发达地区的业务,如买方为政府类企业,原则上层级须为地级市或其所属财力排名靠前的区县级。③ 兼顾其他经济发达地区,包括北、上、广、深等一线城市和计划单列市及省会城市等区域的业务。

通过以上市场调研和公司制度的支持,相信C公司可突破工程保理业务发展瓶颈,扩大业务规模,提高经济效益。

3. 坚持产品创新,迎合市场需求

C公司在产品类型上创新性地开展了供应链保理、保付函业务,积极探索创新保理业务支付方式,主要有现金融资、银票融资和保函担保三类,大概分别占比80%、18%、2%。现金支付融资款方式下,保理公司收益高,融资方直接获得现金流。银票支付方式下,收益低于现金支付,但是保理公司成本较低,仅仅占用C公司的银行授信额度和保证金存款,同样受到保理公司和融资方青睐。目前供应链保理趋于成熟,保付函业务在集团内大力推动。

下一步产品创新方向,一是开展同业业务,包括对保理公司的再保理业务、针对租赁公司的应收租金保理业务。目前市场竞争激烈,同业合作能够使得资源共享,相互提高风控水平,推进区域内金融业务良性发展。二是重点开发政信类保理,即基于政府信用,以保理业务的形式向政府平台发放融资的业务模式。根据市场信息反馈,近两年来由于银行授信政策的影响,各级政府平台的融资需求较为突出。就江苏省内情况来看,苏中和苏北地区市级、区级政府平台融资需求尤为强烈,特别是负责保障房、道路、交通、产业园等投资量较大的功能性平台。基于政府平台支付项目工程款的强履约能力,业务整体风险可控。根据同业实际操作情况,政信类保理项目都会安排强担保,一般是比借款主体更高层级的政府平台或者评级更高的发债主体,强担保的优势是工程保理及其他形式的保理业务所不具备的。C 公司应努力寻找客户需求契合点和风险控制关键点,持续创新产品,满足市场需求。

（二）加强与银行合作,拓宽融资渠道

根据目前市场情况的分析,C 公司可从两方面拓宽融资渠道。

一方面,加强与股份制商业银行合作。商业保理企业从大型国有银行获得贷款难度较大,可将目光转向那些资金规模有限,但是政策灵活、决策高效的股份制银行、城商行、农商行。由于中小微企业众多,并且其中不少财务制度不规范、数据不详尽、纳税信息不完整、发票不齐全等,这些信息不对称问题使得银行很难掌握中小企业的真实运营情况,从而对其惜贷、慎贷。商业保理公司通过保理业务先形成银行可接受的产品或资产,银行借助商业保理公司对行业及中小微企业的熟悉和准入等,对中小微企业风险进行了一次把控,从而使得授信风险有所降低。随着商业保理业务迅猛发展,商业保理公司实力增强,已由过去的单纯资金提供方,向保理资产整合商和风险管理商转换,保理公司财务状况、资产质量、内部管理水平都有显著提升,这将更加利于银企互利合作,利于股份制银行、城商行、农商行针对商业保理资产特点,设计相应的产品。

另一方面,加快研究资产证券化业务。在商业保理领域,2015 年 5 月 19 日,国内首单保理资产证券化产品——"摩山保理一期"在上海证交所成功发行。方正保理、瑞高保理、邦汇保理等也相继发行了证券化产品。截至 2017 年年底,据不完全统计,共有 16 家保理公司完成了 85 笔保理资产证券化融资业务,累计金额超过 750 亿元,发挥了商业保理公司以保理资产为基础的证券化融资优势。第一,与传统的银行贷款融资方式相比,证券化融资资产属于保理公司自有资金,可以更加自由地使用,对缓解企业资本约束有积极作用;第二,资产证券化融资属于直接融资的范畴,此方式下企业直接与资本市场对接,扩宽了企业的融资渠道,提升了企业的品牌效应,可进一步提高企业的综合议价能力;第三,资产证券化可以盘活企业存量保理资产,优化保理公司资产负债结构,降低行业和区域集中度,提高资产配置效率。

(三)做好税收筹划,统一保理业务账务处理

做好税收筹划工作,降低企业税负,建议从以下三个方面予以实施:一是在企业日常运营中获取更多增值税专用发票。在企业内部财务管理中,公司选择商家时不仅要考虑价格、产品、服务方面,还要将是否开具增值税专用发票作为一项衡量因素,取得增值税专用发票可获得进项抵扣。二是对增值税实行差额征税。公司主要营业成本是融资利息成本,而融资利息无法开具增值税专票,无法抵扣。从这个方面考虑,可以效仿融资租赁公司融资性售后回租服务业务。通过市场调查发现,在天津东疆保税港区注册成立的融资租赁公司享受增值税差额抵减,即以取得的全部价款和价外费用扣除对外支付的借款利息、发行债券利息后的余额作为应税销售额。建议根据财税〔2016〕36号文,将融资租赁业务的差额征税政策扩大适用于所有融资租赁业务,包括动产和不动产,即所有的融资租赁业务均可以收到的全部价款和价外费用扣除支付的借款利息和发债利息后作为销售额,这必将对融资租赁行业发展壮大起到推波助澜的作用。因此,参照融资租赁业,建议对有追索权的保理业务取得的利息收入不开具增值税专用发票,利息收入按保理公司实际收到的利息扣除该笔资金保理公司实际支付的融资利息为应税销售额的差额征税的政策扣缴增值税。三是提供政府性补助。商业保理行业在我国起步较晚,2013年才正式开展业务,但它具有逆经济周期特点,尤其对解决成长型中小企业贸易融资问题作用巨大。在新生业务发展阶段,政府可以通过减免部分税费方式适当给予支持,对支持中小企业发展有突出贡献的保理公司可给予奖励,等等。

促进保理业务账务处理标准化、规范化。国家至今未明确制定保理行业会计核算准则。根据C公司财务管理经验及会计师事务所审计报告,可以先参照金融企业会计准则。

(四)加强买卖双方信用监管,详细排查外围信息

1.完善操作层面及资料收集,严控第一道防线

工程保理业务中,大多数买方配合程度较低,财务报表等信息基本不对外提供。面对优质项目,买方强势不提供材料,保理公司便难以获得书面材料证明项目情况。卖方配合度相对较高,在对账、提供基础资料等操作层面的手续都较为完善。对保理公司来讲,只有买卖双方积极配合,业务申报时才能够形成完备的调查报告,项目的优劣势才能够分析得较为透彻,才能降低买卖双方信用风险。因此,在业务调查初期,保理公司就要严格采取多种

调查手段,如现场调查、关联企业调查、网络搜索等,获取业务相关信息资料。

2. 借助外围信息排查,打破信息不对称障碍

根据信息不对称理论,买卖双方中拥有信息较少的一方会努力从另一方获取信息。在保理业务中,信息不对称问题时刻存在,为解决这一问题,保理商就要不断地从另一方获得信息,因此通过官方网站获得企业外部信息是十分有必要的。

查询企业信息的网络渠道主要有:通过国家企业信用信息公示系统查询企业工商登记信息;通过中国人民银行动产融资统一登记公示系统查询应收账款质押、应收账款转让情况;通过中国裁判文书网查询企业涉诉信息;通过中国执行信息公开网查询全国法院被执行人信息;通过企查工具查询企业各项信息;通过巨潮资讯网查询在上交所、深交所上市的公司对外公布的信息;通过中国土地市场网查询土地信息。通过这些官方网站和工具对关于企业的外部信息进行排查,不仅可以解决信息真实性问题,并且更易获得、分析出一些负面信息,是解决保理融资中信息不对称问题的有效手段。

3. 完善信用体系建设,加强信用监管

金融行业的信用体系建设与金融发展水平密切相关。我国商业保理行业刚刚起步,虽然发展较快,但仍处在初级发展阶段,保理业务的开展有赖于买卖双方的信用状况和完备的信息,这就需要建立完善的信息基础设施和信用体系。建立信息基础设施的一个关键方面就是融资方偿付能力判断,融资方过去的偿债记录可以作为其未来偿债能力的一个指标。虽然保理商可以在开展业务的过程中积累融资方偿付应付账款的信息和资料,并开发自己专属的信用数据库,以更好地审核保理业务风险,核定信用额度,提供信用担保,从而取得信息方面的规模经济优势,但是完善的信用体系依然是必不可少的。除了人民银行要进一步加强公共征信体系建设外,商业(私人)信用机构的发展也应获得引导和鼓励。研究结果表明,信用机构的建立和发展可以减少处理贷款的时间,节约发放贷款的成本,降低贷款违约概率。要充分利用大数据平台建立信用信息数据库,对中小企业的历史交易记录、融资情况、违约情况等进行收集,以减轻融资中的信息不透明问题。同时,鼓励银行和非银行金融机构(如保理商、租赁公司等)平等地获取信用信息。接入人民银行征信系统能帮助解决保理公司与客户信息不对称问题,加大融资方违约成本,提升保理公司识别风险能力和控制风险能力,为保理公司提高资产质量提供保障。因此,接入人民银行征信系统是保理公司的普遍诉求。目前接入

人民银行征信系统的保理企业很少,原因是接入难度较大。接入难点主要是信息系统的搭建,要有一支专业的信息技术团队,该团队最好有征信信息系统建设的经验。

(五)提高业务操作效率,提升客户满意度

C公司有这样一句话:否定一单业务容易,肯定一单业务难,让客户满意更难。放款速度快慢、后续溢出款处理快慢是客户最直观的感受,是衡量客户满意度的重要指标。这不仅关系到客户的融资成本,也可能关系到客户短期战略规划,这就需要保理企业提高内部业务操作效率,提升管理水平;然而金融企业的内部管理水平与企业的内部控制密切相关。根据COSO内部控制,完备的信息处理系统是实现内部控制目标的重要保障,业务流程全面梳理、规章制度完善补充是内部控制管理的一般步骤,这对于C公司提升业务操作效率同样适用。

1. 搭建专业业务信息系统,代替不必要人工

C公司很早就意识到信息系统对金融业务发展的重要性,前后两次进行了信息系统搭建。第一次,外购业务信息系统,因与公司业务流程出入较大,不适用,使用半年后就停用了。第二次,半自主开发业务信息系统,在公司办公自助化系统(OA系统)的基础上,添加了业务模块与办公流程对接,根据公司业务流程添加表单和客户信息登记等;在使用过程中发现信息系统与目前业务相符,但不具备数据分析、预警能力等更加专业性的要求,更多是起到数据统计的作用。随着业务规模扩大和战略目标调整,公司正在寻求新的更加专业化的业务信息系统。根据以上经验,对下一步专业化业务信息系统搭建提出三点建议:首先,必须结合公司实际,只有适用于C公司的业务类型如工程保理业务,适用公司风控要求,才有搭建价值。其次,要兼顾专业性,新的保理业务信息系统最需要具备"基本的保理业务全流程管理功能""辅助完成保理业务的尽职调查""在线融资、产品设计发布、线上签约操作""辅助完成对融资企业的征信调查"等功能。最后,要加强同行业沟通,高水平金融业务信息系统搭建需要合力完成,可以组成专家小组共同探讨。

2. 业务分类处理,发挥三级风审实效

将业务按照类型、客户新老进行分类。公司任何业务不论金额大小,一视同仁单笔审核,通过分类处理提高效率。业务类型上可以分为工程保理业务、保函业务、创新业务,客户新老上可以分为新客户新业务、老客户新业务、老客户续授信业务。将业务进行分类处理,使其适用不同业务流程和风险审

查制度,可提高授信审批效率,但是前提是要在不影响风险控制、不降低要求的情况下完成。

公司设立了三级风审制度,分别是风险评审小组、风险审查委员会、集团公司金融业务风险审查委员会。根据风审权限制度要求,10笔业务中约有10笔由风险审查委员会审查,其中2笔授信额度较大的会再到集团公司金融业务风险审查委员会审查,目前未发生风险评审小组审查的业务。三级风审制度虽然已建立,但是在权限设立、审议范围上要进行调整,真正发挥实效。

3. 优化业务流程,避免重复环节

合理、高效的业务流程设计不仅能提高业务效率,还将大大提高整个公司运营效率。国有企业存在业务流程长、审批多的特点,其中同一业务事项的多个表单中重复环节较多,有必要优化业务流程,避免重复环节。第一,制定业务流程,要倾听不同层级的声音,尤其是流程的执行者,经过征求意见并探讨后,制定出合理适用的流程。第二,在业务流程适用阶段,对流程中存在的问题要及时提出、敢于提出。第三,及时调整制度流程,对发现的问题及时调整,不能一个制度用三五年,甚至更久。根据企业生命周期理论,这对于处于成长期的保理企业是十分必要的。

(六) 引进、培养、留住保理专业人才

在我国开展保理业务的主体包括银行、商业保理公司和融资租赁公司等。虽然我国银行保理经历了二十多年的发展,但是其办理保理业务的专员大多是信贷岗位的业务人员。商业保理2012年下半年开始试点,起步较晚,业务人员多是银行、证券、会计师事务所和其他行业的相关人员。融资租赁公司开展保理业务相对规模更小。由此看来,整个保理行业都面临着保理专业人才短缺的问题。下面从三个方面给出建议:

引进保理专业人才。引进在银行、券商行业有过保理业务工作经验或者相关信贷工作经验的金融从业者。通过引进有金融工作经验者,可吸收银行、证券公司成熟的金融制度、业务流程、业务经验、客户资源。C公司成立期初,大多数员工来自银行,后期中高层领导多数也是来自银行,事实证明,这对商业保理业务发展大大有益。

加强保理公司内部人才培养。商业保理起步晚,一切还处于探索发展阶段。可以通过公司内部轮岗制度,让公司员工人人懂业务、全员做业务,这样做不仅能推进公司业务发展,更利于公司人才培养储备。通过公司内部培训,鼓励员工参加中国服务贸易协会商业保理专业委员会主办的保理从业人员专业资格考试——全国保理业务水平考试,获得保理业务从业资格证书。公司内部还可以经常性地举办培训讲座,邀请行业专家培训前沿知识和各部门业务知识,培养复合型人才。公司内部人才培养,不仅可提升公司整体业务水平,也能解决人才无序流动产生的后顾之忧,并且内部培养的人才对公司的忠诚度更高,对公司业务更加熟悉。

完善公司薪酬考评制度,留住人才。根据公司调查发现,80%以上人才流动的主要原因是对薪酬考评制度不满意,对付出和收获感觉不平衡。完善现有的薪酬考评制度,激励一线业务人员以业绩为重,多劳多得,拉开业务差距,避免吃"大锅饭"现象;鼓励中后台人员服务一线业务,使其也能获得整个公司业绩完成的奖励。这样才能提高整个公司员工的工作积极性,提升公司员工满意度,留住人才,避免因人才无序流动而产生更大的损失。

七、结论与展望

本章以商业保理试点以来成立时间较早、有成功经验的国有商业保理公司为例,收集、整理各项数据和资料,综合运用文献研究法、实地调查法、案例分析法等多种研究方法,对C公司商业保理业务发展现状、业务创新模式、发展中存在的问题及对策建议进行了全面的分析研究。

(1) 通过收集、整理C公司商业保理业务已建立的风险管控方法及一般业务流程,对比分析C公司过去5年取得的成绩,发现C公司在工程建设保理业务方面取得了较大成功,获得了一定的经济效益,但是近几年无突破性增长,处于阶段性瓶颈期。

(2) 通过对C公司工程建设保理、供应链保理、保付函业务三种保理业务创新模式的业务流程、优势及开展难点进行对比分析和案例分析,发现各类业务存在共同的难点问题,主要如下:保理公司自身放款资金来源受限且外部融资成本较高,这将大大限制公司业务规模;信息不对称问题一直存在,对应收账款债权掌控难度大,一旦买卖双方任何一方信用缺失,极易导致保理公司产生损失;业务流程较为复杂,过度依赖人工操作,业务效率较低;急需综合性、复合型人才;等等。

(3) 重点对C公司保理业务发展中存在的六大问题进行了详细的研究分析,运用信息不对称理论、内部控制理论及企业生命周期理论对存在的问题提出可操作性的对策建议,这不仅可推动C公司保理业务进一步发展,对其他开展保理业务的公司发展也具有参考价值。

我国商业保理行业自 2012 年下半年商务部在全国部分地区开展试点以来,商业保理企业注册数量、业务量实现了快速增长,但商业保理行业整体仍处在初级发展阶段,需要更多的社会关注、政策支持以及需要保理公司自身克服各种发展困难,实现行业持续健康发展。从宏观经济形势看,当前我国经济正处在结构调整、动力转换的新常态下,而保理行业具有逆经济周期特点,在经济下行、风险上升时期,保理业务可以弥补传统金融服务收缩造成的供给不足,成为破解中小企业融资难、融资贵问题和大企业去杠杆、降成本的重要手段,商业保理行业发展前景十分广阔。

第三章 基于DEA方法的我国商业银行效率及其影响因素研究

本章在回顾国内外大量相关文献的基础上,对银行效率的评价方法做出比较,并选择采用数据包络分析(DEA)模型对商业银行的经营效率进行测度和评价。使用15家上市银行2012—2016年的数据进行综合技术效率的测度,并将其进一步分解为纯技术效率和规模效率。研究显示,在综合技术效率和纯技术效率方面,我国商业银行水平均比较高,且股份制的效率值普遍高于国有银行;在规模效率方面,国有银行的效率值则较高。利用托比特(Tobit)模型对效率的影响因素进行回归,得出总资产净利率、非利息收入占比、权益比率、产权结构和存贷比与银行效率呈显著的正相关关系,不良贷款率与银行效率呈显著的负相关关系的结论。最后,综合效率和影响因素的研究结论,对如何提高我国商业银行的经营效率提出对策建议。

一、绪论

金融是现代经济的核心,商业银行是金融调控的市场基础。作为长期在我国金融体系中扮演重要角色的金融机构,商业银行承担了间接融资的功能。它吸收了大量社会闲散资金,并把这些资金贷放给有需要的企业,起到了金融中介作用。银行业的高效运作,可以为我国经济稳定增长提供良好的资金保证,其未来发展关系着经济运行的走势。一直以来,学术界都保持着对商业银行业绩评价的高度关注,银行效率的研究始终在该领域占据着重要地位。

（一）研究背景及研究意义

1. 研究背景

随着1978年改革开放的推进,我国金融体制也兴起了一场旷日持久的改革。四大国有银行的建立奠定了商业银行的基本体系结构,股份制银行和城市商业银行的成立丰富了市场构成,《商业银行法》的诞生为金融改革发展提供了保障,股份制银行踊跃上市激发了创新活力,加入世界贸易组织（WTO）后外资银行的大举进入推动了商业银行管理理念的革新。随着中国银行业的不断成熟,其在社会经济中扮演的角色也越发关键。

商业银行的功能不断完善,其服务实体经济的能力也在不断提高。截至2017年年底,我国银行业金融机构总资产达到252万亿元,同比增长8.7%;占当年国内生产总值（GDP）的比重突破300%,中国已成为当今世界银行资产占GDP比重最高的国家。但同时我们也应看到,我国商业银行的发展面临着许多困难和挑战。

（1）复杂多变的经济环境为银行业发展提出了更高要求。一方面,国际金融一体化进程无法阻挡,资本在国家之间的流动加剧了世界金融局势动荡,银行业的脆弱性在经济危机中被放大;另一方面,目前我国改革步入深水区,供给侧结构性改革缓慢,实体经济发展仍面临着下行压力。

（2）我国商业银行与国外优秀银行相比竞争力不足。过去国内银行是国家计划和财政的附属,毫无自主性,金融发展严重滞后。虽然经历了一系列改革,并取得了巨大改善,但我国商业银行在盈利能力、创新能力、资本充足率等方面与国外大型商业银行相比仍存在一定差距。

（3）证券、保险、资管、私募等领域不断发展,资本市场直接融资的比例增大,传统银行业一家独大的时代不复存在。随着我国完全开放利率管制,实行利率市场化制度,未来金融市场将越发开放和具有活力。有资金需求的企业有了更多的资金直供方式,对银行的依赖程度逐步下降,这要求银行不断寻找新的利益增长点。

（4）随着互联网技术的快速发展,金融科技突飞猛进。在支付手段方面,支付宝等第三方支付平台的诞生为商品交易提供了便利,降低了买卖双方的信用风险;在金融服务方面,各大互联网公司推出的理财产品吸引了大量闲散资金;在贷款方面,蚂蚁花呗、京东白条等产品均给予了消费者赊购的便利。互联网公司依托大数据获得的对市场的迅速反应和对消费者需求的精准定位,使得它们逐渐在金融市场上占据了一席之地。这给商业银行带来了非常大的业务压力,因此如何提高经营效率也成为商业银行必须面对的课题。

基于上述原因,本章将对商业银行的经营效率进行理论与实证分析,找到影响银行效率的因素并提出针对性的建议,以应对当下遇到的新情况和新问题。

2. 研究意义

(1) 理论意义。一方面,本章的研究有助于丰富我国商业银行效率研究的文献。本章梳理了国内外银行效率研究的理论文献,选择在银行效率测度中应用较为广泛的 DEA 研究方法,以我国银行业最新的现实背景为出发点,实证分析了自 2012 到 2016 年我国 15 家商业银行的经营效率,并从外部宏观经济环境和银行微观财务指标这两个角度,分析各因素对效率的影响程度,为全面、合理地检验我国商业银行的效率发展状况提供理论参考。

另一方面,本研究有助于拓展我国商业银行效率测度的研究方法。在比较了财务绩效评价法、参数评价法及非参数评价法之后,将效率与回归相结合,选择 DEA-Tobit 模型对影响银行效率的因素进行分析。在产出指标的选择上,不仅关注盈利能力的表现,还考虑到了排除资产负债表中的不良贷款余额造成的盈利虚高,以及表现资金融通层面效率的存贷比,相比其他研究能够更加准确、真实地衡量银行的经营效率,进而有利于提出更加符合实际的效率优化策略。

(2) 现实意义。一方面,有助于加快我国银行业的转型,推动经济发展。商业银行是我国现有金融体系的重要支柱,作为社会资金融通的枢纽在我国经济中发挥着举足轻重的作用。一家银行经营效率的高低,关系着其自身的发展;整个银行业如能提高经营效率,既有利于资金在经济主体间的充分流动,又可推动社会经济的发展。通过对银行效率的测度和对影响因素的研究分析,可为银行优化业务结构和资源配置及加快转型升级提出更为有效的、针对性更强的措施,进而提升我国银行业整体的竞争水平。同时,可更有效地发挥我国商业银行服务实体经济的作用,推动国民经济持续稳定增长。

另一方面,有助于提高监管机构的监管水平,防范金融风险。银行效率指标综合反映了商业银行的管理水平、盈利能力和风险预防等多个方面的情况,并成为监管机构在制定相关监管政策时的重要参考依据。目前,我国银行之间的发展仍然很不平衡,国有银行、股份制银行及其他银行之间在资产规模、机构布局、经营业务等方面都存在着一定差距。通过对银行效率的深入研究,可以为银保监会等监管机构针对不同类型的银行制定差异化的监管标准提供借鉴。同时,对银行效率的准确测度,能使监管机构及时掌握银行的经营状况,为防范和化解潜在的金融风险提供预警信息保障。

(二) 研究方法和研究框架

1. 研究方法

本章主要采用实证分析与理论分析相结合的研究方法。实证分析选取国家统计局及各银行年报公布的统计数据,运用计量经济学方法,对统计数据进行处理,以检验预期假设与推论,并得出最终的研究结论。

2. 研究框架

研究框架如图 3-1 所示。

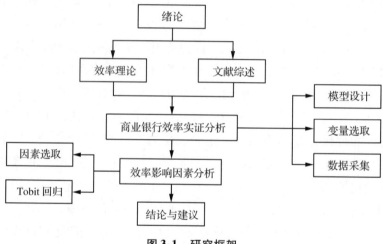

图 3-1 研究框架

(三) 创新与不足

1. 研究创新

本章通过对我国商业银行效率进行测度及对其影响因素进行探究,对我国 15 家主要商业银行的效率情况有了较为全面的认识,并通过对银行效率的影响因素进行实证分析,得出了一些结论,达到了预期的研究目的。关于本章的研究可能有以下创新点:

(1) 本章所选取的商业银行样本在市场上份额占有率较高,具有代表性。

(2) 本章结合了银行的安全性、流动性原则,将产出指标设定为扣除了不良贷款余额的贷款数、银行存贷比、净利润,使得选取的指标尽可能全面、真实、有效地反映银行的投入产出情况。

（3）在研究方法上，运用 Tobit 回归分析，把通过 DEA 方法测出的效率值作为因变量，对影响银行效率的因素（如不良贷款率、总资产净利率、非利息收入占比、权益比率、产权结构以及货币供应量等）进行回归，并且找出影响银行效率的主要因素，从中剖析我国商业银行提升效率的有效途径。

2. 研究不足

对我国商业银行效率的测度与分析是一个值得深入研究的课题，由于受到篇幅及笔者能力、时间等方面的限制，本章研究仍存在一定的不足，有待日后进一步完善。

（1）选择样本银行的范围需要进一步扩大。本章出于数据的可得性、资产规模大小、银行是否上市的考虑，仅选择了我国 15 家较有影响力的国有商业银行和股份制商业银行作为研究的样本，数量稍显不足。在以后的研究中，应该考虑将具有相当资产规模的城市商业银行和农村商业银行等也一并纳入研究范围，丰富研究样本的类型，同时也能更为全面地评价我国不同类型的商业银行之间经营效率的差别，使得研究结论更加全面、丰富，反映的结果更接近我国银行业的真实状况。

（2）商业银行效率评价指标体系有待完善。投入产出指标的选取是关乎效率评价研究质量的核心因素，但是基于数据可获得性的限制、部分指标量化困难以及测量模型本身对指标数量的固有限制，本章所选择的指标在反映我国商业银行效率方面仍不够全面，期待未来能通过更丰富的数据、更科学的指标量化方法，来弥补这方面的不足。

（3）DEA 模型包含了投入导向性以及产出导向型两种模型，但在模型选择方面，考虑到我国银行业还是以利润最大化为目标的，对成本的控制能力更强，也就是说投入指标变量与产出指标变量相比更好控制，因此在研究方法中使用了投入导向型的 DEA 模型。这种选择显然不够严谨和准确，应该同时采用这两种模型进行实证研究。

二、商业银行效率理论及文献综述

笔者查阅了诸多银行效率研究方面的文献，发现之前学者对效率及商业银行效率理论的梳理和归纳比较杂乱。因而，本章在理论总结方面做出了一定努力，首先阐释了效率概念的内涵，归纳、整理并分析了各种不同流派的效率理论;接着总结了商业银行效率方面的相关理论,对银行效率进行了分类;最后介绍了比较常见的几种效率测度方法。

(一) 效率理论

1. 效率的内涵

"效率"一词最初是一个物理学概念,意味着有用功率对驱动功率的比值。之后,经济学从物理学中承继了"效率"的概念,从投入转化为产出的角度来解释经济学上的效率。众所周知,经济学的本质是研究人类无限的需求和有限资源之间的矛盾,而解决这一矛盾的根本途径则是不断提高资源的利用效率,最大限度地满足人类的欲望。

可以说,所有的经济学研究都是对效率的研究。效率作为经济学范围内的一个重要课题,泛指各种资源要素的有效配置程度。根据通说,效率具有狭义与广义两层内涵。狭义上的效率,是指资源的使用效率,意思是单位生产企业、单位生产部门或者某个生产区域,如何通过使用已有生产要素在现有的技术条件下得到最高的产量,换而言之,则是要在产出水平一定的情况下实现生产成本最小化。广义上的效率,是指资源的配置效率,即不同国家或者地区、不同利益集团、不同的微观主体(如企业、家庭)之间为实现各决策主体效用最大化的理想而采取的某种资源配置方式,或者说是资源的配置途径。

帕累托在其1906年出版的经济学著作《政治经济学教程》中提出了资源配置效率的衡量方式,即所谓的帕累托效率:如果对于某种资源的配置,不存在任何使一个人的状况变好而不使其他人境况变坏的可能,那么这个资源配置就是最优的,也是有效率的。帕累托有效,是一种相对有效的概念。

2. 效率的相关理论

效率理论研究中最受经济学瞩目的核心问题在于如何提高整个经济系统的运行效率。目前的研究成果表明,清晰的产权、专业化的分工、合理的规模以及竞争程度较高的市场都有利于提高经济效率。由此涉及产权理论、分工理论、规模经济理论以及X效率理论等效率相关理论。

(1) 产权理论。产权理论是以产权制度为切入点来讨论如何提高整个经济系统运行效率的理论。根据该理论的核心思想,明晰的产权有利于有效提升经济效率。科斯(1960)提出,具有明确的主客体、明显的排他性以及能在市场上自由转让的产权是明晰的,这样的产权能够明显降低交易成本,进而提高经济的运行效率。这种思想被概括为科斯定理。而威廉姆森(1985)

又在科斯定理的基础上,进一步提出了新的学说,即认为资源配置的效率受交易成本和交易自由度影响较大,将交易成本分为事前和事后交易成本两个部分。事前的交易成本主要由合同签订前的调查、谈判、可行性分析及合同草拟的成本构成,事后的交易成本则是指谈价、监督等执行成本。

(2) 分工理论。分工理论主张专业化的分工有助于改善整个经济系统的效率。亚当·斯密最早提出了分工可以提升经济效率的观点:第一,分工使得劳动者能熟练掌握一门技艺,减少劳动时间;第二,分工有效避免了工种转换间造成的损失;第三,分工带来术业专攻,可以促进技术的改良,提高工人的劳动生产率。大卫·李嘉图的比较优势理论指出,不同国家通过分工合作,生产和出口自己国家具有比较优势的商品,进口其他国家具有比较优势的商品,能够提升彼此国家的福利,进而在全球范围内提高经济运行的效率。

(3) 规模经济理论。规模经济理论揭示了规模经济能够有效地提高经济运行效率的原理。规模经济的含义是,随着企业生产规模或者产量的扩大,其生产单位产品的边际成本则会下降,久而久之其长期平均成本将随着规模或产量的增加而减少。马克思在《资本论》中详细阐述了社会劳动生产力的跨越式发展必须依靠大规模的生产与协作的观点。马克思始终坚持认为,大规模生产是提高社会劳动生产率的最有效途径,也是近代工业发展的必由之路,这个观点已经成为马克思的经典思想。马歇尔也在《经济学原理》一书中提出,工业上的大规模生产可以通过专门性分工以及精细化流程的路径来提高经济运行的效率。

(4) X效率理论。X效率理论认为决定企业产出的因素除了常见的投入要素如劳动力、资本、土地、技术外,还有许多重要的却不被重视的未知因素,这些未知因素就被该理论定义为X因素。X效率则是指由这些未知因素带来的效率。莱宾斯坦(1966)最早提出了X效率理论这个概念。X效率理论的拥趸观察到了企业与个人之间的委托代理关系,并指出经济决策的主体是个人,而个人是不能完全保持理性的,其目标效用函数与企业的目标效用函数也不相同。X效率理论主张企业的内部管理、员工的努力程度和市场竞争的激烈程度等未知因素造成了企业配置的低效率。

（二）商业银行效率理论

1. 商业银行效率的内涵

在我国，商业银行仍然在金融市场的资源配置中占据主导作用，而金融市场融通了社会资金，因而商业银行资源的配置效率乃至其自身的运营效率就成为整个市场经济效率的重要表现形式。换句话说，商业银行效率是银行在保证盈利性、安全性和流动性的基础上，通过合理配置自身拥有的各种资源，从而最大限度地推动社会资金的流动，是商业银行在激烈的市场竞争中综合能力的体现。从微观角度来看，银行效率是每个商业银行所能达到的投入与产出的最佳配置。从宏观角度来看，银行效率衡量了整个银行业对国民经济增长的贡献，即衡量银行要素的投入与国民经济产出的最佳配置。

本章主要从银行效率的微观意义着手进行研究，综合考虑各种投入和产出项目，探讨银行如何实现投入和产出组合的最优化设计。

2. 商业银行效率的分类

在银行效率研究中，可以从不同的角度对商业银行效率进行不同的分类。

（1）根据组织职能进行分类。银行的组织一般可分为内部组织和外部组织两类，按此分类，银行效率可分为外部效率和内部效率。其中，银行的外部效率包括金融市场效率、部门监管效率等，内部效率则包括存款效率、贷款效率、中间业务效率、人事管理效率、金融创新效率等。

（2）按照生产要素分类，可分为资金运作效率、劳动力效率、资源使用效率等。由于银行组织都是按照生产要素划分的，因此按生产要素分类的效率的表现形式虽与按职能分类时不同，但二者在本质上是没有区别的。

（3）按照决定效率的手段进行分类，可以分为管理手段和技术手段两大类。由管理水平提高所导致的效率的提高称为经济效率，由技术进步所带来的效率提升称为技术效率。事实上，这两种手段涵盖了所有促进效率提高的因素。

（4）西方金融学界对商业银行规模效率、范围效率、综合效率等的研究相对较多，资料也更为丰富。

① 商业银行规模效率。当银行的信贷规模扩张时，其单位生产成本就会递减。规模效率就是判断银行产出是否同时对应着最小成本。如果产出增长率高于成本增长率，就表明该银行具有规模效率。

② 商业银行范围效率。范围效率是指随着银行经营业务范围的扩大、

经营业务组合的丰富,整体经营的成本也能有所降低。如果经营多种产品组合的非专业性银行的平均成本低于相同规模的专业性银行,则意味着银行存在着范围效率。

③ 商业银行综合效率。综合效率是指银行在保持规模报酬不变的情形下得到的技术效率值,又被称为综合技术效率,体现的是对单个银行经营管理水平的综合评价。综合技术效率又可进一步分解为纯技术效率和规模效率,纯技术效率是结合规模报酬可变条件对技术效率进行重新定义与研究,它反映了银行在规模变动时自身纯技术效率的变化情况。

本章主要对商业银行的综合效率、纯技术效率、规模效率进行研究。

(三) 效率测度方法

1. 传统评价方法

(1) 财务指标法。商业银行效率的财务指标测度法可以说是银行最主要的传统评价方法。其发展也经历了从单一要素评价到多要素综合评价的转变。单要素指标法是指将净资产收益率、资本收益率、营业收入增长率等指标作为衡量银行盈利能力、偿债能力和营运能力的关键指标去进行分析。这种方法过于片面,无法综合反映银行的整体效率,所以在之后的实践中被逐渐抛弃。综合指标分析法的诞生正好弥补了单一要素评价法的不足,它先建立了一系列反映商业银行成本与收益对比关系的财务指标,然后根据合理评估重要性为各个指标赋予相应权重,最后通过加权平均得出了较为科学的相对效率值,比如杜邦分析法就是其中具有代表性的测度方法。因为财务指标的直观可得,所以用财务指标法来测度商业银行的效率相对来说简单易行,但是财务指标数量较多,随意性的选择容易导致分析结果的误差,有时甚至会出现用财务指标法分析导致内部结论相互矛盾的情况。另外,财务指标是一个静态的财务结果,其数据的产生天然地具有滞后性,只能够反映银行已有的运营状况,而不能预测银行经营未来的动态,容易导致银行在经营过程中忽视长远发展的不良后果。

(2) 层次法。层次分析法简称 AHP 法,是一种将与决策有关的元素人为地分解成目标、准则、方案等不同层次,并在此基础之上进行定性和定量分析操作的决策方法。它是由美国运筹学家萨蒂在 20 世纪 70 年代首次提出的,用来解决现实中存在的大量无结构决策问题。这种方法能行之有效地把复杂问题中的各种因素分门别类,将之构建为相互联系且井井有条的有序层次,然后根据对客观现实的观察将每一层次的因素按照重要性进行定量分析和描述，之后再给每一层次的各个因素赋予相应的权重，最后将所有层次的因素进行总排序，确定权重最大者为最优方案。层次分析法已被广泛应用于社会经济系统决策之中，但其使用存在严重的局限性，即在判断矩阵的一致性问题上，假设存在6阶以上的情况，则判断矩阵很难得到一致性估计，而当矩阵阶数较低时，尽管不存在一致性问题，但是通过主观赋予的各因素权重仍然影响了结果的准确性。

2. 前沿效率分析法

前沿效率分析法设定了一个效率前沿银行，并通过测量待考察银行与该银行的偏离程度来衡量待考察银行的效率。这里的效率前沿银行是指在技术水平和外部市场环境一定的情况下，经营效率最高的银行。该方法产生于20世纪70年代，并在之后得到了广泛应用。它是目前国内外研究银行经营效率的主要分析方法。前沿效率分析法不仅能够测度各家银行的效率值，还能据此分析各家银行的效率现状，并结合回归分析找出银行效率的影响因素。

前沿效率分析法按照是否需要估算效率前沿函数中的参数被分为参数法与非参数法两大类。

（1）参数法。在计量经济学中使用的参数法是一种随机方法，它通过对具体函数的构造来估计各项参数，其函数一般都带有一个随机误差项。目前，参数前沿分析法主要有三种，分别是随机前沿方法（SFA）、自由分布法（DFA）和厚前沿方法（TFA）。随机前沿方法是最基础的参数模型，在实践中也应用得最为广泛，其他两种方法都属于它的变形。SFA方法假定了技术无效率项和随机误差项是引起被考察银行与效率前沿银行产生差距的原因；DFA方法则放松了对技术无效率项分布情况的限制性假设，计算过程比SFA方法更为简便；TFA方法不需要对随机误差项和技术无效率项的分布做出具体假设，只给低效率值设定了上下波动的区间。在对上面提到的三种参数法进行简单的归纳总结后，发现参数法的优点在于能够分离出随机扰动项，并把实际产出划分为利润（或成本）函数、随机误差项以及技术无效率项。

（2）非参数法。非参数方法无须设定函数形态来描述样本生产前沿面，因此也不用估计函数的变量系数和参数就可以得出最优权值，同时使用多投入、多产出的样本数据，最终形成一个可以对选取样本的相对效率进行有效研究的效率测度指标。非参数法主要有两种，一种是数据包络分析法（DEA），另一种则是无边界分析法（FDH）。DEA方法首先根据收集的数据确定了一个效率包络面,然后计算各观察值与效率包络面的距离,从而得到相应的相对效率值。FDH方法则是一种特殊的DEA度量方法,它生成的边界要么与DEA方法一致,要么处于DEA方法生成的边界之内,因此采用FDH方法所测算得出的样本平均效率值一般要高于运用DEA方法得出的结果。但是DEA方法的使用范围更为广泛,在研究中的应用也更为成熟。非参数法的优点在于不会出现因提前确定了函数形式及随机误差项分布而造成的误差,且对选取的指标变量的处理更为简单,无须进行标准化。

（四）国内外研究文献综述

经济学界对商业银行效率研究的开始时间距离现在相对较近,大约兴起于20世纪50年代,但是该领域的研究发展十分迅速。目前,国内外已有许多以商业银行效率为主题的研究和文献,讨论的主题也涉及银行效率的方方面面,本章将对此做出评析。

1. 国外文献评述

通过对国外银行效率方面的研究文献进行查阅、梳理发现,国外学者对商业银行效率的研究成果主要集中在以下方面:

Alhadeff(1954)是学界最早一批对商业银行的规模大小与银行经营效率之间的关系进行研究探讨的学者之一。他在研究中采集了1938—1950年美国加州将近210多家商业银行的详细数据,通过分析得出了自己的结论:商业银行的产出存在递增的规律,而其成本规模效率存在着递减的规律。

Sehweiger和Megee(1961)以美国6 000多家银行作为样本,把总资产作为产出变量,把银行的费用成本作为投入变量,进行了深入的研究,最终得出结论:随着银行存款规模的扩张,单一制银行费用成本存在递减规律,而分支行制银行的费用成本在相同市场条件下的规模效率并不明显。

Benston Heck和Humphery(1981)在他们的研究中尝试使用了超越对数函数模型,对单一制银行和分支行制银行的效率做出比较,研究结果表明:分支行制银行的规模效率与单一制银行相比更为显著。

Berger和De Young(2001)以7 000多家美国商业银行为样本,采集了它们1993—1998年的详细数据进行实证分析之后认为,银行地域的扩张情况与银行效率之间的相关关系并不显著,无论是分布集中于一个地区的商业银行,还是分支机构跨州建立的商业银行,均有可能取得较高的经营效率。

Goran Bergendahl和Ted Lindblom(2008)采用DEA方法研究分析了瑞典储蓄银行的经营效率。他们以贷款损失、个人费用以及非利息支出作为投入指标,以贷款额、存款额以及其他收益性资产作为产出指标,最终研究表明:多数银行是具有经营效率的,特别是那些规模适中的银行,即使在传统的发展模式下仍然具有相当的发展空间。

Roberta B. Staub, Geradoda Silva e Souza 和 Benjamin M. Tabak(2010)采用 DEA 方法,以巴西的银行为研究对象,分析了它们在 2000—2007 年的经营效率情况。该研究通过对成本效率、技术效率和配置效率的对比分析,发现与欧洲和美国的银行相比,巴西的银行普遍成本效率偏低,且其国有银行相对外资银行和私人银行而言更加符合成本效率。该文章还通过研究得出:巴西的银行在 2000—2002 年这段宏观经济经历较大波动的时期出现的经济无效率,主要是由于配置无效率导致的。

Walid 和 Belkacem(2012)采用 SFA 法研究了科威特的商业银行在 1994—2009 年的技术效率和配置效率,研究结果显示,科威特银行业整体具有较高的效率水平,平均高达 80%,并且银行效率受银行规模和员工人数的正向影响。

通过研究可知,国外学者对银行效率已经有了非常丰富的研究论述,内容也较为成熟,其研究对象不仅包括区域内的单一制银行,也包括跨区域的分支行制银行,并且除了发达国家的商业银行饱受瞩目外,发展中国家的商业银行也获得了研究者的关注。国外学者的研究内容包含研究方法、投入产出指标的选取等多个方面,其研究结论对国内学者在商业银行效率方面的研究具有极大的参照和借鉴意义。

2. 国内文献评述

由于改革开放以前国内银行都是按照国家下达的计划指令来运行的,存款的吸收额和贷款的发放额都是相对固定的,不存在探讨银行效率的问题。这就导致我国学界对银行效率的研究开展较晚。随着银行市场化改革的持续深入推进,商业银行的效率问题成为一个经久不衰的热点课题。同样,数据包络分析(DEA)也成为我国学者研究银行效率问题的重要工具。

薛峰、杨德礼(1998)最早将 DEA 方法引入国内对银行效率的研究领域,他们用 DEA 测度了我国商业银行的规模效率和技术效率,进而对商业银行的经营和管理综合效率做出了评价。

魏煜和王丽(2000)运用 DEA 方法研究了我国 12 家商业银行在 1997 年度的规模效率和技术效率,并根据研究结果提出:可以通过购置闲置的固定资产、提高银行职工的素质、限制可贷资金的非理性增长等途径来提高银行效率。

刘汉涛(2004)运用 DEA 方法测度了 2000—2002 年我国主要商业银行(包括四大国有银行和 11 家股份制银行)的经营效率,并通过研究指出:规模无效构成了银行技术无效来源的主要因素,目前随着股份制改造的完成,四大国有银行以及各股份制银行都渐渐进入规模报酬递减的经营阶段。

周强龙、徐加(2010)运用 DEA 法探讨了银行盈利模式与效率之间的具体关系,通过研究他们发现银行的收入结构与技术效率间呈现一种动态变化的关系,也就是说随着非利息收入在银行总收入中占比的增加,盈利模式对银行效率的正面促进效应会逐渐削弱。

周逢民、张会元等(2010)应用两阶段 DEA 模型评价了我国 15 家商业银行在 2003—2007 年的技术效率、纯技术效率和规模效率,并得出结论:国有银行的技术效率普遍低于股份制银行,资金的无效经营是导致这个结果的主要原因。

王兵、朱宁(2011)运用 DEA 法分析了 2004—2009 年我国 27 家主要商业银行的全要素生产率以及分解指数,研究发现选取的样本银行的全要素生产率的表现都十分优秀,国有银行和城市商业银行在生产率提高速度方面超过了股份制银行。

肖海霞和柴用栋(2015)则在文章中选择了 SBM 的方向性距离函数,并结合修正后的三阶段 DEA 模型,从营业网点绩效的角度比较分析了我国 16 家上市银行的经营效率。

杨卉(2016)收集了我国 50 家商业银行 2005—2014 年的详细数据,应用三阶段 DEA 模型对我国商业银行的效率进行了研究分析,并在此基础上结合 Tobit 模型对我国商业银行效率的影响因素进行了回归分析。

韩松、苏熊(2016)从银行运营结构入手,建立符合银行结构特征的复杂网络 DEA 模型,评价银行整体结构效率。该模型刻画了商业银行的营业费用和固定资产投入被同时用于负债业务、表外业务和资产业务这一特征,更加贴近现实。

黄淑颖、曹志鹏(2018)运用两阶段关联 DEA 模型评价了我国 50 家不同类型的商业银行 2010—2016 年各阶段的技术效率、纯技术效率和规模效率。并在此基础上对 27 家城市商业银行的效率进行了排名与分析,还运用 Tobit 模型对城市商业银行技术效率的影响因素进行了分析。

我国现有的效率研究文献,多复制了国外学者的研究模式,重视对效率相关理论的应用方面的研究,而对效率的理论性研究贡献不足。在研究过程中,我国银行业数据不完整,更新不及时,特别是非上市银行这一块存在较大空缺,导致研究文献普遍存在样本数量较少的局限。

三、我国商业银行效率的 DEA 分析

(一) DEA 模型

1. 基本介绍

DEA,也就是所谓的数据包络分析(Data Envelopment Analysis),是美国运筹学家 A. Charnes 和 W. W. Cooper 等学者于 1978 年提出的。该模型的理论和方法运用结合了经济学、管理学、运筹学的思想,并对"相对效率评价"做出了改进。DEA 的实质是一种数学规划模型,首先设定了多个决策单元(Decision Making Unit,记作 DMU,即输入输出单位),然后测定、评价各决策单元之间的相对有效性。在运用 DEA 方法评价研究对象效率的过程中,运用线性规划的方法对收集整理的各样本数据求出了对应的效率前沿包络面,从而体现投入产出关系。然后通过测定每个决策单元与前沿包络面的投入产出之间的差异,来确定被评价决策单元的效率。

经济学中,把固定生产条件下所有可能获得的投入与产出的集合称为"生产可能性集合"(Production Possibility Set)。当各种投入的组合产生了最大的产出时,我们把这些投入组合称为"生产可能的效率前沿"(Efficiency Frontier)。我们通常通过观察需要研究和评价的决策单元的值是否落在生产前沿边界上,来判断决策单元是否处于 DEA 有效状态。如果被观察的决策单元正好落在生产前沿面上的话,就可以说这个决策单元是 DEA 有效的,其相对效率值为 1,这表明在其他条件不变的情况下,该决策单元无法减少投入或者增加产出。若被观察的决策单元落在生产前沿边界以内的话,则说明这个决策单元是 DEA 无效的,此时的效率值为 0~1,这表示在产出不变的情况下,应降低投入,或者是在投入不变的情况下还可以增加产出,决策单元的效率存在改进空间。

DEA 分析法能有效评价一组决策单元的效率,通过同时分析多个投入和产出,从多个研究样本中选出 DEA 标杆企业或有效单元,这个有效单元就是众多样本中经营最有效率的有效单元。DEA 分析法还能将其他样本与这个有效单元进行相对的比较,从而测算得出相对无效的单位与有效单元的偏离

程度,这个偏离程度被我们定义为技术效率。除此之外,DEA 模型还有一个很大的优点,用这个方法去测度商业银行的效率时,不用像参数方法那样必须设定出具体的生产函数,只需要找到每一个决策单元的加权产出与加权投入之间的比率,就能算出决策单元的效率值,因此在评价具有较复杂生产关系的决策单位的效率时具有明显优势。

随着 DEA 方法相关理论研究的不断完善,以及在解决现实问题中被广泛运用,使用 DEA 模型研究商业银行效率已经成为一种比较成熟的方法,下面将对 DEA 模型进行简单介绍。

通常情况下,我们要对原始数据进行处理,利用相适应的投入—产出模型开展经济活动的效率评估。DEA 模型根据不同的目标要求,可进行投入、产出两个方面的效率评估。参照国内外研究文献,大部分专家、学者都会选择以投入为核心的可变收益比例模型(即 BCC 模型)来进行评估(魏权龄,2004)。可变收益比例模型的对偶形式可进一步描述如下:

$$s.t. \begin{cases} \min \theta - \varepsilon \hat{e}^T S^- + e^T S^+) \\ \sum_{j=1}^n X_j \lambda_j + S^- = \theta X_0 \\ \sum_{j=1}^n Y_j \lambda_j - S^+ = Y_0 \\ \lambda_j \geq 0, S^-, S^+ \geq 0 \end{cases} \quad (3.1)$$

其中,$j=1,2,\cdots;n$ 表示决策单元;X,Y 分别是投入、产出向量。

由此可见,该模型实际上是简单的二元线性回归模型,根据参数值的不同,可计算得出以下回归结论:

若 $\theta=1, S^+ = S^- = 0$,达到了帕累托最优状态,则表示决策单元 DEA 有效;

若 $\theta=1, S^+ \neq 0$,或 $S^- \neq 0$,则表示决策单元弱 DEA 有效;

若 $\theta<1$,意味着至少存在一种输入或输出的部分无效率,则表示决策单元非 DEA 有效。

由可变收益比例模型计算得到的效率数据应理解为一种综合技术效率,综合技术效率还可进一步分解为规模效率和纯技术效率,用公式表示为:

$$综合技术效率 = 规模效率 \times 纯技术效率$$

Fried 认为,决策单元运行效率的评估是多个因素共同影响作用后的结果,除了基础的经营活动数据外,还会受到无效管理、环境因素及随机扰动等的影响,因此在对商业银行效率的研究中还要将DEA模型与回归方法结合起来,分析不同因素对银行效率的影响程度,以便寻找到有效措施来提高银行的效率。

2. 模型导向的界定

在运用DEA法进行效率评价时,有必要在一开始就选择模型的导向,这关系到实证分析时运用软件运算是选择面向投入程序还是选择面向产出程序。投入导向的意思就是在保持产出不变的情况下,选择最少的投入数量来使效率达到最优;产出导向就是在投入量保持不变的情况下,合理配置资源使得产出的数量达到最大。在国内外效率研究中,大多数学者习惯选择投入导向型的模型,这是因为绝大部分企业都是先接受客户的订单,再根据要求提供自己的产品或者服务,在产出确定的时候如何选择自己的投入组合就成了公司决策层的重要议题。商业银行作为经营货币及信用的特殊企业,其产出较为难以衡量,但对投入相对而言更容易把控,因此大部分学者在研究银行效率的测度与分析时都倾向于选择投入导向型的DEA模型,本章也是如此。

(二) 指标的选取

1. 投入产出项的界定

利用DEA模型解决实际问题时,确定投入产出的指标非常关键。Cooper (1999)认为,DEA方法中投入产出项目的选取准则如下:① 对所有决策单元,投入和产出值必须是可得的,且为正数。② 投入和产出项目必须充分体现分析者和管理者的关注要素,且与研究主题具有重要的关联。③ 不同的投入和产出数据不要求单位一致。

对商业银行的效率进行研究时应该遵循以上原则来确定投入和产出的项目。银行的投入具有很大的随意性、模糊性,其产出也具有非实物性、难衡量的特点,对此国内外的专家学者进行了深入探讨。目前,国际金融学界采用的主流方法为中介法(IA)、资产法(AA)和生产法(PA),大多数研究者都采用这三种DEA方法对投入和产出进行划分。由于研究时数据的来源和关注点不同,即使选择同一种DEA方法时选取的指标也不尽相同。

中介法把银行看作向公众和企业提供金融服务的中介机构,银行借助资本和劳动力,把存款资金转化为贷款资金并进行投资,故银行是资金资源配置过程中的中介者。中介法通常将存款、劳动力成本、利息支出、非利息支出视作投入,将贷款、投资定义为产出。

资产法同样把银行看作中介机构,但是严格地把银行的产出定义为资产负债表中的资产方项目,将贷款和证券投资作为评价效率的主要内容。在投入方面,银行负债如活期存款、定期存款等都具有明显的投入特征,因而被视作投入。这种方法在衡量效率时突出了利润和收益,可以体现银行的资产质量和效益。

在生产法中,银行被认为是存款账户和贷款服务的生产者,它主要是为存款人和贷款人提供相应的服务产品。生产法把银行投入的指标定为劳动力成本、营业成本、固定资产成本等,而用各类贷款业务的账户数量来测量产出,比如商业银行的抵押贷款、工商业贷款等。

也有学者选择附加值法,也是按照资产负债表对投入产出进行划分,但是产出中会留意对银行附加值有较大收益的项目。还有学者采用使用者成本方法,这种方法质疑了边际收入和边际成本测量的准确度,强调金融项目的净贡献度,把收益大于成本的金融项目视作产出。

学者们在选择投入产出指标的方式和标准时并不统一,本章通过查阅文献,对部分研究成果进行了梳理(见表3-1)。

表3-1 投入产出指标的整理

作者	研究成果题目	投入指标	产出指标
杨卉	《基于三阶段DEA模型的商业银行效率研究》	员工人数、固定资产、营业支出	贷款(扣除不良贷款)、非利息收入
张小霞	《基于超效率DEA模型的我国商业银行经营效率实证研究》	利息支出、非利息支出、固定资产	净利润、资产利润率、营业利润率
梁志森	《基于DEA方法的我国商业银行效率测度及影响因素分析》	员工人数、固定资产、存款	贷款(新增)、资本收益率、净利润
张逢民等	《基于两阶段关联DEA模型的我国商业银行效率评价》	员工人数、固定资产、营业费用	存款、净利息收入、非利息收入
王聪等	《我国商业银行效率结构研究》	员工人数、固定资产	贷款、投资、收入
张健华	《我国商业银行效率研究的DEA方法及1997—2001年效率的实证分析》	注册资本、固定资产、各项支出之和	存款、贷款、税前利润
讯国泰等	《中国商业银行成本效率实证研究》	员工人数、固定资产、存款、债券	利息收入、非利息收入
赵永乐等	《商业银行效率、影响因素及其能力模型的解释结果》	员工人数、总资本	人均税后利润净额、存贷比

2. 指标选取的原则

测度我国商业银行的经营效率具有非常重要的指导价值,首要工作就是选定适宜的指标及变量。在投入产出指标的选择中,不仅要总结其他学者的研究方法,为了保证计算结果的可靠性,本章还遵循了以下原则:

(1)科学性原则。该原则要求所选指标能够切实体现现有情况。就所选定的评判指标而言,其一定要能够科学地体现商业银行运作的内在原理,要有清晰的定义,不能出现歧义。

(2)系统性原则。银行的发展受到内在和外在因素的制约,其实际上是一个繁杂的体系,所以,应该确保评价指标具有系统性,是一个能够进行良好联动的整体。

(3)可操作性原则。所确定的指标应该可用,信息的来源必须可靠,能够反映真实状况。并且,所确定的指标应当在现有的条件下易于获得数据,以完成研究的实证分析。

(4)针对性原则。所确定的指标应当有鲜明的针对性,即应当符合我国商业银行的经营管理水平,可以全面体现银行经营效率的现有情况。

(5)可比性原则。就所确定的指标而言,不管是纵向还是横向,都应该能够进行对比。

(6)静态和动态相联系原则。在对投入和支出的现有情况进行分析并构建评价指标体系的时候,应把静态和动态、现有情况和未来发展相联系。

(7)定量和定性相联系原则。若想对我国银行经营效率做出合理的判断,就必须把定量和定性联系起来。这之中,量化指标应该以获取的数据为基础,定性指标应该借助于文献。

3. 投入产出指标的确定

本章通过对大量相关文献的研究,在综合考虑中介法、资产法及生产法等各类指标设定方法的利弊后,在遵循各种原则的基础上,结合我国商业银行的具体实际情况,对样本指标进行了选取。将投入指标定为在职员工人数、固定资产净值、营业支出,同时把产出指标定为净利润、存贷比和扣除不良贷款余额的贷款总额(见表3-2)。

(1)员工人数。商业银行的人力资本一直被视为重要的投入项目,本章用银行现有正式在编人员来定义。银行员工数量的多少体现了一家银行在人力资源上的投入量,银行员工的数量也体现了一家商业银行规模的大小,深刻影响着一家银行的效率水平。

（2）固定资产净值。银行的经营依托于大量的经营场地及移动的服务设备，这些是商业银行经营中必不可少的投入，本章用固定资产净值来定义。商业银行分支行或者营业网点的数量多少、分布是否科学，对银行的经营效率具有重大影响。

（3）营业支出。商业银行的营业支出指的是为满足日常经营活动所产生的成本支出，营业支出的多少极大地影响着商业银行的运营效率。本章的营业支出选择的是银行资产负债表上的数据。

（4）净利润。银行作为一个商业机构，把追求利润最大化作为自己的经营目标，因此选择银行的净利润作为产出指标可以衡量银行的经营效率和水平，这样的选择也在产出指标上体现了银行的盈利性。

（5）存贷比。我国商业银行的重要功能是进行资金融通，存贷比是银行贷款余额与存款余额的比率，可以用来衡量银行的流动性风险。

（6）贷款总额（扣除不良贷款余额）。在过去的研究中，很多学者都直接把贷款的数量作为银行的产出，而没有考虑到银行贷款质量是有差异的。不良贷款余额的存在，既会使研究时高估银行的产出水平，也有可能给银行的经营带来不同程度的风险，从这两点看都会影响我国商业银行效率的测度。因此，本章选择扣除了不良贷款余额的贷款作为产出指标，可以更合理、公正、全面地评价各商业银行的效率水平。

表 3-2 DEA 模型指标明细表

指标分类	指标具体内容
投入指标	1. 员工人数
	2. 固定资产净值
	3. 营业支出
	4. 净利润
产出指标	5. 存贷比
	6. 贷款总额（扣除不良贷款余额）

（三）数据的收集及处理

1. 样本及数据的选取

我国现有的商业银行体系，由国有商业银行、股份制商业银行、城市商业银行等构成，但考虑到银行经营的现状、相对重要性以及数据是否具有易得性，本章将研究的样本限定为上市银行。首先，能够通过证监会和市场考察成功在我国A股市场上市的银行,已经意味着其在资本规模、盈利性、管理水平、组织构架上具有先进性;其次,这样选择的样本银行具有明确的成立或者上市时间,能够保证数据的可得性和连续性,便于之后的研究分析。最终笔者选择了中国工商银行、中国建设银行、中国农业银行、中国银行、交通银行、招商银行、兴业银行、民生银行、浦发银行、中信银行、光大银行、平安银行、华夏银行、宁波银行、南京银行共15家上市商业银行作为决策单元。总体来看,这些商业银行包括了我国绝大多数有较大影响力的商业银行,大致上能代表我国银行业的运营态势,对它们进行效率研究所得出的结论将具有一定的代表性。另外,这15家商业银行都是在全国范围内开展经营活动的商业银行,其面临的外部经营环境相对来说差异不大,在相同的外部条件下比较得出的关于我国商业银行经营效率结论更科学。本章的数据期间为2012—2016年,所选用的数据来源为Wind数据库,使用的软件为DEAP 2.1和Stata 14.0。

Banker等(1989)曾提出一个在DEA方法中非常重要的经验法则:抽样的DMU样本个数必须是投入指标与产出指标数目总和的两倍以上,否则模式的区别能力会变弱。本章选取的投入和产出指标共6个,样本数共有15个,符合该经验法则。

2. 描述性统计

本章将15家银行分为两组,第一组为中国工商银行、中国建设银行、中国农业银行、中国银行和交通银行五大国有银行,第二组为剩下的10家股份制银行。

(1)国有商业银行。首先通过Stata 14.0对国有商业银行的6个指标进行描述性统计。

① 固定资产净值(见表3-3)。

表3-3 国有银行固定资产净值描述性统计(单位:亿元)

	个案数	最小值	最大值	总和	平均值		标准差	方差
	统计	统计	统计	统计	统计	标准误差	统计	统计
工商银行	5	1 102.75	2 206.51	8 336.24	1 667.25	198.64	444.17	197 289.17
建设银行	5	1 139.46	1 700.95	7 308.57	1 461.71	98.21	219.60	48 223.78
农业银行	5	1 414.90	1 586.69	7 621.46	1 524.29	30.12	67.36	4 536.87
中国银行	5	1 503.24	1 948.97	8 584.17	1 716.83	79.50	177.77	31 602.83
交通银行	5	378.22	1 073.21	3 236.30	647.26	127.06	284.11	80 719.01

② 员工总数(见表3-4)。

表3-4 国有银行员工总数描述性统计(单位:人)

	个案数	最小值	最大值	总和	平均值		标准差	方差
	统计	统计	统计	统计	统计	标准误差	统计	统计
工商银行	5	427 356.00	466 346.00	2 247 355.00	449 471.00	9 107.00	18 214.01	331 750 110.30
建设银行	5	348 955.00	372 321.00	1 823 585.00	364 717.00	5 321.69	10 643.38	113 281 621.60
农业银行	5	461 100.00	503 082.00	2 420 930.00	484 186.00	9 153.45	18 306.90	335 142 752.20
中国银行	5	301 945.00	310 042.00	1 524 595.00	304 919.00	1 916.78	3 833.57	14 696 249.67
交通银行	5	91 468.00	99 919.00	476 639.00	95 326.00	1 817.34	3 634.67	13 210 842.00

③ 营业支出(见表3-5)。

表3-5 国有银行营业支出描述性统计(单位:亿元)

	个案数	最小值	最大值	总和	平均值		标准差	方差
	统计	统计	统计	统计	统计	标准误差	统计	统计
工商银行	5	2 294.87	3 381.12	14 350.46	2 870.09	20.09	44.92	2 017.89
建设银行	5	2 104.60	3 127.01	13 361.27	2 672.25	20.52	45.88	2 104.79
农业银行	5	2 349.93	3 032.97	13 592.38	2 718.48	12.77	285.47	81 493.71
中国银行	5	1 784.93	2 636.19	11 067.86	2 213.57	155.37	34.74	1 207.04
交通银行	5	729.62	1 081.16	4 673.35	934.67	6.76	15.11	228.24

④ 贷款总额(扣除不良贷款余额)(见表3-6)。

表3-6 国有银行贷款总额描述性统计(单位:亿元)

	个案数	最小值	最大值	总和	平均值		标准差	方差
	统计	统计	统计	统计	统计	标准误差	统计	统计
工商银行	5	88 036.92	130 568.46	547 427.09	109 485.42	7 441.26	16 639.17	276 861 861.40
建设银行	5	75 123.12	117 570.32	478 190.64	95 638.13	7 356.59	16 449.83	270 597 070.70
农业银行	5	64 333.99	97 196.39	403 857.36	80 771.47	5 839.64	13 057.83	170 506 909.20
中国银行	5	68 646.96	99 733.62	420 649.84	84 129.97	5 480.79	12 255.41	150 195 038.40
交通银行	5	29 472.99	41 029.59	174 703.67	34 940.73	1 971.54	4 408.50	19 434 825.35

⑤ 存贷款比率(见表3-7)。

表3-7　国有银行存贷款比率描述性统计(单位:%)

	个案数	最小值	最大值	总和	平均值		标准差	方差
	统计	统计	统计	统计	统计	标准误差	统计	统计
工商银行	5	64.10	71.40	341.40	68.28	1.36	3.04	9.23
建设银行	5	66.23	73.45	347.93	69.59	1.20	2.68	7.18
农业银行	5	49.50	65.81	300.31	60.06	2.89	6.47	41.81
中国银行	5	71.99	77.89	372.45	74.49	1.24	2.77	7.67
交通银行	5	72.71	74.08	368.24	73.65	1.27	2.60	6.76

⑥ 净利润(见表3-8)。

表3-8　国有银行净利润描述性统计(单位:亿元)

	个案数	最小值	最大值	总和	平均值		标准差	方差
	统计	统计	统计	统计	统计	标准误差	统计	统计
工商银行	5	2 386.91	2 791.06	13 347.68	2 669.54	76.33	170.69	29 134.33
建设银行	5	1 936.02	2 323.89	10 982.46	2 196.49	71.43	159.73	25 512.38
农业银行	5	1 451.31	1 840.60	8 556.86	1 711.37	71.78	160.51	25 764.01
中国银行	5	1 457.46	1 840.51	8 501.53	1 700.31	69.47	155.35	24 133.72
交通银行	5	584.72	676.51	3 214.50	642.90	17.03	38.08	1 449.81

(2) 股份制商业银行。

① 固定资产净值(见表3-9)。

表3-9　股份制商业银行固定资产净值描述性统计(单位:亿元)

	个案数	最小值	最大值	总和	平均值		标准差	方差
	统计	统计	统计	统计	统计	标准误差	统计	统计
招商银行	5	192.87	430.68	1 429.76	285.95	40.83	91.30	8 334.83
兴业银行	5	66.56	155.81	507.97	101.59	16.05	35.88	1 287.54
民生银行	5	121.61	432.73	1 480.13	296.03	56.45	126.23	15 932.98
浦发银行	5	87.81	216.05	688.64	137.73	27.26	60.97	3 716.83
中信银行	5	115.20	178.34	738.09	147.63	10.61	23.71	562.40
光大银行	5	118.69	142.28	644.15	128.83	3.86	8.64	74.59
平安银行	5	35.36	83.16	241.46	48.29	8.99	20.10	403.85
华夏银行	5	75.38	113.72	475.93	95.19	7.90	17.66	311.99
宁波银行	5	23.92	35.18	150.80	30.16	2.55	5.70	32.49
南京银行	5	18.73	54.19	156.59	31.32	7.60	17.00	289.12

② 员工总数(见表3-10)。

表3-10 股份制商业银行员工总数描述性统计(单位:人)

	个案数	最小值	最大值	总和	平均值		标准差	方差
	统计	统计	统计	统计	统计	标准误差	统计	统计
招商银行	5	48 453.00	76 192.00	334 790.00	66 958.00	6 425.18	12 850.36	165 131 660.70
兴业银行	5	38 117.00	52 016.00	225 665.00	45 133.00	3 035.19	6 070.38	36 849 463.58
民生银行	5	47 650.00	59 659.00	277 180.00	55 436.00	2 818.27	5 636.55	31 770 693.67
浦发银行	5	35 033.00	48 427.00	207 610.00	41 522.00	2 898.47	5 796.94	33 604 561.67
中信银行	5	41 365.00	49 915.00	229 120.00	45 824.00	2 042.19	4 084.37	16 682 107.58
光大银行	5	31 968.00	40 319.00	177 750.00	35 550.00	1 821.80	3 643.59	13 275 769.67
平安银行	5	24 251.00	32 299.00	143 470.00	28 694.00	1 688.23	3 376.46	11 400 484.25
华夏银行	5	22 991.00	34 243.00	137 835.00	27 567.00	2 435.56	4 871.11	23 727 754.92
宁波银行	5	5 329.00	9 543.00	35 859.00	7 170.00	906.81	1 813.61	3 289 198.00
南京银行	5	3 862.00	7 390.00	27 730.00	5 546.00	820.60	1 641.21	2 693 563.33

③ 营业支出(见表3-11)。

表3-11 股份制商业银行营业支出描述性统计(单位:亿元)

	个案数	最小值	最大值	总和	平均值		标准差	方差
	统计	统计	统计	统计	统计	标准误差	统计	统计
招商银行	5	542.60	1 313.07	4 705.77	941.15	157.07	351.23	123 362.55
兴业银行	5	415.51	936.78	3 466.84	693.37	101.94	227.95	51 961.46
民生银行	5	523.79	950.45	3 766.72	753.34	87.61	195.89	38 374.10
浦发银行	5	385.33	911.32	3 180.70	636.14	99.22	221.86	49 219.82
中信银行	5	479.31	991.52	3 601.65	720.33	101.26	226.42	51 267.13
光大银行	5	284.05	541.00	2 075.60	415.12	54.60	122.09	14 904.94
平安银行	5	222.07	779.36	2 468.06	493.61	104.23	233.06	54 317.65
华夏银行	5	225.76	379.06	1 499.45	299.89	28.59	63.93	4 087.59
宁波银行	5	52.97	139.92	458.19	91.64	15.88	35.52	1 261.65
南京银行	5	41.57	161.09	480.15	96.03	23.71	53.01	2 809.88

④ 贷款总额(扣除不良贷款余额)(见表3-12)。

表3-12 股份制商业银行贷款总额描述性统计(单位:亿元)

	个案数	最小值	最大值	总和	平均值		标准差	方差
	统计	统计	统计	统计	统计	标准误差	统计	统计
招商银行	5	19 044.63	32 616.81	127 014.43	25 402.89	2 370.46	5 300.50	28 095 340.02
兴业银行	5	12 291.65	20 798.14	80 385.92	16 077.18	1 514.43	3 386.36	11 467 442.12
民生银行	5	13 846.10	24 615.86	92 811.73	18 562.35	1 880.26	4 204.40	17 676 966.68
浦发银行	5	15 445.53	27 628.06	103 487.51	20 697.50	2 097.76	4 690.74	22 003 076.61
中信银行	5	16 629.01	28 779.27	111 986.91	22 397.38	2 139.39	4 783.82	22 884 940.40
光大银行	5	10 231.87	17 952.78	67 977.73	13 595.55	1 355.85	3 031.77	9 191 647.71
平安银行	5	7 207.80	14 758.01	52 847.42	10 569.48	1 339.37	2 994.92	8 969 570.54
华夏银行	5	7 201.68	12 166.54	47 691.52	9 538.30	878.19	1 963.68	3 856 050.53
宁波银行	5	1 456.18	3 025.07	10 850.65	2 170.13	283.29	633.45	401 259.31
南京银行	5	1 252.69	3 317.85	10 298.98	2 059.80	379.79	849.24	721 208.97

⑤ 存贷款比率(见表3-13)。

表3-13 股份制商业银行存贷款比率描述性统计(单位:%)

	个案数	最小值	最大值	总和	平均值		标准差	方差
	统计	统计	统计	统计	统计	标准误差	统计	统计
招商银行	5	71.37	85.79	391.48	78.30	2.35	5.25	27.60
兴业银行	5	61.95	77.18	342.03	68.41	2.70	6.04	36.51
民生银行	5	71.88	79.86	374.52	74.90	1.35	3.02	9.09
浦发银行	5	72.21	92.03	387.76	77.55	3.68	8.22	67.60
中信银行	5	73.21	79.45	382.26	76.45	1.30	2.91	8.48
光大银行	5	70.10	84.65	372.45	74.49	2.60	5.82	33.92
平安银行	5	65.39	75.21	347.86	69.57	1.59	3.55	12.62
华夏银行	5	69.51	81.65	367.00	73.40	2.31	5.16	26.65
宁波银行	5	53.68	67.74	311.24	62.25	2.34	5.23	27.34
南京银行	5	47.43	58.63	263.01	52.60	2.12	4.74	22.45

⑥ 净利润(见表3-14)。

表3-14 股份制商业银行净利润描述性统计(单位:亿元)

	个案数	最小值	最大值	总和	平均值		标准差	方差
	统计	统计	统计	统计	统计	标准误差	统计	统计
招商银行	5	452.72	623.80	2 734.61	546.92	29.11	65.09	42 361.99
兴业银行	5	349.27	543.27	2 289.45	457.89	34.34	76.79	58 960.54
民生银行	5	383.08	487.78	2 229.57	445.91	18.11	40.49	16 395.72
浦发银行	5	343.11	536.78	2 275.46	455.09	34.95	78.14	61 059.90
中信银行	5	313.85	417.86	1 960.82	392.16	19.94	44.60	19 889.92
光大银行	5	236.20	303.88	1 392.67	278.53	12.18	27.24	7 420.03
平安银行	5	135.11	225.99	930.08	186.02	18.08	40.42	16 336.83
华夏银行	5	127.96	197.56	850.38	170.08	12.72	28.44	8 086.42
宁波银行	5	40.68	78.23	289.39	57.88	6.56	14.67	2 153.40
南京银行	5	40.45	83.46	296.43	59.29	7.97	17.83	3 179.23

(四)测算结果分析

根据 DEA 模型的分析原理,运用 DEAP 2.1 软件对上面的数据进行效率计算,可以得到银行的综合技术效率、纯技术效率和规模效率。现分别对效率值的测度结果进行分析。

1. 综合技术效率

由表3-15可以看出,我国商业银行的年度综合技术效率均值较高,总体来说符合我国银行业这5年来的实际发展情况。随着金融业改革的不断深化,我国商业银行的现代化步伐也越来越快。商业银行的股权结构变得更加灵活,公司治理结构更为完善,内控机制也越发健全,与外国优秀商业银行的综合技术效率差距越来越小。但是我们还应发现,国内商业银行个体之间还存在不小的差距,这说明我国商业银行综合技术效率的增长并不均衡。

表 3-15　我国商业银行 2012—2016 年综合技术效率值

银行	2012 年	2013 年	2014 年	2015 年	2016 年
工商银行	1.000 0	1.000 0	0.995 1	1.000 0	0.997 2
建设银行	0.918 0	0.952 5	0.954 7	0.996 7	0.993 1
农业银行	0.682 8	0.735 8	0.767 4	0.848 1	0.885 3
中国银行	0.954 2	0.997 5	1.000 0	1.000 0	0.966 7
交通银行	0.998 4	0.997 1	1.000 0	0.976 7	1.000 0
光大银行	0.917 8	1.000 0	0.973 1	0.991 2	1.000 0
华夏银行	0.824 8	0.908 8	0.942 1	0.989 6	0.987 2
民生银行	0.819 9	0.800 9	0.785 0	0.788 8	0.869 3
南京银行	0.989 9	1.000 0	0.996 4	0.993 1	1.000 0
宁波银行	0.921 2	0.892 7	0.989 9	1.000 0	1.000 0
平安银行	0.992 3	0.997 2	1.000 0	0.990 1	1.000 0
浦发银行	1.000 0	0.979 7	1.000 0	1.000 0	0.997 9
兴业银行	0.988 2	1.000 0	0.982 2	1.000 0	1.000 0
招商银行	0.948 7	0.890 7	0.808 0	0.828 8	0.895 3
中信银行	0.922 2	0.971 0	1.000 0	1.000 0	0.988 8
全部	0.925 2	0.941 6	0.946 3	0.960 2	0.972 1
国有	0.910 7	0.936 6	0.943 4	0.968 9	0.968 5
股份	0.932 5	0.944 1	0.947 7	0.955 8	0.973 9

我国国有商业银行与其他股份制银行相比,在较长的时间内处于垄断地位,积累了丰富的优质客户资源和雄厚的资金实力,在市场竞争中具有很大的优势。从表 3-15 中可以看出,2012—2016 年我国国有银行的综合技术效率值虽在个别年度略有小幅回落,但总体呈上升趋势。另外我们还应看到,虽然国有银行的效率值在不断增大,但是绝大多数时候与平均水平相比仍存在一定差距,只是在 2015 年的表现超过了平均水平,这是因为当年民生银行和招商银行拉低了综合技术效率的平均值。国有银行中,农业银行的综合技术效率一直都比较低,2012 年以前还达不到 0.7,表现较好的是工商银行和交通银行。工商银行已经连续数年被《银行家》杂志评为全球资本实力最为雄厚的银行,国际化程度已经成为国内银行的标杆,其管理能力和业务创新能力等技术水平正在逐步与国际标准接轨,因此工商银行的综合技术效率值一直相对较高,多年来位于效率值的前沿面上。交通银行作为最早进行股份

制改革的国有银行,其管理水平和创新能力在国有银行中也名列前茅。从国有银行综合技术效率的整体表现水平可以看出,大量垄断经济资源和行政资源并没有为其技术效率的提高做出多少贡献。

股份制银行的综合技术效率值除了2015年之外均整体高于银行业的平均水平,这说明股份制银行的经营管理水平在国内普遍是较为先进的,且业务创新能力较强。其中,浦发银行和兴业银行的综合技术效率在股份制银行里表现较好,多年处于效率的前沿面上,这也说明股份制银行由于面临比国有银行更大的生存压力,所以普遍具有较强的竞争意识,因而经营也更有效率。而2015年的异常值,是由民生银行和招商银行带来的。分析这两家银行当年的报表,可以看出民生银行和招商银行的不良贷款率都增加较多,可能给这两家银行的经营效率带来了负面影响。

下面对全部样本银行、国有银行和股份制银行的平均综合技术效率值做对比分析,详情如图3-2所示。

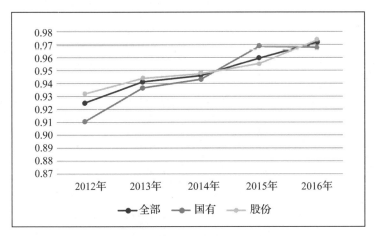

图3-2 我国商业银行综合技术效率变化趋势图

从图3-2中可以看出,2012—2016年我国全部样本银行、国有银行和股份制银行的平均综合技术效率之间相差并不是很大,都达到了0.9以上的水平,股份制商业银行的平均综合技术效率普遍高于国有银行的平均值,而国有银行的平均综合技术效率则普遍低于全部样本银行的平均值,2015年例外。从国有银行和股份制银行两者平均技术效率变化趋势看,近年来差距越来越小,2012年两者综合技术效率均值差距最大时也不过相差0.02。这大概是由于我国金融业改革不断深化和金融科技的迅猛发展倒逼我国商业银行在公司治理和经营方面做出改变而导致的。特别是对国有银行而言,清晰的公司治理结构、灵活的经营管理机制和大量的业务创新都对其综合技术效率的提高产生了极大的促进作用,提升了其综合竞争能力和利润水平。

综上分析,我国商业银行的综合技术效率整体发展较好,且随着科技金融的不断深化还有进一步提高的可能性。在这种情况下,国有银行和股份制银行的经营效率愈发接近,同时受财务指标的影响较大,要想保证在经营效率的比较中占据优势,就应该从资产负债表的指标着手,在经营和管理时应注重开展利润较高的中间业务,同时做好严格的授信资格审查和资产证券化工作,在事前和事后都做到降低不良贷款率。

2. 纯技术效率

从表 3-16 可以得出,我国商业银行的纯技术效率整体相对较高,但也有个别银行的效率一直偏低,这与银行的实际经营情况是吻合的。

表 3-16 我国商业银行 2012—2016 年纯技术效率值

银行	2012 年	2013 年	2014 年	2015 年	2016 年
工商银行	1.000 0	1.000 0	0.998 8	1.000 0	0.998 0
建设银行	0.986 5	1.000 0	0.980 0	1.000 0	1.000 0
农业银行	0.717 0	0.737 9	0.790 0	0.866 5	0.898 4
中国银行	1.000 0	0.999 8	0.995 7	1.000 0	1.000 0
交通银行	1.000 0	0.998 4	1.000 0	0.988 8	1.000 0
光大银行	0.993 3	1.000 0	0.991 1	0.991 3	1.000 0
华夏银行	0.858 3	1.000 0	1.000 0	0.999 5	0.987 5
民生银行	0.899 9	0.869 4	0.970 0	0.798 0	0.870 9
南京银行	0.998 0	1.000 0	1.000 0	1.000 0	0.997 0
宁波银行	1.000 0	0.979 9	0.991 2	1.000 0	1.000 0
平安银行	0.992 0	1.000 0	0.998 8	0.990 2	1.000 0
浦发银行	1.000 0	0.987 7	1.000 0	0.999 8	1.000 0
兴业银行	0.988 7	1.000 0	0.986 1	1.000 0	1.000 0
招商银行	1.000 0	0.989 1	0.898 5	1.000 0	0.993 9
中信银行	1.000 0	0.975 1	1.000 0	0.998 0	0.990 3
全部	0.965 41	0.977 38	0.972 08	0.975 20	0.982 21
国有	0.940 70	0.947 22	0.952 90	0.971 06	0.979 28
股份	0.981 89	0.980 12	0.983 58	0.977 68	0.983 96

就国有银行来说,工商银行、建设银行、中国银行和交通银行的纯技术效率都非常高,多年都处于前沿面上,这说明我国国有银行的经营管理水平已经比较高,市场化运营机制也在稳步推进。农业银行的纯技术效率较差,一直在 0.7、0.8 左右徘徊,这印证了农行作为国有银行中唯一一家定位于服务"三农"且进行股份制改革最晚的银行,其经营管理水平、公司治理机制和业务创新能力与其他国有银行相比存在较大差距,必须加快其市场化改革的步伐。股份制商业银行中,南京银行、宁波银行、浦发银行和兴业银行的纯技术效率较高,有 3 年处在纯技术效率的前沿面上;其次是平安银行、华夏银行和中信银行,分别有 2 年处在纯技术效率的前沿面上;其余的股份制银行纯技术效率也相对较高,与前沿面的差距不大。这说明我国股份制银行的经营管理水平和业务水平整体较高。

下面对全部样本银行、国有银行和股份制银行的平均纯技术效率变化趋势做对比分析,详情如图 3-3 所示。

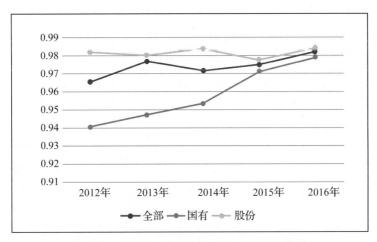

图 3-3　我国商业银行纯技术效率变化趋势图

从图 3-3 可以看出,我国股份制商业银行的平均纯技术效率一直高于国有商业银行,这与其他学者在研究我国商业银行效率时得到的结论是一致的。尽管国有银行近年来不管是经营管理水平还是业务创新能力都得到了极大提高,但是股份制商业银行的长期发展还是积累了一些经营管理方面的经验,相对于国有银行多了一些纯技术优势。2012—2016 年,国有银行与股份制银行两者之间纯技术效率的差距越来越小,这说明随着金融改革的深化,并且国有银行在市场竞争中又面临互联网企业试图抢占金融市场份额的压力,其内部治理水平和金融创新能力都在迅速提高。从图 3-3 中可以明显看出,2015年两者纯技术效率的差距忽然收缩,这是由国有银行纯技术效率的提高和股份制银行纯技术效率的回落两方面原因造成的。随着农业现代化和新型城镇化的不断发展,国家在"三农"方面推出了推动农村产权改革、促进农村土地流转、支持农业适度规模经营等重大利好政策,给农业银行的金融创新带来了机遇。从2012年开始,农业银行陆续推出了支持国家级农业龙头企业发展的"千百工程"、解决农业主体贷款难问题的土地承包经营权抵押贷款业务等,经过几年的积累,终于在2015年初现成果。

综上分析,我国商业银行在纯技术效率方面的表现比较好,总体呈上升趋势,而国有银行与股份制银行之间的差距逐年在缩小,部分银行表现波动性较大,应深化经营管理体制和业务创新能力方面的改革,并对投入产出方面稍做调整,以应对产出没有达到最优化的状况。

3. 规模效率

从表3-17可以看出,我国商业银行的规模效率连续5年整体上升,这说明随着各家银行资产规模的不断扩大,其综合利用资产的效率得到提升;但是从规模收益这一栏来看,不难发现我国大部分商业银行出现了规模收益递减状态,这说明其规模的有效利用还存在不足。

表3-17 我国商业银行2012—2016年规模效率情况

银行	2012年		2013年		2014年		2015年		2016年	
	规模效率	规模收益	规模效率	规模收益	规模效率	规模收益	规模效率	规模收益	规模效率	规模收益
工商银行	1.00	不变	1.00	不变	1.00	不变	1.00	不变	1.00	不变
建设银行	0.93	递减	0.95	递减	0.97	递减	1.00	递减	0.99	递减
农业银行	0.95	递减	1.00	递增	0.97	递减	0.98	递减	0.99	递减
中国银行	0.95	递减	1.00	递减	1.00	不变	1.00	不变	0.97	递减
交通银行	1.00	不变	1.00	递减	1.00	不变	0.99	递减	1.00	不变
光大银行	0.92	递减	1.00	不变	0.98	递减	1.00	递增	1.00	不变
华夏银行	0.96	递减	0.91	递减	0.94	递减	0.99	递减	1.00	不变
民生银行	0.91	递减	0.92	递减	0.80	递减	0.99	递减	1.00	递增
南京银行	0.99	不变	1.00	不变	1.00	不变	0.99	不变	1.00	不变
宁波银行	0.92	递减	0.89	递减	1.00	不变	1.00	不变	1.00	不变
平安银行	1.00	不变	1.00	不变	1.00	不变	1.00	不变	1.00	不变
浦发银行	1.00	不变	0.99	不变	1.00	不变	1.00	不变	1.00	不变

续表

银行	2012年		2013年		2014年		2015年		2016年	
	规模效率	规模收益	规模效率	规模收益	规模效率	规模收益	规模效率	规模收益	规模效率	规模收益
兴业银行	1.00	不变	1.00	不变	1.00	不变	1.00	不变	1.00	不变
招商银行	0.95	递减	0.90	递减	0.90	递减	0.83	递减	0.90	递减
中信银行	0.92	递减	1.00	递减	1.00	不变	1.00	不变	1.00	不变
全部	0.96		0.97		0.98		0.99		0.99	
国有	0.97		0.99		0.99		1.00		0.99	
股份	0.96		0.96		0.98		0.98		0.99	

从我国国有银行来看，2012年以来的平均规模效率不断提高，这说明近年来国有银行资产规模的扩张一定程度上为其规模效率的提高提供了可能性；但是规模收益情况与之并不匹配，从表3-17中可以看出，我国多数国有银行大部分年度都呈现规模收益递减的情况。具体来说，工商银行和交通银行能一直保持规模效率不变，从2012年起连续4~5年处在规模效率的前沿面上，其他3家银行的规模效率变动则相对较为明显，个别年度还出现小幅反复，而规模收益大多呈递减状态。这是因为国有银行近年来存在的"规模依赖"和"速度情结"，使其在资产规模扩张和业务范围扩展方面的增速都比较迅速，再加上大量垄断经济资源和行政资源的支持，使得其规模效率整体出现上升趋势，但是其机构和人员投入过多，资源没有得到充分利用所带来的低效率影响了其规模收益的改善。从我国股份制银行来看，南京银行、平安银行、浦发银行和兴业银行的规模效率表现最好，从2012年开始连续3~5年处于规模效率的前沿面上，且这些银行的规模收益都处于不变的状态。在股份制银行中，表现较差的是招商银行，其规模效率情况整体较差，且一直处在规模收益递减的状态，这大概是招商银行近年来降低了其资产规模扩张的速度所致。其余银行的规模效率情况相差不大，在观察期内仅存在小幅波动。股份制银行的规模收益大多数还是处于递减或者不变的状态，这说明在现有资源的充分利用上股份制银行有着我国银行业的通病，在未来还需要加以改进。

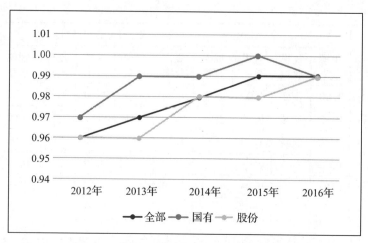

图 3-4　我国商业银行规模效率变化趋势图

从图 3-4 可以看出，在观察期内，国有银行的整体规模效率一直高于股份制银行，这说明国有银行自身资产规模的积累以及政府在经济资源和行政资源上的倾斜使得银行的规模效率得到进一步凸显，而股份制银行由于自身资产规模比较小，业务领域和经营范围也有限，规模效率增长的空间受到抑制，其规模效率上的相对劣势也变得越发明显。

通过上面对银行综合技术效率、纯技术效率和规模效率的分析，发现我国商业银行近年来在经营结构治理和业务创新上取得的成效值得肯定，综合技术效率水平在不断提高。通过对综合技术效率的分解可知，综合技术效率无效既来源于纯技术效率无效，也来源于规模无效，且纯技术效率无效的影响作用较大。因此，要想继续提高我国商业银行的竞争力还需要在纯技术效率的提高方面下功夫。

四、我国商业银行效率影响因素的 Tobit 回归分析

DEA 方法对我国商业银行效率的测度结果直观地表现了我国商业银行近年来的效率情况及变化方向，为了进一步分析效率受哪些因素的影响，还需要对效率影响因素进行研究。

（一）Tobit 模型介绍

Tobit 模型的主要特征在于因变量的取值范围是受到限制的，不可能取范围之外的数值，这恰好符合本章选取的因变量即商业银行效率取值为 0 ~ 1

的特性;另外一个主要特征在于该模型采用极大似然法进行回归,能够弥补普通最小二乘法直接进行回归时出现的参数估计有偏的不足。因此,构建的回归模型如下:

$$Y_i = \beta^T X_i + \varepsilon \tag{3.2}$$

其中,$i=1,2,3\cdots\cdots$,在本章中表示的是效率值,取值为 0~1;X_i 表示的是解释变量;β^T 是未知参数向量;ε 为随机扰动项。

(二) 影响因素的选择和模型的设定

1. 影响因素的选择

根据以往文献的研究经验和我国商业银行的现实情况,本章分别从银行自身角度和宏观经济因素两个方面来检验对综合技术效率产生影响的因素,及它们会产生何种影响。在银行自身因素选择中,重点从存贷比、不良贷款率、总资产净利率、非利息收入占比、权益比率以及产权结构入手,选择这些指标的原因是它们涉及风险、盈利、创新、资产和产权五个方面,可以比较全面地研究银行经营管理中可能遇到的问题。宏观经济因素则选择货币供应量这个指标,用来研究整个宏观外部经济环境对银行综合技术效率的影响(见表3-18)。

表 3-18 Tobit 模型自变量指标明细表

影响因素	指标	指标说明	对应变量	变量名
宏观经济指标	1. M2	M2 增长率	X_1	解释变量
	2. 存贷比	贷款总额与存款总额之比	X_2	解释变量
	3. 不良贷款率	金融机构不良贷款余额占总贷款余额的比重	X_3	解释变量
微观经济指标	4. 总资产净利率	净利润与总资产之比	X_4	解释变量
	5. 非利息收入占比	非利息收入与总收入之比	X_5	解释变量
	6. 权益比率	股东权益与资产总额之比	X_6	解释变量
	7. 产权结构	虚拟变量(国有银行为0,非国有银行为1)	X_7	解释变量

广义货币(M2)是反映货币供应量的重要指标。M2 的增长率反映了投资和中间市场的活跃程度,若 M2 增长较快,则意味着投资市场活跃,市场上的货币供应量较多,此时对银行来说良好的市场环境对促进银行经营效率的提高有积极作用。因此假设 M2 增长率与综合技术效率呈正相关关系。

存贷比用银行的贷款总额与存款总额之比表示,通常用来衡量银行的流动性风险和资金的使用效率。存贷比越高,表明银行的资金使用效率越高,但是会加大银行的流动性风险,因此假设存贷比与综合技术效率呈正相关关系。

不良贷款率用不良贷款余额占总贷款余额的比重来表示,用来衡量银行的贷款质量。不良贷款率越高,说明银行的不良贷款额在总贷款中的占比越高,这有可能加大银行的坏账损失,影响银行经营的安全性,不利于综合技术效率的提高。因此假定不良贷款率与综合技术效率存在负相关关系。

总资产净利率是衡量商业银行盈利能力的重要指标之一。假设总资产净利率与综合技术效率存在正相关关系,即总资产净利率越高,银行的综合技术效率值越大;反之,总资产净利率越低,银行的综合技术效率值就越小。

非利息收入占比是用非利息收入与总收入的比值来表示的,它能体现银行的金融创新程度。在发达国家的银行资产负债表中,非利息收入一般占据超过50%的比重,体现了银行非传统业务比较繁荣的发展状态。如果银行的业务创新能力较强,一般就表明该银行的经营效率较高。因此假设非利息收入与银行综合技术效率存在正相关关系。

权益比率是股东权益与资产总额的比值,代表了银行的长期偿债能力和资本结构。一般来说,权益比率越高,银行资产抵御风险的能力就越大。因此假定权益比率与银行综合技术效率存在正相关关系。

考虑到我国商业银行产权结构可能会对银行经营效率产生影响,因此采用虚拟变量来定义产权结构,即国有银行为0,股份制银行为1。结合前面的研究结论,假设产权结构与银行综合技术效率存在负相关关系。

2. 模型的设定

针对本章的影响因素指标,我们设计了如下模型进行 Tobit 分析:

$$Y = C + \alpha_1 X_1 + \alpha_2 X_2 + \alpha_3 X_3 + \alpha_4 X_4 + \alpha_5 X_5 + \alpha_6 X_6 + \alpha_7 X_7 + \beta \quad (3.3)$$

(三) 回归分析

1. 数据的收集及处理

我们以前文研究所得的综合技术效率值为因变量,选取 M2、存贷比、不良贷款率、总资产净利率、非利息收入占比、权益比率以及产权结构这 7 个影响因素作为自变量,进行面板回归。数据均来自 Wind 数据库。

表 3-19　2012 年样本数据明细表

银行	综合技术效率	M2 变化（%）	存贷比（%）	不良贷款率（%）	总资产净利率（%）	非利息收入占比（%）	权益比率（%）	虚拟变量
工商银行	1.000 0	14.39	64.10	0.85	1.44	22.20	6.43	0
光大银行	0.917 8	14.39	71.52	0.74	1.18	16.11	5.02	1
华夏银行	0.824 8	14.39	69.51	0.88	0.94	11.15	5.02	1
建设银行	0.918 0	14.39	66.23	0.99	1.47	23.34	6.80	0
交通银行	0.998 4	14.39	72.71	0.92	1.18	18.47	7.23	0
民生银行	0.819 9	14.39	71.88	0.76	1.38	25.17	5.25	1
南京银行	0.989 9	14.39	58.63	0.83	1.28	15.57	7.22	1
宁波银行	0.921 2	14.39	67.74	0.76	1.28	10.89	5.92	1
农业银行	0.682 8	14.39	59.22	1.33	1.16	18.98	5.67	0
平安银行	0.992 3	14.39	69.61	0.95	0.94	16.89	5.28	1
浦发银行	1.000 0	14.39	72.21	0.58	1.17	11.56	5.71	1
兴业银行	0.988 2	14.39	66.50	0.43	1.23	17.61	5.25	1
招商银行	0.948 7	14.39	71.37	0.61	1.46	22.05	5.88	1
中国银行	0.954 2	14.39	71.99	0.95	1.14	29.81	6.79	0
中信银行	0.922 2	14.39	73.74	0.74	1.08	15.60	6.86	1

表 3-20　2013 年样本数据明细表

银行	综合技术效率	M2 变化（%）	存贷比（%）	不良贷款率（%）	总资产净利率（%）	非利息收入占比（%）	权益比率（%）	虚拟变量
工商银行	1.000 0	13.59	66.60	0.94	1.44	24.80	6.76	0
光大银行	1.000 0	13.59	72.59	0.86	1.14	22.12	6.34	1
华夏银行	0.908 8	13.59	69.90	0.90	0.98	13.97	5.14	1
建设银行	0.952 5	13.59	70.28	0.99	1.46	23.41	6.99	0
交通银行	0.997 1	13.59	73.40	1.05	1.11	20.54	7.07	0
民生银行	0.800 9	13.59	73.33	0.85	1.31	28.35	6.33	1
南京银行	1.000 0	13.59	56.49	0.89	1.16	13.19	6.19	1
宁波银行	0.892 7	13.59	61.97	0.89	1.15	11.78	5.46	1
农业银行	0.735 8	13.59	61.17	1.22	1.20	18.68	5.80	0
平安银行	0.997 2	13.59	68.64	0.89	0.87	22.04	5.92	1
浦发银行	0.979 7	13.59	73.05	0.74	1.20	14.84	5.63	1
兴业银行	1.000 0	13.59	61.95	0.76	1.19	21.45	5.47	1

续表

银行	综合技术效率	M2变化(%)	存贷比(%)	不良贷款率(%)	总资产净利率(%)	非利息收入占比(%)	权益比率(%)	虚拟变量
招商银行	0.890 7	13.59	79.17	0.83	1.39	25.41	6.62	1
中国银行	0.997 5	13.59	72.52	0.96	1.18	30.41	6.93	0
中信银行	0.971 0	13.59	73.21	1.03	1.19	18.00	6.34	1

表3-21 2014年样本数据明细表

银行	综合技术效率	M2变化(%)	存贷比(%)	不良贷款率(%)	总资产净利率(%)	非利息收入占比(%)	权益比率(%)	虚拟变量
工商银行	0.995 1	11.01	68.40	1.13	1.40	25.10	7.46	0
光大银行	0.973 1	11.01	70.10	1.19	1.12	25.81	6.56	1
华夏银行	0.942 1	11.01	70.65	1.09	1.02	15.75	5.51	1
建设银行	0.954 7	11.01	73.45	1.19	1.42	23.33	7.48	0
交通银行	1.000 0	11.01	74.07	1.25	1.08	24.03	7.56	0
民生银行	0.785 0	11.01	74.48	1.17	1.23	31.99	6.17	1
南京银行	0.996 4	11.01	47.43	0.94	1.11	15.99	5.72	1
宁波银行	0.989 9	11.01	64.12	0.89	1.10	13.04	6.17	1
农业银行	0.767 4	11.01	64.61	1.54	1.18	17.46	6.46	0
平安银行	1.000 0	11.01	65.39	1.02	0.97	27.74	5.99	1
浦发银行	1.000 0	11.01	74.46	1.06	1.19	20.29	6.27	1
兴业银行	0.982 2	11.01	64.76	1.10	1.17	23.49	5.93	1
招商银行	0.808 0	11.01	76.08	1.11	1.28	32.47	6.66	1
中国银行	1.000 0	11.01	72.97	1.18	1.16	29.63	7.76	0
中信银行	1.000 0	11.01	76.78	1.30	1.05	24.00	6.46	1

表3-22 2015年样本数据明细表

银行	综合技术效率	M2变化(%)	存贷比(%)	不良贷款率(%)	总资产净利率(%)	非利息收入占比(%)	权益比率(%)	虚拟变量
工商银行	1.000 0	13.34	71.40	1.50	1.29	27.20	8.11	0
光大银行	0.991 2	13.34	73.59	1.61	1.00	28.66	7.07	1
华夏银行	0.989 6	13.34	75.29	1.52	0.98	21.69	5.86	1
建设银行	0.996 7	13.34	69.80	1.58	1.30	24.36	7.88	0
交通银行	0.976 7	13.34	74.08	1.51	0.99	25.62	7.52	0

续表

银行	综合技术效率	M2变化(%)	存贷比(%)	不良贷款率(%)	总资产净利率(%)	非利息收入占比(%)	权益比率(%)	虚拟变量
民生银行	0.788 8	13.34	74.96	1.60	1.08	38.96	6.85	1
南京银行	0.993 1	13.34	49.82	0.83	1.02	17.53	6.51	1
宁波银行	1.000 0	13.34	63.73	0.92	1.03	19.98	6.29	1
农业银行	0.848 1	13.34	65.81	2.39	1.07	18.66	6.81	0
平安银行	0.990 1	13.34	69.01	1.45	0.93	31.26	6.44	1
浦发银行	1.000 0	13.34	76.01	1.56	1.10	22.89	6.32	1
兴业银行	1.000 0	13.34	71.64	1.46	1.03	22.36	5.99	1
招商银行	0.828 8	13.34	79.07	1.68	1.13	32.13	6.61	1
中国银行	1.000 0	13.34	77.89	1.43	1.07	30.71	8.07	0
中信银行	1.000 0	13.34	79.45	1.43	0.89	28.00	6.24	1

表3-23 2016年样本数据明细表

银行	综合技术效率	M2变化(%)	存贷比(%)	不良贷款率(%)	总资产净利率(%)	非利息收入占比(%)	权益比率(%)	虚拟变量
工商银行	0.997 2	11.33	70.90	1.62	1.20	30.19	8.21	0
光大银行	1.000 0	11.33	84.65	1.60	0.84	30.57	6.25	1
华夏银行	0.987 2	11.33	81.65	1.67	0.90	23.48	6.49	1
建设银行	0.993 1	11.33	68.17	1.52	1.18	30.95	7.58	0
交通银行	1.000 0	11.33	73.98	1.52	0.86	30.17	7.53	0
民生银行	0.869 3	11.33	79.86	1.68	0.92	39.00	5.97	1
南京银行	1.000 0	11.33	50.64	0.87	0.88	20.25	5.86	1
宁波银行	1.000 0	11.33	53.68	0.91	0.98	27.85	5.69	1
农业银行	0.885 3	11.33	49.50	2.37	0.98	21.33	6.75	0
平安银行	1.000 0	11.33	75.21	1.74	0.83	29.06	6.85	1
浦发银行	0.997 9	11.33	92.03	1.89	0.97	32.76	6.37	1
兴业银行	1.000 0	11.33	77.18	1.65	0.95	28.49	5.82	1
招商银行	0.885 3	11.33	85.79	1.87	1.09	35.61	6.79	1
中国银行	0.966 7	11.33	77.08	1.46	0.94	36.72	8.19	0
中信银行	0.988 8	11.33	79.08	1.69	0.75	31.00	6.48	1

在实际操作时,为了避免数据过大影响实证结果,我们对M2、存贷比、非

利息收入占比和权益比率的数据进行了对数处理。

2. 回归结果分析

表 3-24　Tobit 回归结果表

Y	系数	标准差	Z 值	P 值
X_1	0.060	0.099	1.61	0.108
X_2	0.112	0.149	2.75	0.001
X_3	-0.032	0.052	-1.92	0.064
X_4	0.086	0.147	2.18	0.053
X_5	0.118	0.069	1.71	0.087
X_6	0.103	0.162	1.67	0.095
X_7	0.087	0.092	0.95	0.064
_cons	-0.898	0.759	2.48	0.002
/sigma_u	0.148	0.042	3.48	0
/sigma_e	0.055	0.008	6.92	0
rho	0.880	0.069		
Log likelihood = 20.390 332				
Prob > chi2 = 0.033 6				

由表 3-24 可知,回归模型总体显著,回归分析具有意义。

从 Tobit 回归结果来看,显著性 Prob > chi2 =0.033 6,对数似然估计值 Log likelihood = 20.390 332。从显著水平上可以看出,在 10% 的置信水平下,显著的变量有不良贷款率、总资产净利率、非利息收入占比、权益比率和产权结构;在 1% 的置信水平下,显著的变量有存贷比。具体分析如下:

M2 与银行的经营效率关系不显著,其系数为 0.06,说明每增加 1 元 M2,银行的经营水平提高 0.06,但是没有相关性。主要的原因可以从货币政策去理解,M2 的增长率反映的是宏观经济的运行状况,而银行综合技术效率主要反映了商业银行自身的经营管理能力,因此宏观经济因素对银行综合技术效率的影响不明显,两者不存在显著相关性。

存贷比与银行综合技术效率呈正相关关系,系数为 0.112。存贷比是用来衡量商业银行流动性风险和资金使用效率的重要指标。本章的实证结果表明,随着存贷比的增加,我国商业银行的综合技术效率能够得到提高。因此在满足监管要求的情况下,可以适当增加贷款投放量,以此改善银行的综合技术效率。

不良贷款率与我国商业银行的综合技术效率负相关,系数为 -0.032。

这验证了前文关于不良贷款率与银行效率的影响关系,即不良贷款率也是影响我国商业银行技术效率的因素之一,不良贷款率越高,综合技术效率值也就越低。我国对金融业的监管要求银行把不良贷款率控制在5%以内,上市银行都很好地达到了这一要求。为了进一步改善银行的技术效率,商业银行治理层可以在降低不良贷款率水平上做更多努力。

总资产净利率与商业银行综合技术效率呈正相关关系,系数为0.086。总资产净利率反映了银行运用全部资产所获得利润的水平,该指标越高,表明银行投入产出水平越高,经营管理越有效,综合技术效率也得以提升。

非利息收入占比对银行综合技术效率有正面影响,系数为0.118。这说明非利息收入占比越高,我国商业银行的综合技术效率便也越高。这就要求银行治理层进一步把提高商业银行业务创新能力作为接下来改革发展的重点,以期能通过中间业务的展开提升非利息收入在银行收入结构中的占比,进而提升银行的经营管理效率。

权益比率对银行的综合技术效率也产生正向影响,系数为0.103。也就是说,股东权益总额在资本总额中的占比越大,银行效率也就越高。这是因为权益比率代表了银行抵御风险的能力,在适度范围内提高我国商业银行的权益比率有助于改善我国银行的经营效率。

产权结构对银行综合技术效率起正面作用,系数为0.087。这说明产权对银行的经营效率具有一定的影响作用,国有银行受到体制的约束相对较大,不利于技术效率的提高。但我们同时也应该看到,随着银行改革的深化,产权结构对银行综合技术效率的影响越来越小。

五、结论与建议

（一）研究结论

本章主要运用了数据包络分析(DEA)方法对我国商业银行的综合技术效率、纯技术效率以及规模效率进行了测度分析,并运用Tobit模型对影响我国商业银行效率的因素进行研究,得出以下结论:

1. 效率的研究结论

2012—2016年,我国商业银行的年度综合技术效率均值较高,但是我国各商业银行之间还存在不小的差距,我国商业银行综合技术效率的增长仍不均衡。另外,从国有银行和股份制银行的分类来看,我国国有银行的综合技术效率值总体呈上升趋势,但与平均水平相比仍存在一定差距;而股份制银行的综合技术效率值总体高于银行业的平均水平,这说明股份制银行的经营管理水平在国内普遍是较为先进的,且业务创新能力较强。

我国商业银行的纯技术效率整体相对较高。从国有银行来看,工商银行、建设银行、中国银行和交通银行多年的纯技术效率值都处于前沿面上,我国国有银行的经营管理技术已经比较成熟,市场化运营机制也在稳步推进。而股份制商业银行的平均纯技术效率比国有商业银行更高,这说明我国股份制银行的经营管理水平和业务水平整体更好一些。

从规模效率上来看,我国商业银行的规模效率2012—2016年整体是上升的,这说明随着各家银行资产规模的不断扩大,其综合利用资产的效率得到提升;但是从规模收益来看,发现我国大部分商业银行出现了规模收益递减状况,这说明其规模的有效利用还存在不足。横向比较,可以看出我国国有银行的整体规模效率一直高于股份制银行,这说明国有银行自身资产规模的积累以及政府在经济资源和行政资源上的倾斜使得国有银行的规模效率得到进一步凸显。

2. 影响因素的研究结论

通过对我国商业银行效率的影响因素分析,可以发现对银行效率有显著影响的因素为不良贷款率、总资产净利率、非利息收入占比、权益比率、产权结构和存贷比。总资产净利率、非利息收入占比、权益比率、产权结构和存贷比与银行效率呈显著的正相关关系,不良贷款率与银行效率呈显著的负相关关系,而宏观经济因素与银行效率的关系则不明显。

(二)对策建议

1. 明晰产权结构,创新经营管理模式

在我国国有商业银行的发展变革中,一直存在产权结构不够清晰的问题,银行效率也较为低下。五大国有银行虽然都已完成了股份制改革,但是国家控股这一实际情况使得它们无法像其他股份制银行那样"甩开手、迈开腿"地去干。尽管国家也出台了一系列的支持政策,但无法改变国有银行体制仍旧较为僵化、缺乏内部激励机制的局面。我们可借鉴股份制银行和外国商业银行的经营理念,改善我国国有银行的内部治理结构,并且通过人才激励计划给治理层输送年轻血液,使其成为健全银行管理体制与金融产品创新的中坚力量。与此同时,还应兼顾考虑国有银行在我国金融市场上的重要地位,在创新和保障国家利益的诉求之间找到平衡。

2. 提高资产质量,提升银行安全等级

通过实证分析发现,不良贷款率的增加会降低银行的经营效率,因此应加强信贷资产风险管理,提高信贷资产的质量。第一,注重贷款风险事前、事中、事后各环节的管控,完善授信制度以及贷款的"三查"制度。第二,加强创新,增加贷款方式的多样性,扩大如抵押贷款、质押贷款以及担保贷款等种类,降低呆账、坏账发生的可能性。第三,按照个人或单位的征信水平有侧重地授予贷款,同时严格控制贷款的集中度,合理限制同一主体的贷款比重。第四,借鉴国外先进经验,对不良贷款进行资产证券化处理,拓宽商业银行处置不良贷款的渠道,提高我国商业银行的资产质量。

3. 发展中间业务,促进金融产品创新

非利息收入在总收入中的占比,代表了中间业务在一家银行的发展充分程度。非利息收入与银行的经营效率呈正相关关系,因此我们应该加大对中间业务领域的开拓。具体而言,可利用银行的技术创新来提高银行经营的技术效率,同时防范和分散相关风险。第一,应加大信息技术方面人力、财力的投入,提高硬件设施,简化服务流程,提高银行服务效率。第二,注重金融产品的研发创新,推出更多的金融衍生品和组合型的创新产品。第三,在注重技术创新的同时,加强金融风险的防范、管理和控制,为商业银行效率的进一步提高提供"防护网",进而增强我国商业银行的长期竞争力和可持续发展的能力。

4. 优化资产结构,增强风险抵御能力

商业银行是存在经营风险的金融企业,这个性质决定了抗风险能力在商业银行经营中的重要地位。充足的权益资本能够推动商业银行的正常运营,并且帮助其防范风险。这就要求我们建立与各个商业银行规模相匹配的资本补充机制,增加银行可利用的资本金,在合理范围内提高权益比率。商业银行可通过在资本市场上公开上市、增资扩股以及发行可转债等外部融资方式来增加资本金,借助资本市场的融资功能来增强自身抵抗风险的能力。

5. 控制资产规模,提高净资产收益率

我国商业银行具有总资产规模过大、营业网点密布、分支机构众多的特征,但不同银行的盈利能力各不相同,与国外银行等金融机构在盈利方面的差距更是存在已久。第一,商业银行应停止盲目扩张或者减慢扩张速度,向资产负债表上的盈利项目投入更多的关注,以防止出现过度扩张导致的成本负担过大状况,从而影响银行的盈利指标。第二,要注重金融创新,积极推进互联网金融、金融衍生品等新兴业务,在业务方面"精耕细作",提高净资产收益率。

第四章
PE 的参与对公司治理水平的影响
——基于深圳创业板上市公司的实证研究

本章以 2009—2016 年上市的创业板公司为样本,利用第一大股东持股比例、董事长兼任总经理、独立董事比例、高管薪酬(包括货币薪酬和股权激励两个方面)等指标通过主成分分析法重新构建了一个衡量公司治理水平的综合指标——公司治理指数(CGI);实证分析了 PE 的参与对被投资企业公司治理水平的影响,并进一步分析了 PE 持股时长、持股比例、是否多家 PE 机构联合投资以及机构性质四个方面的特征与公司治理水平的关系。研究发现,PE 的参与能够显著提高被投资企业的公司治理水平。进一步研究显示,PE 的持股时长、持股比例均与被投资企业的公司治理水平正相关,但当持股比例低于 5%(含 5%)时,PE 治理无效,而当持股比例高于 5% 时,PE 对公司治理具有正面效应;相比一家 PE 单独投资,多家 PE 机构联合投资更能提高上市公司治理水平;此外,相比没有外资背景的 PE,有外资背景的 PE 更能提高上市公司治理水平。基于 PE 的参与能够提高被投资企业公司治理水平的研究结论,从促进 PE 行业发展和提高被投资企业公司治理水平两个方面提出相关建议。

一、绪论

(一) 研究背景

1. PE 的定义和发展现状

私募股权投资(Private Equity,以下简称 PE)起源于 19 世纪末的美国,发展至今,已成为仅次于银行贷款和首次公开发行股票(Initial Public Offerings,

IPO)的重要融资手段。区别于公募的公开发行,PE通常以非公开发行的方式面向少数机构投资者和富有的个人募集资金,再以基金的形式对非上市企业进行权益性投资,并在交易实施过程中附带考虑退出机制,如IPO、兼并收购(Mergers and Acquisitions,M&A)或资本市场股权转让等,最终通过退出实现投资收益。并购基金(Buyout)和风险投资基金(Venture Capital,VC)是目前国外PE发展最具规模的两种形式。其中,并购基金通常出现在管理层收购(Management Buy-Outs,MBO)和管理层购入(Management Buy-In,MBI)中,一般会选择成熟企业作为投资对象,通过收购投资对象的股权从而获得其控制权,并对其进行一定程度的重组改造,再持有一段时间后出售,如凯雷、科尔伯格·克拉维斯集团(Kohlberg Kravis Roberts & Co. L. P. ,KKR)、黑石等;而风险投资基金往往选择创业型企业作为投资对象,以参股的形式对其投资,主要目的是为了帮助被投资企业发展成熟并成功上市,从而使资本增值,如红杉资本、IDG资本等。就国内而言,风险投资基金是目前我国PE最主要的类型,而著名的并购基金如新桥资本收购深圳发展银行等是由外资机构发起的。国内研究学者一般将对企业创业初期、创业后期的权益性投资分别视为VC、PE,譬如清科集团①在每年公布的股权投资年度排名中就将股权投资机构分类为VC、PE。但是结合实务,VC、PE无论是在投资金额方面,还是在选择投资的行业方面,或者是在被投资企业所处生命阶段方面,两者都界限模糊,因此依据VC、PE对股权投资机构进行分类在当前的股权投资市场意义并不大。

  PE作为一种具有高收益的新兴投资方式,近年来受到世界各国金融家和企业家的青睐,尤其是中国,PE的投资金额呈现出逐年递增的趋势,影响力不断得以提高。根据清科集团官网数据统计中心公布的PE投资事件详情,本章绘制了2009—2016年中国PE投资金额与投资数量的年度变化图。如图4-1所示,2015年我国PE投资金额为420.69亿美元,同比增长了32.43%,是2009年投资金额的7.55倍之多;2015年我国PE投资数量为1 775个,同比增长了117.79%,是2009年投资数量的6倍多,由此可见2015年我国PE投资金额和投资数量均达到了历史高峰。根据Wind资讯金融终端的数据整理统计发现,2009—2016年,创业板IPO上市的537家上市公司(除去金融、公用事业这两个行业)中,有307家公司在上市前获得了338家PE的投资。

---

  ① 清科集团是国内领先的创业投资和私募股权投资领域综合服务及投资机构,每年12月会发布中国股权投资年度排名。

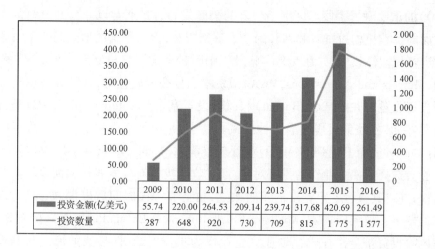

图 4-1　2009—2016 年中国 PE 投资金额与投资数量的年度变化图

2. 中小企业公司治理存在问题的现状

目前,我国中小企业的公司治理存在着一些问题。首先,中小企业的公司股权结构不合理。随着《公司法》的不断完善,中小企业的创建门槛越来越低,市场上涌现出许多个人独创或家族式企业,而这些企业容易产生股权高度集中、决策主观化的问题,甚至有些企业中存在着绝对控制权的现象。交叉持股的情况在中小企业之间也大量存在,尤其是在上市公司中,这些问题都极不利于公司治理。其次,中小企业的激励机制不够健全。徇私舞弊现象在家族企业中普遍存在,对于非家族成员只给予单一的激励,甚至没有股权激励,这样很容易挫伤非家族成员的工作积极性。此外,中小企业的决策机制也不完善。中小企业为了满足上市条件设立了股东大会和监事会,然而事实上很多股东并没有给予监事会真正的权力,监事会并未能够真正地发挥其监管作用。在股东大会、董事会等重大决策机构中拥有绝对影响力的只有中小企业的创始人和实际控制人,这将导致公司的许多重大决策带有浓厚的主观色彩,小股东的利益容易受到侵害。

3. 学术界关于 PE 的公司治理效应的研究

随着投资金额和投资数量的不断扩大,PE 在被投资企业中扮演着越来越重要的角色。由于董事会是公司治理的核心,而 PE 在投资过程中往往会倾向于成为被投资企业的董事会成员,因此可以推测 PE 在被投资企业的公司治理中起着重要的作用。然而,PE 的积极参与究竟能否给被投资企业的公司治理带来正向的促进作用,学术界对此并未形成一致的研究结论,仍然存在争议。有的学者认为 PE 的介入能够提高被投资企业的公司治理水平,进而增加企业的经营绩效;而有的学者则持相反观点,认为 PE 的唯一目的是获得投资收益,并不关心被投资企业公司治理的改善。

4. 本章的研究思路

PE 的迅速发展和上市公司治理不规范的现实状况二者形成了鲜明的对比,PE 的参与究竟能否改善公司治理不禁引起人们的怀疑。上市公司治理不规范问题引起中国资本市场出现严重的信用危机,造成投资者投资信心不足,严重影响资本市场发挥其应有作用,从而对实体经济支持不力,制约着我国高科技产业化步伐,严重阻碍了我国产业转型升级的进程。因此,深入研究 PE 的参与对公司治理水平的影响效果具有重要的理论价值和现实意义。

基于以上认识,面对学术研究的争论,以及由于上市公司治理不规范问题引起中国资本市场出现严重的信用危机的现实背景,本章拟以 2009—2016 年在深圳创业板上市的公司为研究对象,通过建立多元回归模型,实证检验 PE 的参与对公司治理水平的影响效果,并且深入地探讨具备不同特征的 PE 如何具体影响公司治理水平,最后基于研究结论给出相应的政策建议。

(二) 研究目的与意义

1. 研究目的

本章的主要研究目的有三个:一是针对学术界关于 PE 的参与对上市公司治理是否起到正向促进作用的争论,本章选取创业板上市公司为研究对象,通过设置有无 PE 参与的虚拟变量,建立多元回归模型以进行实证分析,检验 PE 对于被投资企业来说到底是消极股东还是"用手投票"的积极股东,为相关学术研究贡献自己的一分力量。二是针对 PE 的迅速发展和获得大量 PE 投资的创业板上市公司治理不规范二者形成强烈对比的现状,通过建立模型实证分析的方法,分析实证结果,并结合现状,给出相关的建议。三是通过进一步研究 PE 持股时长、持股比例、联合投资、机构性质这四个方面对被投资企业的公司治理的影响情况,根据模型回归的变量系数,具体分析具备不同特征的 PE 对被投资企业公司治理水平的影响情况,并给出相关的建议。

2. 研究的理论意义与现实意义

(1) 研究的理论意义。从理论意义来讲,首先,学术界对 PE 参与公司治理的效果存在争议,有些学者认为 PE 凭借其专业的管理经验和丰富的社会资源,通过影响股权结构、董事会结构以及管理者行为等多个途径,提高了被投资公司的治理水平;但也有学者认为由于许多公司只是象征性地设立独立董事制度，因此 PE 通过委派独立董事的方式并不能真正意义上参与企业的经营决策，也就不能有效地参与公司治理。本章通过选取 2009—2016 年在创业板上市的 537 家公司作为全样本，设置有无 PE 参与的虚拟变量，建立多元回归模型，实证检验 PE 在被投资企业的公司治理中能否起到重要的作用。研究结果表明，PE 的参与具有正向公司治理效应，支持了相关学者认为 PE 是"用手投票"的积极股东的观点。

其次，以往关于 PE 的参与对公司治理效应的研究，往往仅考虑了一个方面，如高管薪酬契约、盈余管理、现金分红、派驻董事的监督机制等，没有综合考虑公司的整体治理情况，对此本章进行了改善，选取多个反映公司治理水平的指标通过主成分分析法构建一个综合指标——公司治理指数（Corporate Governance Index, CGI），具有一定的理论意义。

此外，已有文献大部分仅仅分析了有无 PE 参与对被投资企业治理水平的影响，本章在此基础上，还选取了有 PE 参与的上市公司作为研究样本，进一步分析了 PE 持股时长、持股比例、联合投资、机构性质这四个方面对被投资企业的公司治理的影响情况，并且对 PE 持股比例以 5%[①]为临界点进行对比分析，为丰富 PE 公司治理领域的文献贡献绵薄之力。

（2）研究的现实意义。从现实意义来讲，本章研究的结论是 PE 具有正向的公司治理效应，即 PE 的参与能提高被投资企业的公司治理水平，且持股时长的增加、持股比例的增大、多家 PE 联合投资以及引入具有外资背景的 PE 机构，均能更好地提高被投资企业的公司治理水平。研究发现，当 PE 持股比例低于 5%（含 5%）时，PE 对被投资企业的公司治理无效；而当持股比例高于 5% 时，即 PE 成为被投资企业的主要股东时，PE 持股比例与公司治理水平正相关。研究结论具有很强的现实意义，无论是对投资主体 PE 机构，还

---

① 我国《公司法》第一百零三条规定："单独或者合计持有公司百分之三以上股份的股东，可以在股东大会召开十日前提出临时提案并书面提交董事会；董事会应当在收到提案后二日内通知其他股东，并将该临时提案提交股东大会审议。临时提案的内容应当属于股东大会职权范围，并有明确议题和具体决议的事项。"我国《证券法》第八十六条规定："通过证券交易所的证券交易，投资者持有或者通过协议、其他安排与他人共同持有一个上市公司已发行的股份达到百分之五时，应当在该事实发生之日起三日内，向国务院证券监督管理机构、证券交易所作出书面报告，通知该上市公司，并予公告；在上述期限内，不得再行买卖该上市公司的股票。"由此可知，持股 3% 以上的股东拥有提案权，可对上市公司提供一些合理化建议；持股 5% 以上的股东拥有举牌权，是上市公司的重要股东，有权要求上市公司进行信息披露。因此，本章取 5% 作为临界点，对 PE 持股 5% 以下（含 5%）和持股 5% 以上进行对比分析。之所以未考虑 3% 的临界点，是由于本章的研究样本是 2009—2016 年在创业板上市的公司，全样本 537 家上市公司中，只有 9 家 PE 持股比例介于 3%～5%，样本量太少，对比分析没有意义。

是对接受投资的企业,甚至是对相关的监管机构,都具有重要的参考价值和指导意义。

对于 PE 机构来说,其一,通过增大持股比例可以增大在被投资企业中的话语权,持股 5% 以上便可成为被投资企业的主要股东;其二,通过增加持股时间可以更多地了解被投资企业的经营业务以及与公司管理层沟通交流;其三,通过与其他 PE 机构联合投资,能够给企业带来更多的资源,并且 PE 机构之间也能相互监督,以此来改善被投资企业的公司治理水平,实现企业价值最大化和 PE 自身投资收益最大化的"双赢"。此外,本章研究还发现,相比无外资背景的 PE,有外资背景的 PE 更能提高被投资企业的治理水平,因此应加强我国 PE 自身团队的建设,本土 PE 可向外资 PE 学习其投资管理经验。

对于被投资企业来说,公司管理层可以根据公司情况适时、适度地引入 PE 机构,改善公司股权结构,向 PE 学习管理经验,缓和公司的委托代理矛盾,进而建立起更加有效的治理结构。

对于相关的监管机构来说,结合本章的研究结论,监管机构应加强相关的制度建设,对 PE 投资运作的各个环节提出规范要求,促进 PE 更好地服务于融资企业,进而提高我国上市公司整体的治理水平。

(三)相关概念

了解了研究背景与意义之后,为了提出本章的研究思路与方法,首先对私募股权投资、公司治理等相关概念做一个简要的介绍,明确本章的具体研究对象,从而有利于具体研究思路的展开。

1. 私募股权投资

欧洲私募股权和创业资本协会(European Venture Capital Association, EVCA)把私募股权投资定义为投资于企业早期和扩展期的专业股权投资。其中,早期是指企业的种子期和初创期,扩展期则是指企业的成长期,具体的生命周期特征如图 4-2 所示。

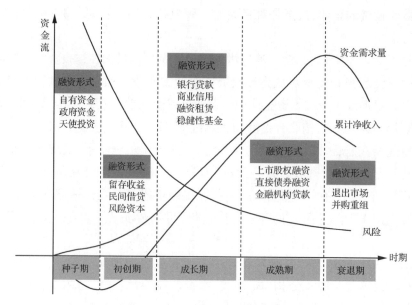

图 4-2　企业不同生命周期的特征

目前国内外对 PE 的含义界定有广义和狭义之分。广义的 PE 涵盖企业 IPO 前后各阶段的权益投资,既包括 IPO 前的创业投资、Pre-IPO 投资,又包括 IPO 后的私人股权投资已上市公司股份(Private Investment in Public Equity,PIPE)投资。狭义的 PE 是指对创业后期的投资,其中并购基金和夹层资本拥有最大资金规模。在中国 PE 主要是指后者。

本章研究的 PE 属于狭义层面,在企业上市前进入并通过企业 IPO 退出。这主要是因为根据 Wind 中国 PE/VC 库公布的数据,如表 4-1 所示,2009—2016 年 IPO 退出占整个 PE 退出事件的比例为56.32%,而 M&A、股权转让、清算和 MBO 这四种退出方式分别为 23.25%、19.85%、0.08% 和 0.50%,由此可见,PE 通过企业 IPO 获得退出是私募股权投资机构目前投资企业最主要的退出方式。

表 4-1　2009—2016 年 PE 各种退出方式占比情况

年份	IPO		M&A		股权转让		清算		MBO		合计	
	个数	占比(%)	个数	占比(%)	个数	占比(%)	个数	占比(%)	个数	占比(%)	个数	占比(%)
2009	98	63.22	21	13.55	36	23.23	—	—	—	—	155	100.00
2010	348	86.78	13	3.24	40	9.98	—	—	—	—	401	100.00
2011	281	78.71	32	8.96	43	12.04	—	—	1	0.28	357	100.00

续表

年份	IPO		M&A		股权转让		清算		MBO		合计	
	个数	占比(%)	个数	占比(%)	个数	占比(%)	个数	占比(%)	个数	占比(%)	个数	占比(%)
2012	155	69.82	23	10.36	40	18.02	1	0.45	3	1.35	222	100.00
2013	2	1.77	52	46.02	54	47.79	1	0.88	4	3.54	113	100.00
2014	124	32.38	151	39.43	104	27.15	–	–	4	1.04	383	100.00
2015	223	43.81	149	29.27	136	26.72	–	–	1	0.20	509	100.00
2016	227	50.56	161	35.86	61	13.59	–	–	–	–	449	100.00
总计	1 458	56.32	602	23.25	514	19.85	2	0.08	13	0.50	2 589	100.00

资料来源：根据 Wind 中国 PE/VC 库公布的数据整理编制。

2. 公司治理

公司治理又名公司管治、企业管治，是一套程序、惯例、政策、法律及机构，影响着如何管理及控制公司。

公司治理也有广义和狭义之分。狭义的公司治理属于内部治理，通过制度安排明确股东和经营者的权责关系，防止两者利益相悖，以实现股东利益最大化的治理目标。广义的公司治理既包括内部治理又包括外部治理，目的是协调公司与所有利益相关者（包括股东、债权人、职工、潜在的投资者等）之间的利益关系，保证公司做出科学有效的决策。

本章研究的公司治理指的是广义层面，考虑到外部投资机构 PE 的参与，会涉及外部治理，所以从广义的角度来研究更加合理。具体变量衡量方面，本章主要通过选择代表公司治理多个方面的指标，利用主成分分析法筛选出合适的因子，构建一个综合衡量指标——公司治理指数。

（四）研究思路与方法

为了保证研究的顺利展开，本章采用了文献阅读、理论分析和实证分析等多种研究方法。

1. 研究思路

近年来 PE 得到了迅速发展，无论是投资金额还是投资数量，都呈现出爆发式增长态势，2015 年更是达到了历史高峰。有研究表明，PE 通过改善公司股权结构、引进外部董事等方式改善了被投资企业的公司治理水平，然而国内上市公司尤其是中小企业的治理水平并不高，存在着股权高度集中、决策主观化、激励机制不健全等问题。PE 的快速发展与并不理想的上市公司治理状况形成强烈对比,PE 的参与究竟能否改善公司治理不禁引起了人们的怀疑。基于此,本章拟以中国深圳创业板上市公司为研究对象,分析 PE 的参与是否能提高被投资企业的公司治理水平以及具备不同特征的 PE 具体又是如何影响公司治理水平的。

2. 研究方法

本章在研究过程中,先是进行文献阅读综述,然后进行理论分析与实证分析,分别从定性、定量的角度对相关问题进行深入分析。

(1) 文献阅读。通过检索涵盖 PE、公司治理、实证等关键词的核心期刊文献并加以阅读理解,分别从国内外两个角度分析梳理,并进行文献评述,从而探究本研究可能出现的创新点。

(2) 理论分析。基于公司治理的相关理论,对 PE 参与被投资企业公司治理的动因进行分析,并对具有不同特征(具体包括持股比例、持股时长、是否多家 PE 联合投资、是否具备外资背景)的 PE 对公司治理水平的影响效果做出理论分析与预测。

(3) 实证分析。本章主要以 2009—2016 年创业板上市公司为研究对象,利用 SPSS 软件进行主成分分析并构建衡量上市公司整体治理水平的综合指标——公司治理指数(CGI),关于上市公司和 PE 的数据主要来源于 Wind 数据库和国泰安 CSMAR 数据库。在回归分析前,先利用 SPSS 软件对变量进行描述性统计分析以及对有无 PE 参与两组变量的均值进行 T 检验。之后利用 Stata 软件对本章设计的两个模型进行多元回归,根据回归结果来判断 PE 的参与是否真正能够提高被投资企业的公司治理水平以及具备不同特征的 PE 是如何影响被投资企业的公司治理水平的,以检验本章提出的五个假设,得出研究结论。最后,为了增强研究的说服力,本章还通过变量替换的方法对两个模型分别进行了稳健性检验,变量替换后的实证结果与变量替换前的结果基本一致,保证了研究结论的可靠性。

二、文献综述

(一) 国内外研究现状

在对 PE 的参与对公司治理水平的影响的研究分析之前,首先对国内外关于这方面的研究进行具体分析和归纳总结,然后在此基础上提出本章研究的切入点和创新点。

1. 国外关于PE与公司治理水平的研究

Timmons和Bygrave(1986)通过对美国获得风险投资(简称风投)支持的企业进行研究,发现风投能显著改善企业的公司治理。大部分机构投资者在董事会中没有席位,而风投机构却偏向于成为企业董事会的重要一员,从而能够参与企业的公司治理。Timmons(1987)认为大部分风险投资基金对参与企业管理与运作拥有较强烈的兴趣,即使是在企业成功上市之后亦如此。风险投资基金希望提升其在董事会中的地位和作用,能够在企业重大事务决策上拥有话语权,并与企业家共同制定企业的发展战略。Mitchell等(1995)对英国20多家风投机构调查后发现,风投机构非常关注企业的财务状况和审计工作,企业财务制度若不完善,风投机构会停止对企业的资金支持;此外,风投机构还会亲自为企业挑选合适的审计机构以实现对其监督。Barry等(1990)和Lerner(1995)研究发现,风投机构偏向于成为企业董事会的一员,持续关注企业的财务信息,实现对其管理与运作的监督。Kaplan和Stormberg(2001)在研究美国风险投资案例的过程中发现,25.4%的风险投资基金在被投资企业的董事会中拥有大多数席位。Baker和Gompers(2003)以美国的上市公司为样本进行实证分析,结果表明,在获得风险投资支持的公司中,独立董事在董事会中的占比远超内部董事的占比,并且公司内部CEO与外部投资者之间通过博弈以确定公司的董事会结构。Suchard(2009)基于澳大利亚资本市场,研究发现风险资本能够通过董事会积极参与被投资企业的公司治理。Katz(2009)和Givoly等(2010)通过对比有无PE支持的公司,发现PE的参与能提高企业的会计稳健性,进而改善公司治理。

2. 国内关于PE与公司治理水平的研究

我国的PE最早起源于20世纪80年代末,最开始的形式是政府主导的风险投资基金,主要用于为高科技企业提供资金支持。王信(1999)、谈毅和叶岑(2001)认为,风险投资具有独特的契约安排,有动力参与企业的治理,研究发现风投确实能影响公司治理。齐绍洲和罗威(2004)分析了风投参与公司治理的动因与方式,认为风投在给企业带来资金的同时,还通过积极参与企业的公司治理提升了风险企业的价值。龙勇等(2010)认为风险投资的投后管理能够改善企业的治理结构,具体是指通过项目监控和增值服务影响企业的董事会、股权结构和激励约束,进而促进企业的持续快速发展以及提高企业的技术创新能力。

国内关于PE的研究是在中小企业板与创业板推出后才陆续展开的,这是由于在此之前国内 PE 投资的项目大多是在海外上市后退出的。然而,国内对 PE 参与公司治理的研究结果与国外有较大差异,且没有形成统一的研究结论。刘国丰(2009)以 2007 年年底之前在中小板上市的 387 家公司为研究对象,选取了高管薪酬分布、独立董事占比及其出席董事会次数来衡量上市公司的治理水平,研究发现风投与公司治理水平没有显著关系。靳明和王娟(2010)利用 2008 年年底前在中小板上市的 272 家公司的相关数据,选取了股权集中度、董事长兼任总经理、独立董事比例等指标来衡量公司治理水平,利用对比分析法,对有无风险投资支持的企业进行了对比分析,研究发现风险投资的介入仅能影响到企业的股权结构,对企业的其他治理结构没有太大影响。刘凤元(2012)利用 2009 年 10 月至 2011 年 6 月 207 家创业板上市公司的相关数据,在 Suchard 的研究基础上加入了关于监事会的指标,对风险资本持股比例分别与董事会规模、监事会规模和独立董事占比等指标进行回归分析,研究发现风险资本并不能显著影响企业的董事会结构,相比拥有公司大部分股份的家族企业,风险资本在董事会中的影响力相对有限。刘懿增(2012)采用 2008 年至 2011 年创业板上市公司的数据,研究发现,有私募股权投资基金参与的公司治理水平更高;进一步的研究发现,有私募股权投资基金参与的公司价值也更高。王会娟(2012)以 2006 年至 2010 年 A 股 IPO 的上市公司为研究对象,从公司治理的角度研究分析了 PE 对企业高管薪酬契约的影响,研究发现相比没有 PE 参与的上市公司,有 PE 参与的上市公司其高管薪酬业绩敏感性更高,也就是说 PE 的参与能够提高企业的公司治理水平。贺玮(2015)以 2009 年至 2015 年在创业板上市的 355 家公司为研究对象,利用上市首日的数据研究了 PE 与创业板上市公司治理行为两者之间的关系,研究发现,有无 PE 投资以及 PE 持股比例并不能显著影响创业板上市公司独立董事占比,但与股权集中度存在着显著的反向关系。李九斤、王福胜等(2015)以社会网络为基础,系统地分析了 PE 影响被投资企业公司治理水平的路径,最后提出了优化股权结构、规范激励制度以及完善决策机制等政策建议。冯慧群(2016)选取了 2009 年至 2012 年中小板和创业板的上市公司数据,研究发现,有 PE 参与的上市公司治理水平和投资者保护水平普遍高于没有 PE 参与的上市公司,得出了 PE 具有公司治理效应的研究结论;进一步的研究发现,非国有企业和制度环境较好的地区,PE 治理较显著,而国有企业和制度环境较差的地区,PE 治理不显著,得出了 PE 治理具有情境效应的研究结论。

3. 文献评述

首先,国外学者大都侧重于以董事会的独立性来衡量公司治理水平。2000年5月,科恩-费瑞国际公司发布研究报告称,在独立董事制度的发源地——美国,1 000强公司中独立董事的比例高达81.1%,远远高于国内企业,因此独立董事在国内是否真正起到应有的作用存在争议。简新华(2006)、姚伟峰(2011)研究发现,国内尚不完善的独立董事制度并没有能够明显地提高企业效率。因此,不能仅以董事会的独立性来衡量公司治理水平。对此,国内学者做了改进,如加入高管薪酬、董事会规模等指标,然而得出了与国外学者不一样的研究结论,认为国内PE影响力有限。

其次,学术界关于PE的参与能否显著提高被投资企业的公司治理水平尚未形成一致的结论,仍存在争议。一方面,有的学者研究发现,PE的参与能够改善被投资企业的部分治理状况,如PE的参与能够改善被投资企业的股权结构,降低股权集中度,但对于董事会的影响力相对有限,总体来说,PE的公司治理效应不够显著;另一方面,有的学者认为PE基于自身独特的组织结构和契约安排,有足够的动力去参与企业治理,通过项目监控和增值服务这两种投后管理的形式来影响公司治理中的董事会、股权结构和激励约束等方面。

此外,国内外的相关研究主要集中在PE的参与能否提高被投资企业的公司治理水平方面,虽然近几年个别学者进一步研究了PE是否国有的背景,但鲜有将PE持股时长、PE持股比例以及PE是否联合投资等特征因素考虑其中,具体研究分析具备不同特征的PE是如何影响被投资企业公司治理水平的。

基于上述文献研究的各类特征与不足,本章拟以2009—2016年创业板上市公司为研究对象,通过选择多个衡量公司治理水平的指标,利用主成分分析法构建一个衡量公司治理水平的综合指标——公司治理指数(CGI),通过多元回归模型验证PE的参与能否提高被投资企业的公司治理水平,并在此基础上,进一步研究具备不同特征的PE如何影响被投资企业的公司治理水平。

(二)可能的创新与不足

通过大量的文献检索阅读和对各类文献的归纳总结,本章分析梳理了国内外关于PE与公司治理水平的研究。在此基础上,提出研究的创新点,并指出研究的不足。

1. 可能的创新

（1）公司治理水平的衡量指标——公司治理指数的构建方面。国外学者大都侧重于以董事会的独立性来衡量公司治理水平。国内学者虽然通过加入高管薪酬、董事会规模等指标进行改进，但得出了与国外学者不一样的研究结论，认为国内私募股权投资机构对被投资企业的公司治理水平影响能力有限。本研究对此主要做了两个方面的改进：第一方面，指标的选取更加全面合理，选取了股权结构、董事会结构、高管薪酬和公司性质这4个层面的12个成分指标；第二方面，公司治理指数的构建方法更加科学有效，有别于传统的主成分分析法，直接取第一大主成分作为公司治理指数，本研究为了保留更多的指标信息，降维之后依据特征根大于1的原则，取若干主成分构建综合评价函数。

（2）不同特征下的PE对公司治理水平影响的研究。目前国内外的相关研究主要集中在PE的参与能否提高被投资企业的公司治理水平方面，鲜有文献将PE的特征因素也考虑其中。本章在研究PE的参与对公司治理水平影响的基础之上，进一步引入具有不同背景、不同持股时长、在被投资企业中具有不同持股比例以及有无多家PE机构联合投资这4个指标，深入研究了具有不同特征的PE机构对公司治理水平的影响。其中，关于PE持股比例，考虑到《公司法》《证券法》规定持有5%以上的投资者是上市公司的重要股东，具有举牌权，是上市公司内幕交易的知情者，对上市公司有重要的影响，以及根据与创业板上市公司高管沟通交流了解到，持股比例低于5%的股东对公司治理影响有限的现实情况，本研究创新性地以PE持股比例5%为临界点，对持股5%以下（含5%）和持股5%以上的两组样本进行对比分析，实现了相关研究的突破。

（3）数据更新方面。本研究选取了2009—2016年的创业板上市公司数据，研究的结论更具时效性。

2. 研究的不足

本章基于深圳创业板上市公司的一些资料数据展开研究，而PE的投资对象不仅仅涵盖创业板，还包括主板与中小板，仅选择资本市场的创业板上市公司为研究对象，可能并不能全面地反映PE对上市公司治理水平的影响情况。

根据《公司法》《证券法》规定，持股比例高于3%的股东具有提案权，高于5%的股东是公司的重要股东，具有举牌权，本研究在对不同持股比例进行分段对比分析时，可以取3%、5%两个分界点，但由于本研究的537家研究样本中，

PE 持股比例低于 5% 的上市公司仅有 9 家,样本量太小,无法进行回归分析,故仅取 5% 作为临界点。如若研究整个 A 股上市公司,获得更多的样本量,则可以更细致地取 3%、5% 两个临界点,从而能得出更加精确的研究结论。

另外,如要深入地研究 PE 的参与对公司治理水平的影响,控制变量的选取方面还可以多引入其他指标,如引入上市公司是否具有母公司这一指标,理论上,上市公司会因为母公司对资源的控制而失去部分独立性,公司治理状况会受到母公司的影响。

三、理论分析与研究假设

(一) 理论分析

与公司治理有关的理论很多,本章主要阐述具有代表性的四个,并在此基础上分析 PE 参与公司治理的动因,为研究假设的提出做好铺垫。

1. 公司治理的相关理论

公司治理结构的概念由贝利和米恩斯提出,之后学者们从不同角度对其展开研究。代表理论有超产权理论、两权分离理论、委托代理理论和利益相关者理论。

(1) 超产权理论。超产权理论兴起于 20 世纪 90 年代,由产权理论演绎而来。该理论认为,变动产权只是企业改变自身治理机制的一种手段,引入竞争才是企业完善自身治理机制的基本动力。英国经济学家马丁、帕克,澳大利亚经济学教授泰腾朗通过实证研究,均得出了企业产权改革后的平均效益与市场结构有关的结论,认为企业效益在竞争比较充分的市场上能够显著提高,而在垄断市场上并未明显提高。因此,他们建议,企业想要实现改善自身治理结构的目的,不能仅仅靠实施产权改革等措施,还要积极地引入竞争机制。受到剩余控制权收益激励的经营者对其控制权的重视程度随着控制权收益的增加而提高,并且这种控制权收益的激励效用与市场竞争程度正相关。

(2) 两权分离理论。两权分离理论伴随着股份公司的产生而产生,两权指的是公司的所有权与控制权。该理论的代表人物有贝利、米恩斯等。贝利和米恩斯通过对美国 200 家大公司的研究发现,这些大公司大部分不是由大股东所控制,而是由并没有持有公司股权的高管人员所控制。这样的研究结论表明,现代公司出现了"所有权与控制权分离"的现象,职业经理人实际上真正地控制着公司,这些经理人不但拥有专门的管理知识,而且垄断了专门的经营信息。

（3）委托代理理论。所有权与控制权的分离会直接导致所有者难以有效监督经营者，这也是委托代理理论所要解决的核心问题，即如何保证经营者不会滥用经营决策权，而是围绕所有者利益最大化做出经营决策。委托代理理论认为，两权分离下，所有者和经营者存在着利益不一致、风险不对等及信息不对称的问题。相比所有者，经营者由于负责公司的日常经营故而会对公司的经营状况和财务状况更加了解。拥有绝对信息优势的经营者可能会为了谋取私利，损害所有者和公司利益，诱发代理风险。而引入公司治理机制能激励监督经营者，从而尽量规避这一风险。因此，解决代理风险问题是公司治理结构的核心。

（4）利益相关者理论。利益相关者包括与公司产生利益关系、相互影响的所有自然人与法人机构，如股东、债权人、员工、供应商等。该理论认为，企业应以所有利益相关者利益最大化为目标，而非仅考虑股东利益，这是一个经济组织存在的价值所在。因此，为了保证公司治理结构的有效性，企业应为所有利益相关者提供与其利益关联度相匹配的权利与义务。

2. PE参与公司治理的动因分析

现代企业出现了所有权与经营权两权分离的现象，这一现象带来的最直接问题就是委托代理问题，而公司治理机制的核心就是解决这一问题。在我国的资本市场上，存在两类代理问题，一类是控股股东和中小股东之间的代理问题，另一类是股东和管理层之间的代理问题。PE持有被投资公司的股份后，一方面，由于控制权掌握在控股股东手中，PE存在着权利被剥夺的可能性；另一方面，由于管理层具有明显的信息优势，可能会因为谋取私利而产生损害PE利益的行为。PE最主要的目的就是希望通过被投资企业增值来获得投资回报，所以PE存在着参与被投资公司管理决策的动机，以保证投资收益的最大化。已有文献表明，PE持有公司股份后，愿意充当"积极股东"的角色，监督管理层和控股股东的行为，抑制他们的道德风险和逆向选择，从而提高公司的治理水平。

PE之所以愿意且能够参与被投资企业的公司治理活动，主要有三方面的原因。

第一方面，PE的投资规模。Smith（1996）认为，持股量较大的机构投资者和大股东在退出公司时往往会造成股市的波动，所以其希望采取措施抑制公司内部人员的投机行为，利用《公司法》赋予的股东权利"用手投票"。而

PE 正是机构投资者和大股东的一种,因此其有强烈的动机去监督控股股东和管理层的行为,以"积极股东"的身份参与公司治理。

第二方面,PE 的专业性。PE 机构一般拥有财务、法律、管理等多方面的人才,能利用自身的专业知识评估分析被投资企业的生产、经营和销售的全流程。拥有专业资源的 PE 管理人能够有效地监督控股股东和管理层的行为,防止他们的投机行为,进而提高公司的治理水平。

第三方面,PE 的投资模式。《公司法》对 PE 的成长型投资或 PIPE 投资设定了一年或三年的锁定期,即在锁定期内,PE 不能在二级市场上交易其持有的公司股份,无法像其他机构投资者和大股东一样通过"退出"来保护自己。因此,PE 只能投入监督成本,防止出现代理问题导致投资额的损失。并且在锁定期结束后,PE 仍会倾向于积极参与公司治理,形成了监督惯性。

基于上述三个方面的分析,不难发现,PE 具有"积极股东"的特性,有动力对被投资企业投入监督成本,并且有能力主动参与被投资企业的公司治理活动。

(二) 研究假设

基于前文的理论分析,我们提出以下五个研究假设。

1. PE 的参与能够提高被投资企业的公司治理水平

我国的资本市场竞争机制尚不健全,许多公司的治理结构不够完善,而 PE 凭借自身独特的专业优势能够对公司治理产生重要影响。PE 注资企业后,不仅能帮助中小企业突破融资窘境,还专注于价值投资,以长远发展的战略眼光向企业管理层推广长期价值创造的理念,以期有效改善企业的管理水平,增强企业的竞争力,从而提升企业的公司治理水平。借鉴龙勇、李梦倩等的分析,PE 可能会从以下三个方面来影响被投资企业的公司治理水平,具体影响路径如图 4-3 所示。

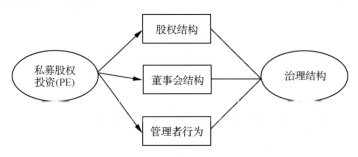

图 4-3　PE 参与公司治理的主要途径

第一个方面是股权结构。引入PE后,公司的股权结构能够介于股权高度集中和股权过于分散之间。一方面,PE作为相对控股股东进入公司,有利于公司摆脱"一股独大"的局面,形成股权制衡机制;另一方面,股权过度分散容易带来投资方向选择诱发风险损失的问题,而PE的相对控股能避免这种问题。PE大多以有限合伙制基金的形式参股公司,附带权益性质的结构使得基金的管理者[一般由普通合伙人(General Partner,GP)担任]和投资者[一般合伙人(Limited Partner,LP)]目标一致,激励基金管理者愿意付出监督成本来积极参与公司治理。

第二个方面是董事会结构。基于委托代理理论和两权分离理论,董事会代表股东监督管理者以实现股东利益最大化。引入外部董事,能够有效地提高董事会的独立性和监督效率。PE凭借自身丰富的社会资源和专业的知识经验,聘请具备企业管理背景的专业人士作为外部董事来加强公司治理。外部董事在董事会中应具有一票否决权,能参与公司的重大决策以形成在董事会的话语权与监督力。PE通过帮助企业引入外部董事的方式,间接参与企业的重大决策,如投资决策、战略制定以及管理层的聘用等。因此,由PE主导董事会有助于完善被投资企业的内部治理结构。

第三个方面是管理者行为。为了约束被投资企业的管理层,PE通常会要求管理层与其签订雇佣条款和股份调整协议(如对赌协议,期权的一种形式,PE与管理层对未来数年内被投资企业的各项经营指标事先协商敲定)。管理层基于自身利益可能会投资于净现值(Net Present Value,NPV)为负的高风险项目,但在事先签订的对赌协议中则添加了解雇、撤换管理层或者回购管理层所持股份的条款,以此来约束管理层的道德风险和逆向选择,使其自身利益与公司利益一致,从而缓和了委托代理矛盾。

综上,PE能够通过改善公司股权结构、改善公司董事会结构以及监督管理者行为三个方面来参与公司治理,缓和被投资企业的委托代理矛盾。

基于前文关于PE参与公司治理的动因分析以及PE影响公司治理结构的路径分析,可以认为PE有动力、有能力并且拥有合适的途径来影响公司治理水平,因此本研究提出假设一:

相比没有PE的参与,有PE的参与更能提高上市公司的治理水平。

2. PE的持股时长与被投资企业的公司治理水平正相关

为了更深入地研究PE对公司治理水平的影响,本研究将PE的不同特征因素也考虑其中。从投资时间来看,我国学者王会娟等研究发现,PE对被投资企业经营管理活动的参与度一定程度上能够通过 PE 的投资时长来反映,投资时间越长,PE 参与被投资企业的管理活动程度越深。PE 的持股时间越长,表明 PE 越早进入被投资企业,能更好地了解公司的经营业务,更深层次地与管理层沟通交流,能有更多的机会向被投资企业传递自身的公司治理理念,从而更好地参与公司治理。因此本研究提出假设二:

相比持股时长较短的 PE,持股时长较长的 PE 更能提高上市公司治理水平。

3. PE 的持股比例与被投资企业的公司治理水平正相关,且持股 5% 以下(包括 5%)的 PE 对公司治理无效,持股 5% 以上的 PE 对公司治理具有正面效应

从持股比例来看,PE 的持股比例在一定程度上能够反映其对被投资企业经营管理活动的参与度,持股比例越大,PE 参与被投资企业管理活动的程度就越深。持股比例的高低决定着 PE 在被投资企业中话语权的大小。一般来说,PE 的持股比例越高,话语权越大,而且出于自身利益考虑,PE 也更有动力去关心被投资企业的公司治理状况,干预被投资企业的经营和管理活动,通过提供更多的增值服务,以期改善公司整体的治理水平,提高公司价值,从而获得更大的投资回报,以较高的投资收益退出。另外,根据《证券法》规定,持股 5% 以上的股东是上市公司的重要股东,具有举牌权,本研究推测 PE 持股比例高于 5% 时,能有效地参与公司治理,而当 PE 持股比例低于 5%(含 5%)时,PE 对上市公司的影响有限甚至无效。因此本研究提出假设三:

相比持股比例较低的 PE,持股比例较高的 PE 更能提高上市公司治理水平;并且,当 PE 持股比例高于 5% 时,PE 才能对公司治理起到正面效应,而当 PE 持股比例低于 5% 时,PE 对公司治理无效。

4. 相比单个 PE 的参与,PE 的联合投资更能提高被投资企业的公司治理水平

关于 PE 联合投资策略对提高被投资企业公司治理水平是否起到促进作用,已有学术研究对此存在争议。有的学者认为联合投资策略中,多家 PE 相互监督,共同激励管理层,能对公司治理产生更大的影响;但有的学者认为多家 PE 联合投资会导致决策效率的降低,无论是 PE 内部的决策还是企业整体的决策都将会变得更复杂,增加了沟通成本和协调成本,进而降低了公司治理效率。本研究认为,PE 的联合投资对公司治理具有正向的促进作用。首先,多家 PE 联合投资能更有效地分散股权高度集中企业的股权,改善其股权

结构。其次,多家PE的联合投资能够给被投资企业带来更加丰富的社会资源和专业知识,为企业引进更优质的外部董事,从而改善被投资企业的董事会结构。另外,多家PE的联合投资在给企业带来更多的价值信息之余,还能带来更多的企业管理技巧。因此本研究提出假设四：

相比单个PE的参与,PE的联合投资更能提高上市公司治理水平。

5. 相比没有外资背景PE的参与,有外资背景PE的参与更能提高被投资企业的公司治理水平

从PE机构的背景来看,学术界关于本土PE与外资PE在改善被投资企业公司治理水平方面是否有显著差异的研究较少,并且没有一致的研究结论。有研究认为,文化差异的存在可能会导致外资PE在投资国内企业时,与被投资企业存在沟通障碍,进而影响其发挥协同作用。但也有研究者如朱建飞、王广凯等指出,外资PE凭借其丰富的投资经验,能够实现本土化投资,避免文化差异。本研究认为,外资PE具有丰富的投资经验,其发展成熟度远比本土PE高,故而在组织形式、投资策略以及给企业带来增值服务等方面都具有明显的优势。外资PE不但能够灵活、规范地筛选投资项目,而且能帮助被投资企业设计制定有效的激励机制和监管制度,从而完善被投资企业的公司治理结构。因此本研究提出假设五：

相比没有外资背景PE的参与,有外资背景PE的参与更能提高上市公司治理水平。

四、研究设计

(一) 数据来源与样本选择

本章以2009—2016年的创业板上市公司为研究对象,没有考虑主板和中小企业板的原因主要有三点：① 根据Wind公布的数据,通过本章加以统计分析,如表4-2所示,2009—2016年,PE通过IPO退出的事件中,创业板的占比相对较高,569家公司中有340家公司获得了PE投资,比例高达59.72%,而主板为52.06%,次于创业板,中小企业板更低,仅为46.99%；② 随着2009年创业板的推出,国内PE得到了迅速发展,因此研究创业板公司能更好地反映我国PE支持拟上市公司的现实状况；③ 创业板以规模较小的高新技术企业为主,而我国银行机构主要集中支持国有大型企业,中小型的高新技术企业很难从银行获得资金支持,因此,创业板上的高新技术企业在

成长过程中对 PE 的需求更强烈,并且可塑性也更高,更容易受到 PE 的影响。

表 4-2 2009—2016 年 PE 在各个市场通过 IPO 退出的情况

退出年份/上市年份	主板			中小企业板			创业板			合计		
	PE通过IPO退出的企业个数	上市企业个数	占比(%)	PE通过IPO退出的企业个数	上市企业个数	占比(%)	PE通过IPO退出的企业个数	上市企业个数	占比(%)	PE通过IPO退出的企业个数	上市企业个数	占比(%)
2009	–	8	–	24	54	44.44	27	36	75.00	51	98	52.04
2010	9	27	33.33	84	204	41.18	60	117	51.28	153	348	43.97
2011	21	39	53.85	55	115	47.83	70	127	55.12	146	281	51.96
2012	12	26	46.15	27	55	49.09	47	74	63.51	86	155	55.48
2013	–	2	–	–	–	–	–	–	–	0	2	0.00
2014	26	43	60.47	18	31	58.06	32	50	64.00	76	124	61.29
2015	58	92	63.04	28	44	63.64	55	87	63.22	141	223	63.23
2016	51	103	49.51	22	46	47.83	49	78	62.82	122	227	53.74
总计	177	340	52.06	258	549	46.99	340	569	59.75	775	1 458	53.16

资料来源:根据 Wind 公布的数据整理编制。

本章数据来自 Wind 数据库、国泰安 CSMAR 数据库。其中,PE 的相关数据主要来自 Wind 的专题统计 PE/VC 库,个别指标结合上市公司的招股说明书得到。关于上市公司有无 PE 的参与,本研究主要按照以下标准进行界定:由于本研究的 PE 是指狭义的私募股权投资,是指在企业上市前进入并在企业 IPO 后退出的 PE,所以根据 Wind 的 PE/VC 数据库中提供的上市退出事件,确定企业 IPO 前有 PE 参与的上市公司。PE 的持股时长、是否含有外资背景均可从 PE/VC 库中直接得到,是否多家 PE 联合投资通过手工整理得到,关于 PE 的持股比例须结合上市公司的招股说明书,在招股说明书"发行人股权结构情况"部分可以查得。上市公司的基本情况数据大部分来自 Wind 数据库,个别指标如上市时董事会人数、独立董事人数这些指标来自国泰安 CSMAR 数据库,还有部分指标如 Z 指数、董事长兼任总经理等则根据其他指标计算得到。

本章对研究样本进行了如下筛选以保证研究的有效性:① 剔除了金融和公共事业这两个行业(以 Wind 行业分类一级行业为准)的上市公司;② 剔

除了已退市的公司;③ 剔除了缺失相关数据的公司。最终得到 537 个样本,其中有 PE 参与的为 307 个,无 PE 参与的为 230 个。样本的年度(剔除了 2013 年度)、行业情况分布如表 4-3、表 4-4 所示。

表 4-3 样本年度分布情况

上市年度	IPO 的公司家数	有 PE 参与的上市公司家数	无 PE 参与的上市公司家数	有 PE 参与的上市公司占比(%)	无 PE 参与的上市公司占比(%)
2009	34	25	9	73.53	26.47
2010	117	60	57	51.28	48.72
2011	126	69	57	54.76	45.24
2012	71	44	27	61.97	38.03
2014	48	29	19	60.42	39.58
2015	86	54	32	62.79	37.21
2016	55	26	29	47.27	52.73
总计	537	307	230	57.17	42.83

表 4-3 列示了研究样本的年度分布情况。2009 年创业板上市的 34 家公司中,25 家都有 PE 的参与,比例高达 73.53%。随后的几年里除了 2016 年为 47.27% 外,其余年度有 PE 参与的上市公司家数占 IPO 公司总数的比例均在 50% 以上。整个研究区间内,537 个研究样本中,有 PE 参与的上市公司平均占比为 57.17%,没有 PE 参与的上市公司平均占比为 42.83%。

表 4-4 样本行业分布情况

Wind 行业分类一级行业	IPO 的公司家数	有 PE 参与的上市公司家数	无 PE 参与的上市公司家数	有 PE 参与的上市公司占比(%)	无 PE 参与的上市公司占比(%)
材料	63	28	35	44.44	55.56
电信服务	1	0	1	0.00	100.00
工业	171	104	67	60.82	39.18
可选消费	41	21	20	51.22	48.78
能源	5	3	2	60.00	40.00
日常消费	12	5	7	41.67	58.33
信息技术	186	110	76	59.14	40.86
医疗保健	58	36	22	62.07	37.93
总计	537	307	230	57.17	42.83

表4-4列示了样本行业分布情况。从绝对值来看,信息技术行业的上市公司中有PE参与的公司最多,为110家,其次是工业,该行业有104家上市公司有PE参与;从相对值来看,医疗保健行业中有PE参与的上市公司占该行业上市公司总数比例最高,为62.07%,其次是工业,为60.82%,另外能源、医疗保健、信息技术、可选消费这几个行业有PE参与的上市公司占比均超过50%。起初,国内出现的外资PE偏向于投资高成长、高风险的企业;随后,以产业投资基金和创业投资基金为主的国内PE发展起来,开始转向工业、能源等传统行业;近年来,新型服务业凭借良好的发展前景吸引了PE的眼光,包括被认为投资活动最为活跃的医疗保健、可选消费,这些领域尚处于开发阶段,未来成长空间比较大。

(二) 基于主成分分析构建公司治理指数

本章的被解释变量是公司治理水平,为了尽可能涵盖上市公司治理水平的全部信息,指标选取上就不能过于片面,本研究利用一系列公司治理指标通过主成分分析构建公司治理指数。根据白重恩的研究发现,第一大股东持股比例、外部董事的比例、关于是否国有控股的虚拟变量是反映公司治理指数的重要变量,因此本研究保留了这三大指标。在此基础上,本研究又将其他能反映公司治理水平的Z指数、前十大股东持股比例合计、董事会规模、高管薪酬(包括货币薪酬和股权激励两个方面)等9个指标加入成分指标中,以更加全面准确地反映公司治理水平。最终确定了股权结构、董事会结构、高管薪酬和公司性质四个层面的12个成分指标,具体说明见表4-5。

表4-5 公司治理指数(CGI)主成分分析基础指标

层面	变量	变量名称	变量说明
股权结构	TOP1	第一大股东持股比例	第一大股东持股量/总股本
	TOP10	前十大股东持股比例合计	前十大股东持股总量/总股本
	H10	前十大股东股权集中度	前十大股东持股比例合计的平方和
	Z	Z指数	第二到十名股东合计持股量与第一大股东持股量之比
董事会结构	JR	董事长兼任总经理	虚拟变量,兼任取1,否则取0
	DS	董事会规模	董事会人数
	DD	独立董事比例	独立董事人数/董事会规模

续表

层面	变量	变量名称	变量说明
高管薪酬	DSBC	董事报酬	前三名董事报酬总额
	GGBC	高管报酬	前三名高管报酬总额
	DDBC	独立董事报酬	独立董事津贴年平均金额
	GQJL	股权激励	上市当年是否公布股权激励预案,公布取1,否则取0
公司性质	SX	公司属性	虚拟变量,国有取1,否则取0

选定基础指标后,本章使用主成分分析法构建公司治理指数,利用 SPSS 软件中降维里的因子分析来做主成分分析,KMO 与 Bartlett 检定结果如表 4-6 所示,KMO 值为 0.553,大于 0.5,且 P 值小于 0.05,均表明适合做因子分析。

表 4-6 KMO 与 Bartlett 检定

Kaiser-Meyer-Olkin	测量取样适当性	0.553
Bartlett 的球形检定	大约卡方	3 870.825
	df	66
	显著性(P 值)	0.000

表 4-7 主成分分析结果

元件	起始特征值			提取平方和载入		
	总计	变异(%)	累加(%)	总计	变异(%)	累加(%)
1	3.191	26.594	26.594	3.191	26.594	26.594
2	2.058	17.147	43.741	2.058	17.147	43.741
3	1.610	13.416	57.157	1.610	13.416	57.157
4	1.103	9.195	66.351	1.103	9.195	66.351
5	0.978	8.154	74.505			
6	0.875	7.289	81.794			
7	0.830	6.916	88.710			
8	0.655	5.461	94.171			
9	0.373	3.110	97.281			

续表

元件	起始特征值			提取平方和载入		
	总计	变异(%)	累加(%)	总计	变异(%)	累加(%)
10	0.211	1.755	99.035			
11	0.100	0.831	99.866			
12	0.016	0.134	100.000			

主成分分析的结果如表 4-7 所示,根据特征根值大于 1 的原则,选取前四个主成分 Z_1、Z_2、Z_3、Z_4。其中,SPSS 自动生成对应的四个因子 FAC1_1、FAC1_2、FAC1_3、FAC1_4,前四大主成分的方差分别为 3.191、2.058、1.610、1.103。

将四个因子的得分分别乘以各自的方差的算术平方根,得出各主成分的得分,如 $Z_1 = \sqrt{3.191} \times FAC1\_1$。同理算出 Z_2、Z_3、Z_4。然后,根据各主成分的贡献率进行加权平均,计算得出综合评价函数 Y:

$$Y_i = \frac{26.594\% \times Z_1 + 17.14\% \times Z_2 + 13.416\% \times Z_3 + 9.195\% \times Z_4}{66.351\%}$$

$$i = 1, 2, 3, \cdots, 537$$

计算出的 Y 值有正有负,为了使最终的公司治理指数 CGI 数值在比较时更为直观,我们将 Y 值通过公式进行百分制处理,得到数值落在 [0,100] 之间的 CGI。

$$CGI_i = \frac{Y_i - Y_{min}}{Y_{max} - Y_{min}} \times 100 \quad i = 1, 2, 3, \cdots, 537$$

(三) 变量定义

为了实证检验前面提出的五个研究假设,借鉴前人的研究经验,我们主要选取了 1 个被解释变量、5 个解释变量以及 8 个控制变量。

1. 被解释变量

这里的被解释变量是公司治理水平,通过主成分分析法构建公司治理指数来衡量,具体构建方法如前文所述。

2. 解释变量

根据前文的研究假设与研究目的,我们选取以下几个指标来衡量解释变量:① 是否有私募股权投资机构参与(PE),若创业板上市公司 IPO 前有 PE 参与,则取 1,否则取 0;② 私募股权投资机构对被投资公司的持股时长(PE_{Time});③ 私募股权投资机构对被投资公司的持股比例合计(PE_{share});

④ 是否联合投资(PE_{UNI}),若有多家私募股权投资机构对同一家公司进行投资,则取 1,否则取 0;⑤ 私募股权投资的性质(PE_{SOE}),只要参与的私募股权投资机构有一家具有外资背景(如外资企业、外商独资企业或中外合资企业),则取 1,否则取 0。

3. 控制变量

已有文献表明,公司的资产规模、资本结构、成长性、盈利性、公司资历、企业性质等都会影响到公司治理水平,因此本研究最终选取了公司规模($SIZE$)、资产负债率(LEV)、托宾 Q 值($Tobing$)、总资产净利率(ROA)、公司资历(AGE)、企业性质(SOE)、行业(IND)、年度(YR)这 8 个变量作为控制变量。

研究模型中的主要变量定义如表 4-8 所示。

表 4-8　变量定义表

变量类别	变量	变量名称	变量说明
被解释变量	CGI	公司治理指数	根据主成分分析法构建
解释变量	PE	PE 参与	虚拟变量,有 PE 参与取 1,无则取 0
	PE_{Time}	PE 持股时长	PE 参与投资的时长,当有多家 PE 参与投资时,取最早投入的 PE 的持股时长
	PE_{share}	PE 持股比例	所有 PE 持股比例合计
	PE_{UNI}	PE 联合投资	虚拟变量,多家 PE 共同投资取 1,否则取 0
	PE_{SOE}	PE 性质	虚拟变量,有外资背景取 1,否则取 0
控制变量	SIZE	公司规模	公司上市当年年末总资产的自然对数
	LEV	资产负债率	公司上市当年年末总负债/当年年末总资产
	Tobing	托宾 Q 值	年末总市值/年末总资产
	ROA	总资产净利润率	净利润/年末总资产
	AGE	公司资历	公司成立至上市当年的存续期
	SOE	企业性质	国有企业取 1,否则取 0
	IND	行业	行业虚拟变量
	YR	上市年度	年度虚拟变量

行业:0 代表材料,1 代表电信服务,2 代表工业,3 代表可选消费,4 代表能源,5 代表日常消费,6 代表信息技术,7 代表医疗保健。

年度:0 代表 2009 年,1 代表 2010 年,2 代表 2011 年,3 代表 2012 年,4

代表 2014 年,5 代表 2015 年,6 代表 2016 年。

(四) 模型设计

为了检验本研究提出的假设一,借鉴已有文献的经验,选取 537 家创业板上市公司作为研究对象,构建了多元回归模型一,以便于实证分析有无 PE 参与对公司治理水平的影响。

$$CGI = \beta_0 + \beta_1 PE + \beta_2 SIZE + \beta_3 LEV + \beta_4 Tobing + \beta_5 ROA + \beta_6 AGE + \beta_7 SOE + IND + YR + \varepsilon \qquad 模型一$$

其中,$\beta_0,\beta_1,\beta_2,\beta_3,\beta_4,\beta_5,\beta_6,\beta_7$ 是模型的参数;$\beta_1,\beta_2,\beta_3,\beta_4,\beta_5,\beta_6,\beta_7$ 是各变量的偏回归系数,表示在其他变量保持不变的情况下,$\beta_i(i=1,2,3,\cdots,7)$ 对应的变量每变化一个单位时,被解释变量 CGI 的均值如何变化;ε 是误差项。

为了检验本研究提出的假设二至假设五,进一步分析 PE 投资时长、PE 持股比例、PE 联合投资、PE 性质这四个方面特征对公司治理水平的影响,选取全样本中有 PE 参与的 307 家上市公司作为研究对象,构建了多元回归模型二,以便于实证分析 PE 不同特征对公司治理水平的影响。

$$CGI = \beta_0 + \beta_1 PE_{Time} + \beta_2 PE_{share} + \beta_3 PE_{UNI} + \beta_4 PE_{SOE} + \beta_5 SIZE + \beta_6 LEV + \beta_7 Tobing + \beta_8 ROA + \beta_9 AGE + \beta_{10} SOE + IND + YR + \varepsilon \qquad 模型二$$

其中,$\beta_0,\beta_1,\beta_2,\beta_3,\beta_4,\beta_5,\beta_6,\beta_7,\beta_8,\beta_9,\beta_{10}$ 是模型的参数;$\beta_1,\beta_2,\beta_3,\beta_4,\beta_5,\beta_6,\beta_7,\beta_8,\beta_9,\beta_{10}$ 是各变量的偏回归系数,表示在其他变量保持不变的情况下,$\beta_i(i=1,2,3,\cdots,10)$ 对应的变量每变化一个单位时,被解释变量 CGI 的均值如何变化;ε 是误差项。

五、实证结果与分析

(一) 描述性统计分析

在实证分析之前,我们先对主要变量进行简单的描述性统计分析。首先,对创业板上市公司 IPO 当年的主要相关指标进行描述性统计分析,结果如表 4-9 所示。从被解释变量来看,总样本的 CGI 平均数为 26.58,有 PE、无 PE 的 CGI 平均数分别为 27.33、26.02。有 PE 参与的 CGI 平均数高于无 PE 参与的 CGI 平均数,并且均在 1% 的水平上通过了均值 T 检验,这表明有 PE 参与的公司治理水平比没有 PE 参与的公司治理水平要高,符合假设一的预期。从控制变量来看,获得 PE 支持的公司资产规模普遍高于没有 PE 支持的公司资产规模,这与王会娟和张然(2012)的研究一致,而有 PE 参与的公司资历略浅于无 PE 参与的公司资历,这一点与其结论相反。关于上市公司资产负债率,有 PE 参与的略高于无 PE 参与的,这可能是因为资产负债率较高的企业更难以传统的银行贷款等方式获得融资,更需要 PE 的支持。此外,有 PE 参与的上市公司成长性(以 Tobing 表示)和盈利性(以 ROA 表示)均比没有 PE 参与的上市公司要偏低,这可能是因为近年来许多国内成立的 PE 偏向于将资金投向传统行业,而传统行业的成长性和盈利性通常并不是很高,远不及信息技术等新兴行业。

表 4-9 主要变量描述性统计与 T 检验

变量	全样本(537)		有 PE 参与(307)		无 PE 参与(230)		均值 T 检验
	平均数	标准偏差	平均数	标准偏差	平均数	标准偏差	
CGI	26.58	9.61	27.33	10.32	26.02	9.01	1.558***
SIZE	11.42	0.55	11.44	0.51	11.39	0.59	1.145*
LEV	18.36	12.78	18.93	12.94	17.61	12.54	1.185*
Tobing	4.76	3.46	4.67	3.53	4.89	3.37	-0.739
ROA	10.13	4.08	9.85	3.96	10.50	4.21	-1.840***
AGE	11.13	4.21	11.00	4.16	11.30	4.28	-0.824

注:*、**、***分别表示在 10%、5%、1%的水平上显著。

其次,对有 PE 参与的 307 个样本中 PE 相关特征变量进行描述性统计分析,结果如表 4-10 所示。PE 的持股时长最长达到 13 年,最短不超过 1 年,波动较大,平均年数为 3.34 年,说明 PE 持有上市公司的股票的时间并不是很长,这可能是因为本章研究的是 PE 在企业 IPO 前进入,并于企业 IPO 上市当年获得退出的情况,总体来说 PE 的持股时间并不会太长。PE 的持股比例合计平均数为 14.83%,这说明 PE 投资企业多为参股的形式为主,基本属于风险投资类型,区别于并购基金类型。PE 联合投资的平均数为 0.68,这说明有超过 50%的企业获得了多家 PE 机构的联合投资,可见 PE 更倾向于联合投资的投资策略。PE 的企业性质平均数为 0.14,表明含外资背景的 PE 投资上市公司比例比较低,这可能是两个方面原因造成的:一方面,近年来国内 PE 大量崛起,我国政府设立的产业投资基金、创新创业投资基金对部分高新技术产业有强烈的保护倾向,导致外资 PE 参与国内创业板上市公司投资受限;另一方面,外资 PE 进行项目筛选和尽职调查的成本比较高,这也导致了外资 PE 占比较低的现象。

表 4-10　PE 特征变量描述性统计

变量	样本量	最小值	最大值	平均数	标准偏差
PE_{Time}	307	0.49	13.07	3.34	2.21
PE_{share}	307	1.8	66.12	14.83	10.50
PE_{UNI}	307	0	1	0.68	0.47
PE_{SOE}	307	0	1	0.14	0.35

（二）有无 PE 参与对公司治理水平影响的实证分析

针对模型一,检验 PE 的参与能否提高上市公司治理水平,通过 Stata 得到多元回归结果,如表 4-11 所示。PE 与 CGI 的回归系数为 1.354,大于 0,且在 1% 水平上显著,这表明 PE 的参与提高了上市公司的治理水平,验证了假设一的说法。

PE 投资公司最主要的目的就是希望通过被投资企业增值来获得投资回报,所以 PE 存在参与被投资公司管理决策的动机,以保证投资收益的最大化。PE 持有公司股份后,愿意充当"积极股东"的角色,通过进入企业董事会督促改善董事会制度,利用自身的专业财务知识和管理经验,监督管理层和控股股东的行为,抑制其道德风险和逆向选择,从而提高公司的治理水平。由此可见,在我国资本市场背景下,PE 对被投资企业的公司治理具有影响力,能为其带来正向的促进作用。

表 4-11　模型一的实证结果

变量	系数	标准误差	T 值
PE	1.354***	0.821	1.65
SIZE	2.433***	0.828	2.94
LEV	0.037	0.042	0.88
Tobing	−0.103	0.189	−0.54
ROA	0.327***	0.122	2.67
AGE	−0.161*	0.103	−1.55
SOE	−2.589*	2.081	−1.24
Constant	8.862***	9.470	0.94
IND	已控制		
YR	已控制		
N	537		
F	3.57***		
Adj. R^2	0.087 4		

注：*、**、*** 分别表示在 10%、5%、1% 的水平上显著。

(三) PE 不同特征对公司治理水平影响的实证分析

针对模型二,进一步分析具备不同特征的 PE 对上市公司治理水平的影响情况,通过 Stata 得到多元回归结果,如表 4-12、表 4-13 所示。

表 4-12 模型二的实证结果

变量	系数	标准误差	T 值
PE_{Time}	0.279**	0.284	2.39
PE_{Share}	0.122***	0.062	0.02
PE_{UNI}	0.137*	1.151	0.12
PE_{SOE}	0.826***	1.574	0.52
SIZE	2.428**	1.113	2.18
LEV	0.013	0.052	0.25
Tobing	−0.148	0.216	−0.69
ROA	0.522***	0.161	3.25
AGE	−0.087	0.126	−0.69
SOE	1.018	2.773	0.37
Constant	10.549**	12.608	0.84
IND	已控制		
YR	已控制		
N	307		
F	3.15***		
Adj. R^2	0.134 1		

注:*、**、*** 分别表示在 10%、5%、1% 的水平上显著。

表 4-13 基于模型二以 PE 持股比例 5% 为临界点对比分析的实证结果

变量	PE 持股比例低于 5%(含 5%)			PE 持股比例高于 5%		
	系数	标准误差	T 值	系数	标准误差	T 值
PE_{Time}	−0.747**	2.110	−0.54	0.230**	0.290	2.17
PE_{Share}	−0.986***	1.662	−0.59	0.071***	0.066	0.01
PE_{UNI}	−1.063*	4.234	−0.25	1.043*	1.327	0.79
PE_{SOE}	−9.411***	5.867	−1.60	0.303***	1.740	0.17
SIZE	6.126**	3.104	1.97	1.205	1.307	0.92
LEV	−0.226	0.196	−1.15	0.039	0.056	0.70

续表

变量	PE持股比例低于5%(含5%)			PE持股比例高于5%		
	系数	标准误差	T值	系数	标准误差	T值
$Tobing$	-1.049	0.946	-1.11	-0.176	0.229	-0.77
ROA	1.179**	0.618	1.91	0.560***	0.175	3.18
AGE	0.432	0.603	0.72	-0.041	0.135	-0.31
SOE	0	(Omitted)		1.455	2.791	0.52
$Constant$	-54.525**	41.624	-1.31	0.443*	14.581	0.03
IND	已控制			已控制		
YR	已控制			已控制		
N	47			260		
F	1.05			2.57***		
Adj. R^2	0.020 1			0.117 6		

注：*、**、***分别表示在10%、5%、1%的水平上显著。

如表4-12所示，PE_{SOE}的系数为0.826，大于0，并且在1%的水平上显著，这表明相对没有外资背景的PE，有外资背景的PE更能提高上市公司的治理水平。外资PE投资经验更丰富，拥有更先进的管理模式，故更能显著提高上市公司的治理水平。这验证了假设五的说法。

PE_{Share}的系数为0.122，大于0，并且在1%的水平上显著，这表明PE机构每多持股1%，上市公司的治理水平可提高12%。PE的持股比例越高，为了保证自身利益，一方面更加关心上市公司的治理水平，另一方面在参与公司治理活动时话语权也越大，从而更能提高上市公司的治理水平。进一步的研究发现，如表4-13所示，当PE持股比例低于5%(含5%)时，PE_{Share}的系数为负数，表明PE对公司治理无促进作用；而当PE持股比例高于5%时，PE_{Share}的系数为正数，表明PE对公司治理具有正面效应。这验证了假设三的说法。

PE_{Time}的系数为0.279，大于0，并且在5%的水平上显著，表明PE持股时长与上市公司治理水平正相关，PE机构每多持股1年，上市公司的治理水平可提高28%。PE的持股时间越长，表明越早进入被投资企业，能更好地了解公司的经营业务，更深层次地与管理层沟通交流，能有更多的机会向被投资企业传递自身的公司治理理念，从而更好地参与公司治理。这验证了假设二的说法。

PE_{UNI} 的系数为 0.137,大于 0,并且在 10% 的水平上显著,表明相比独家 PE 投资,多家 PE 机构联合更能提高上市公司的治理水平。这可能是因为联合投资策略不仅能给企业带来更多的社会关系资源与管理经验,而且多家 PE 机构之间能够相互监督,从而更能提高上市公司的治理水平。这验证了假设四的说法。

基于上述分析,本研究认为 PE 的持股时长、持股比例、联合投资以及 PE 的企业性质均与被投资企业公司治理水平的改善相关。PE 的持股时间越长,被投资企业的公司治理水平越高;当 PE 的持股比例高于 5% 时,PE 的持股比例越高,被投资企业的公司治理水平也越高,PE 对公司治理具有正面效应,而当 PE 持股比例低于 5%(含 5%)时,PE 对公司治理无效;相比 PE 机构单独投资,多家 PE 机构联合投资更能提高被投资企业的公司治理水平;相比不含外资背景的 PE 投资,含外资背景的 PE 投资更能提高被投资企业的公司治理水平。

(四)稳健性检验

本研究采用变量替换的方法进行稳健性检验,主要通过分别替换两个解释变量和一个控制变量来进行。

(1)针对 PE 持股比例的衡量,原本是如果多家 PE 机构联合投资,则以持股比例合计数来衡量,现改为以持股比例最高数来表示,记为 PE_{MAX}。

(2)针对 PE 联合投资,原本是设置为虚拟变量,多家 PE 机构联合投资则取 1,否则取 0,现改为参与投资的 PE 机构家数 PE_{Amount}。

(3)针对控制变量总资产净利率 ROA,原本是用净利润与年末总资产的比值来衡量,现改为用净资产净利率 ROE 来衡量,即用净利润与年末净资产的比值来衡量。

经过替换相关变量后,模型一、模型二以及基于模型二以 PE 持股比例 5% 为临界点对比分析的回归结果分别如表 4-14、表 4-15 所示。

表 4-14 模型一、模型二的稳健性检验回归结果

变量	系数	标准误差	T 值	系数	标准误差	T 值
	模型一			模型二		
PE	1.315***	0.819	1.60			
PE_{Time}				0.254**	0.274	2.39
PE_{MAX}				0.133***	0.081	0.04

续表

变量	系数	标准误差	T值	系数	标准误差	T值
	模型一			模型二		
PE_{Amount}				0.078*	0.364	0.21
PE_{SOE}				0.789***	1.545	0.51
$SIZE$	2.377***	0.827	2.87	2.375**	1.118	2.13
LEV	-0.011	0.039	-0.29	-0.066	0.048	-1.35
$Tobing$	-0.112	0.188	-0.60	-0.166	0.217	-0.76
ROE	0.273***	0.092	2.97	0.414***	0.118	3.51
AGE	-0.154*	0.103	-1.49	-0.081	0.126	-0.64
SOE	-2.538*	2.078	-1.22	1.008	2.752	0.37
$Constant$	7.791***	9.482	0.82	8.810**	12.665	0.70
IND	已控制			已控制		
YR	已控制			已控制		
N	537			307		
F	3.66***			3.26***		
Adj. R^2	0.090 3			0.139 6		

注：*、**、*** 分别表示在10%、5%、1%的水平上显著。

表4-15 基于模型二以PE持股比例5%为临界点对比分析的稳健性检验回归结果

变量	PE持股比例低于5%（含5%）			PE持股比例高于5%		
	系数	标准误差	T值	系数	标准误差	T值
PE_{Time}	-0.871**	2.059	-0.42	0.247**	0.280	2.31
PE_{MAX}	-1.274***	1.685	-0.76	0.024***	0.088	0.27
PE_{Amount}	-2.166*	3.784	-0.57	0.083*	0.400	0.21
PE_{SOE}	-9.307***	5.913	-1.57	0.271***	1.713	0.16
$SIZE$	5.948*	3.244	1.83	1.221	1.316	0.93
LEV	-0.429*	0.247	-1.73	-0.040	0.051	-0.78
$Tobing$	-1.061	0.975	-1.09	-0.192	0.231	-0.83
ROE	0.829*	0.461	1.80	0.429***	0.130	3.30
AGE	0.397	0.611	0.65	-0.037	0.135	-0.28
SOE	0	略		1.262	2.770	0.46
$Constant$	-44.711**	41.508	-1.08	1.828	14.670	0.12

续表

变量	PE持股比例低于5%(含5%)			PE持股比例高于5%		
	系数	标准误差	T值	系数	标准误差	T值
IND	已控制			已控制		
YR	已控制			已控制		
N	47			260		
F	1.03			2.62***		
Adj. R^2	0.010 4			0.120 7		

注：*、**、***分别表示在10%、5%、1%的水平上显著。

根据表4-14、表4-15可知，经过变量替换后，得出的结论与本章结论基本无异。针对模型一，PE的系数为正数，并在1%的水平上显著，表明PE的参与提高了上市公司的治理水平，进一步验证了假设一的说法。针对模型二，PE_{Time}、PE_{MAX}、PE_{Amount}、PE_{SOE}的系数均为正，且分别在5%、1%、10%、1%的水平上显著，这表明PE持股时间越长，最大持股比例越大（即持股比例越大），参与联合投资的PE机构家数越多，PE机构含有外资背景（相对无外资背景的PE而言），则被投资企业的公司治理指数越大，也就是说，被投资企业的公司治理水平越高。关于持股比例，当PE持股比例低于5%(含5%)时，PE_{MAX}为负，当PE持股比例高于5%时则PE_{MAX}为正，表明当PE持股不足5%(含5%)时对公司治理无效，而当PE持股超过5%成为重要股东时，具有公司治理效应。这也进一步验证了假设二至假设五的说法。

六、结论与政策建议

通过实证分析，本研究得出了PE的参与以及具备不同特征的PE对被投资企业公司治理水平影响的有关结论。基于研究结论，结合前文的理论分析，提出相关政策建议。

（一）结论

1. PE的参与能够显著提高被投资企业的公司治理水平

虽然目前PE存在投资项目短期化的问题，并且上市公司整体治理水平也并不理想，但PE的参与还是能够显著提高被投资企业的公司治理水平，具有公司治理效应。PE投资公司的主要目的是通过被投资企业增值实现投资回报，所以PE有动力参与被投资企业的管理决策来获得更高的投资收益。

作为独特的股权融资方式，PE 投资者立足长远视角，专注于价值投资，凭借其丰富的管理经验和专业的财务知识，从改善被投资企业的股权结构和董事会结构以及制定更优的激励约束机制这三个方面，帮助企业增强竞争力，改善公司治理水平。由于 PE 是具有权益性质的投资，所以 PE 的加入能够改善被投资企业的股权结构，使得企业的股权结构介于高度集中和过于分散之间：一方面，PE 的介入能够分散被投资企业高度集中的股权，帮助企业摆脱"一股独大"的局面，形成股权制衡，一定程度上能够减少大股东侵占小股东利益的问题；另一方面，股权过度分散容易带来投资方向选择诱发风险损失的问题，而 PE 的相对控股能避免出现这类问题。PE 凭借丰富的社会资源，聘请具备管理经验的专业人士作为外部董事进入企业的董事会，可改善董事会结构。PE 愿意成为被投资企业的"积极股东"，通过与管理层签订协议，监督约束内部人员行为，抑制他们的道德风险和逆向选择。PE 能够帮助企业制定激励政策，使管理层利益与股东利益、公司利益一致，缓和委托代理矛盾。

2. 具备不同特征的 PE 对被投资企业公司治理水平的影响也有所不同

具备不同特征的 PE 对被投资企业公司治理水平的影响也有所不同。具体包括以下四个方面：① PE 的持股时长与被投资企业的公司治理水平正相关。PE 的持股时间越长，表明越早进入被投资企业，能更好地了解公司的经营业务，更深层次地与管理层沟通交流，能有更多机会向被投资企业传递自身的公司治理理念，从而更好地参与公司治理。② PE 的持股比例与被投资企业的公司治理水平正相关，即 PE 持股比例越高，被投资企业的公司治理水平也越高。并且研究发现，当 PE 持股比例低于 5%（含 5%）时，PE 对公司治理无效，而当 PE 持股比例高于 5% 成为公司的重要股东时，PE 对公司治理具有正面效应。③ 相比 PE 单独投资，多家 PE 机构联合投资更能提高被投资企业的公司治理水平。联合投资策略不仅能给企业带来更多的社会关系资源与管理经验，而且多家 PE 机构之间能够相互监督，从而更能提高上市公司的治理水平。④ 相比不含外资背景的 PE，含外资背景的 PE 更能提高被投资企业的公司治理水平。我国 PE 行业起步较晚，不含外资背景的 PE 主要通过借鉴外资 PE 的经验发展而来，所以相对不含外资背景的 PE，含外资背景的 PE 投资经验更丰富，发展比较成熟，能更好地提升公司治理水平。

（二）政策建议

1. 基于 PE 参与能提高公司治理水平的政策建议

基于 PE 的参与能够提高被投资企业公司治理水平的结论，本研究从促进 PE 行业发展和提高被投资企业公司治理水平两个方面提出相关建议。

第一方面,关于促进 PE 行业发展,本研究提出如下几个建议:

① 建立健全法律法规及专业保障体系,维护 PE 行业健康发展。监管机构理论上具有建立法律法规和提供专业保障的义务,对行业健康发展履行指导和监管职责。国家应尽快出台相关管理办法或者制定更高层级的法律法规,规范 PE 在资金筹集、投资营运和退出等多个环节的运作,促使 PE 能够按照市场化原则运行,管理和维护好 PE 市场,营造出法制健全、运行良好的行业氛围。此外,管理机构应鼓励企业采取相关激励或惩罚性措施,从政策层面引导 PE 积极参与被投资企业的经营管理,鼓励 PE 发挥机构投资者的作用,完善企业法人治理结构,提高被投资企业的公司价值。

② 加强 PE 行业专业人才的培养,提升管理能力。PE 行业是一个知识密集型行业,在项目筛选阶段,投资者需要具备正确识别企业质量的能力;在投资运营阶段,专业的 PE 人才才能为企业带来更多的增值服务。因此,加强人才的专业化培养对我国 PE 行业的发展和企业的进步都具有重要意义。在人才的培养方法上提出如下建议:一是在高等院校设置有关 PE 的专业,培养这方面的专业人才;二是建立相关的培训机制,对在职人员进行培训和加强实践锻炼;三是引进国外具有丰富经验的专业化 PE 人才,学习外资 PE 丰富的投资经验和管理知识。

③ 构建多层次的产权交易市场,完善 PE 退出机制。目前,国内 PE 二级市场仍然以单对单独立交易、直接谈判为主,PE 的退出渠道有待进一步完善。国家应构建和完善多层次的产权交易市场,如主板市场、中小板市场、创业板市场、新三板市场以及场外交易市场(也称柜台交易市场,Over The Counter,OTC)等,使得 PE 资本能够顺利退出,并实现增值。

第二方面,关于提高被投资企业公司治理水平,本研究提出如下几个建议:

① 完善公司股权结构,积极引入 PE 作为机构投资者。企业可通过积极引入 PE,改善股权结构,提高公司治理水平。

② 完善董事会治理,适当提高独立董事比例。PE 在投资一家公司时,通常会进入被投资企业的董事会,或聘请具有专业经验的独立董事进入公司,以实现监督控股股东和管理层行为的目的。企业可适当提高独立董事比例,并且不能仅仅流于形式,聘请的独立董事应具有相关的行业经验,并通过建立声誉机制和更加积极的激励机制激发独立董事的工作积极性,从而保证独

立董事能为企业的成长做出正确的决策,从而提高公司治理水平。

③ 加强薪酬激励,鼓励股权激励。PE 机构一般拥有管理方面的专业人才,凭借丰富的管理经验,可为被投资企业设计高效合理的激励机制,以帮助改善企业的公司治理。高管薪酬包括货币薪酬和股权激励两个方面,货币薪酬能在短期内刺激企业高管为企业的发展服务,股权激励能从长期的角度促使高管与企业利益一致,从而降低股东与管理层的代理矛盾。因此,建议将货币薪酬激励和股权激励相结合,从短期、长期两个角度来保证企业高管为企业服务,缓解委托代理矛盾,提高公司治理水平。

2. 基于 PE 不同特征对公司治理水平影响的政策建议

基于具备不同特征的 PE 影响上市公司治理水平的研究结论,我们有针对性地提出以下几个建议:

首先,鼓励企业积极引入外资 PE,营造公平开放的投资环境,活跃我国 PE 行业。这不仅能对本土 PE 产生促进作用,还有利于本土 PE 在与外资 PE 联合投资时向其学习先进的管理经验和投资理念。

其次,适当提高 PE 的持股比例,可以将 5% 作为最低入股量,以保证 PE 成为公司的重要股东,尤其是在股权过度集中的企业中,不仅可以更好地分散股权、优化股权结构,还可以增强 PE 在参与公司治理时的话语权,有利于 PE 更有效地参与公司治理。

再次,PE 的平均持股时长仅三到四年,最短仅为半年时间,国家监管层应注意对 PE 的正确引导,鼓励 PE 积极有效地参与企业治理,促使 PE 完善公司治理结构以保证企业能够长期经营,并制定相关措施严厉打击"突击入股"的行为,避免"寻租股东"的出现。

最后,关于联合投资,鼓励企业引进不同的 PE 机构,充分利用多家 PE 的资源,帮助其改善公司治理,进而提高企业价值。

第五章
基于 Shapley 修正值的山东潍坊高铁投融资项目研究

政府在建设基础设施过程中越来越多地利用政府和社会资本合作(Public-Private Partnership,PPP)模式。PPP 模式运营项目整体收益的合理分配是推动项目顺利进行的源动力,对调动项目合作伙伴的积极性、追求 PPP 模式下项目整体收益的最大化发挥着重要作用。本章通过研究城市交通设施中的 PPP 项目,并以山东潍坊高铁项目为例分析探究 PPP 项目中利益相关者关于收益分配的基本原则、各类影响因素以及夏普利(Shapley)值收益分配模型,试图在此基础上建立一个能够使各方满意度达到最大且公平的收益分配方案,以化解利益相关者各方的冲突和矛盾。

一、引言

(一)研究背景

充足的基础设施是国家经济发展的必要支撑,随着我国城镇化发展不断加快,对公路、铁路以及城轨等城市交通设施的要求逐步提高。然而,城市基础设施投资需求的不断增长给我国财政支出带来巨大压力,已经成为政府财政的沉重负担。政府部门在单独承担基础设施建设项目时会发生诸如成本超支、工期延时、环境响应差等问题。因此,在国外被政府运用于社会公共事业的 PPP 模式也被我国政府引进并逐渐应用于城市公共交通基础设施建设方面。PPP 模式采用吸纳社会资本参与城市公共设施建设的做法,一方面减轻了政府财政压力,另一方面为民间资本提供了投资机会,对于促进私营企业在社会主义市场经济体制中发挥优势、激活创造力具有重要意义。而政府财政与民间资本相结合的"利益共享"机制,也有效避免了在基础设施投资中存在的资本短期回报率差的问题。实现PPP项目整体收益最大化的关键是如何协调、平衡好各利益相关者之间的收益分配。

(二) 研究意义

我国以PPP模式推动地方基础设施建设项目加快进展速度。财政部《全国PPP综合信息平台项目管理库》数据显示,截至2018年6月我国入库项目8 110个,入库项目资金121 407.81亿元,管理库累计落地项目总数3 668个、投资额6万亿元,落地率47.3%,覆盖除西藏以外的30个省(自治区、直辖市)及新疆兵团和19个领域。① PPP项目难以落实的原因是成功的项目数量太少而失败的项目数量太多,使得大量的社会资本仍然处于观望状态。这些项目失败最重要的原因就是收益分配矛盾导致的利益冲突。英国拥有全球PPP项目成功运营最丰富的经验,即便如此,也在历史上遭遇了相同的困境。可以肯定的是,随着经营成功的项目数量的不断增加,合作双方对PPP项目的运营将越来越成熟,PPP项目建设也会加快步伐,所以对PPP项目收益分配的合理安排显得尤为重要。收益分配是指项目参与者从项目建成开始投入运营到项目终结期间所产生的总利润中获得的各自应得的那份收益。收益的大小与合作各方投资的比重、承担的风险、合同执行度和贡献度呈正相关,合理的收益分配有助于激励合作伙伴更有效地实施计划,实现PPP项目总体收益的最大化。以经济学中激励理论为出发点,PPP合作项目意味着新型利益分配格局的产生,公平的收益分配是项目顺利建设和实施的源动力。只有同时满足政府和社会资本双方利益追求的收益分配方案,才是合作长期维持、PPP项目成功建设的有力保障。但是,利益相关者对所合作的PPP项目有着各自的利益需求,可能是不同的甚至矛盾的收益需求会使PPP项目合作伙伴之间发生难以避免的矛盾和冲突。综合以上论述,本研究在假定PPP项目最后获得的整体利润是一定值的情况下,统筹全局,试图在此基础上建立一个能够使各方满意度达到最大的、公平的收益分配方案,以化解利益相关者各方的冲突和矛盾。

---

① 财政部政府和社会资本合作中心2018年第2期季报(总第11期),http://www.cpppc.org/zh/pppjb/7191.jhtml.

二、文献综述

著名学者 E. S. 萨瓦斯(2000)提出,任何公共和私人部门合作生产或者提供服务的项目形式都属于 PPP 模式的范畴,合作方通过 PPP 合作可获得比单方提供服务更大的利润。

目前,专家对 PPP 的探讨仍多局限于政府监管模式、风险管理体制、特许权、残值层面,而对 PPP 项目整体收益如何分配的研究还在起步阶段。由于存在许多影响 PPP 整体收益分配的因子,使得辨别区分以及确定公平合理的分配方式较为艰难。在对 PPP 项目利益相关者治理的研究方面,R. Beach 等发现影响 PPP 项目合作伙伴关系的因素很多,但在合作过程中工作的绩效评估与利益相关者的收益分配机制的影响最为明显。何寿奎、傅鸿源(2006)采用定性与定量结合的方法,得出了使公司合作项目风险最小化的最优投入比例,并在此基础上经过计算给出了合作双方相应的需要分担的风险系数和收益分配方法。王林秀、刘登于 2011 年基于 Shapley 修正值,结合层次分析法(AHP)并通过定量分析,综合考量贡献度、风险承担比例、创新能力等因子,给出了较为合理的 PPP 项目收益分配方案。张涵等(2015)根据公私合作双方的投入、风险承担比例,并利用政府、私营方、使用方三方博弈的结果对初始的利益分配方案进行动态调整,以达到共赢的目的。

上述文献为 PPP 模式中合理的收益分配研究打下了理论基础,为进一步探讨 PPP 项目收益分配提供了多元化的思考方向,对今后的研究有很好的指导意义。但这些文献仅仅考虑了风险,并未全面考虑到影响收益分配的其他因子以及各个因子之间的关系,比如利用层次分析法(AHP)确定指标权重的方法忽略了影响因素之间的横向联系。综上,本研究将以现有的理论研究为基础,以城市交通基础设施为研究对象来分析政府的收益分配方案,并将从以下几个层面展开论述:① 依据 PPP 项目的特点,提出 PPP 项目收益分配原则;② 综合分析在城市交通基础设施 PPP 项目中收益分配的各类影响因素;③ 以山东潍坊高铁 PPP 项目为例验证基于 Shapley 模型进行收益分配的合理性和有效性。

三、我国政府和社会资本合作项目运行状况

（一）管理库项目总体趋势

截至2018年6月，管理库中的7 749个项目已完成物有所值评价和财政承受能力论证的审核，覆盖31个省（自治区、直辖市）及新疆兵团和19个行业领域。2017年1月至2018年6月管理库项目数如图5-1所示，投资额如图5-2所示。

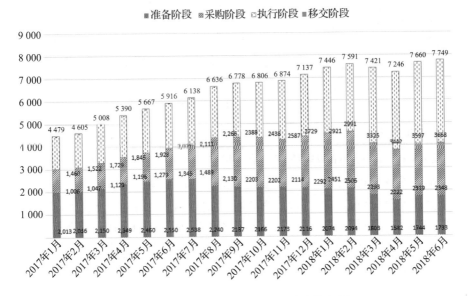

图5-1　管理库各阶段项目数月度变化（个）

资料来源：图5-1—图5-40的资料均来自财政部政府和社会资本合作中心2018年第二期季报（总第11期）。

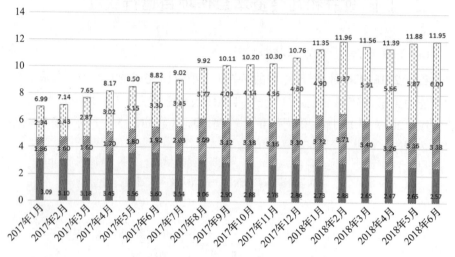

图 5-2　管理库各阶段项目投资额月度变化（万亿元）

（二）各地继续加强 PPP 项目规范发展

2018 年二季度各地继续按照《关于规范政府和社会资本合作（PPP）综合信息平台项目库管理的通知》（财办金〔2017〕92 号）精神，加强项目库管理，持续清理不合规项目。二季度管理库共清退项目 856 个，涉及投资额 9 569 亿元，在库项目质量有所提高。同时，二季度管理库新增入库项目 1 185 个、投资额 14 249 亿元，覆盖 31 个省（自治区、直辖市）及新疆兵团，表明 PPP 在全国各地继续平稳推进。

（三）管理库项目地区分布情况

2018 年二季度各地新增项目数前三位是山西、广东、山东（含青岛），分别为 92 个、86 个、84 个，合计占管理库新增项目总数的 79.6%；二季度新增投资额前三位是浙江、湖北、广东，分别为 1 193 亿元、1 035 亿元和 810 亿元，合计占管理库新增总投资额的 69.8%，如图 5-3 和图 5-4 所示。

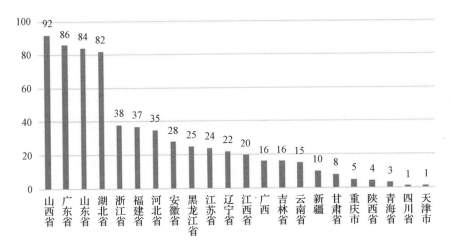

图 5-3　2018 年二季度管理库新增项目数地区分布(个)

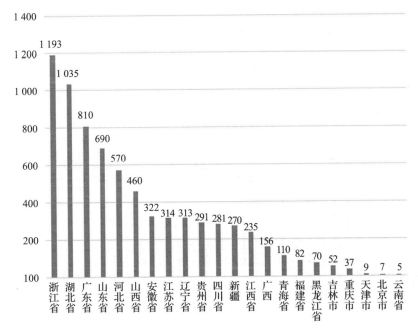

图 5-4　2018 年二季度管理库新增项目投资额地区分布(亿元)

按累计项目数排序,管理库前三位是山东(含青岛)、河南、湖南,分别为 693 个、580 个、497 个,合计占入库项目总数的 22.8%。按累计投资额排序,管理库前三位是贵州、湖南、浙江,分别为 10 040 亿元、8 058 亿元、7 704 亿元,合计占入库项目总投资额的 21.6%。各地方 2018 年一季度与二季度的管理库项目数、投资额对比情况分别如图5-5和图5-6所示。

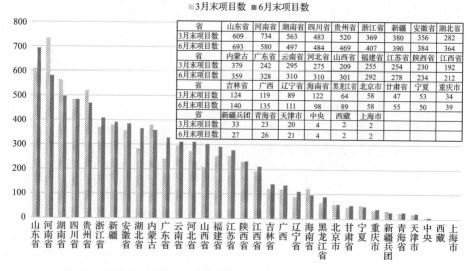

图5-5　2018年一季度与二季度管理库项目数地域分布对比情况(个)

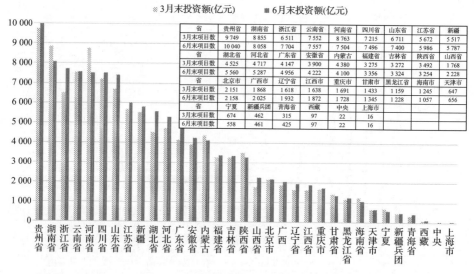

图5-6　2018年一季度与二季度管理库项目投资额地域分布对比情况(亿元)

（四）管理库项目行业分布情况

2018年二季度管理库新增项目数前三位是市政工程、生态建设和环境保护、交通运输，分别为212个、67个、33个，如图5-7所示。

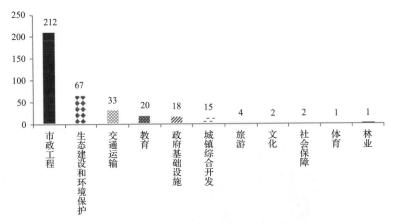

图 5-7　2018 年二季度管理库新增项目数行业分布（个）

2018 年二季度新增投资额前三位是市政工程、交通运输、生态建设和环境保护，分别为 2 020 亿元、886 亿元、754 亿元，合计占管理库新增总投资额的 84.1%，如图 5-8 所示。

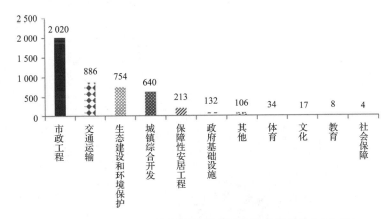

图 5-8　2018 年二季度管理库新增项目投资额行业分布（亿元）

管理库内各行业 PPP 累计项目数及投资额如图 5-9 和图 5-10 所示。其中，项目数前三位是市政工程、交通运输、生态建设和环境保护，合计占管理库项目总数的 62.1%；投资额前三位是市政工程、交通运输、城镇综合开发，合计占管理库总投资额的 72.6%。

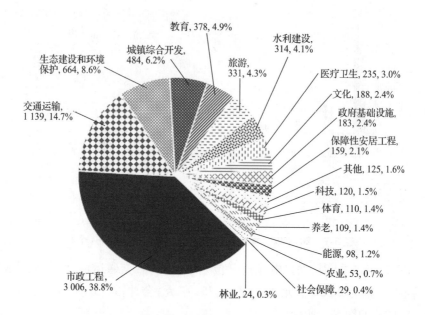

图 5-9　2018 年二季度管理库项目数行业分布（个）

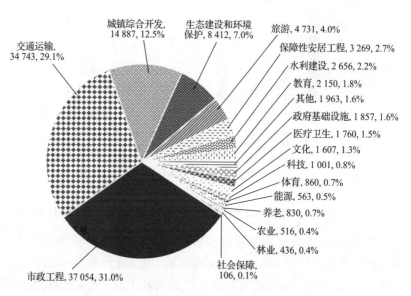

图 5-10　2018 年二季度管理库项目投资额行业分布（亿元）

（五）签约落地项目情况

2018 年二季度管理库环比新增落地项目 344 个、投资额 4 884 亿元，落地率环比增加 5.4 个百分点。管理库累计落地项目总数 3 668 个、投资额 6 万亿元,落地率47.3%,覆盖除西藏以外的30个省(自治区、直辖市)及新疆兵团和19个领域。管理库目前无移交阶段项目。2018年一季度、二季度各阶段项目数如图5-11所示。

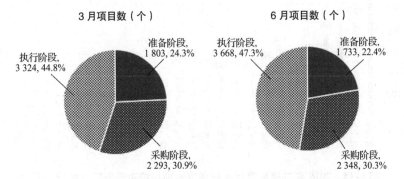

图5-11 2018年一季度与二季度管理库准备、采购、执行阶段项目数分布(个)

从地域分布来看,2018年二季度新增落地项目数排名中,广东、山东(含青岛)、四川位列前三,分别为56个、30个、24个,合计占新增落地项目总数的32.0%。二季度新增落地项目投资额前三位是四川、贵州、浙江,分别为782亿元、644亿元、595亿元,合计占新增落地项目总投资额的41.8%,如图5-12和图5-13所示。

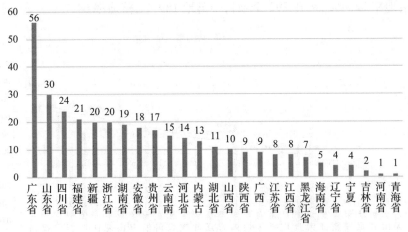

图5-12 2018年二季度管理库新增落地项目数地区分布(个)

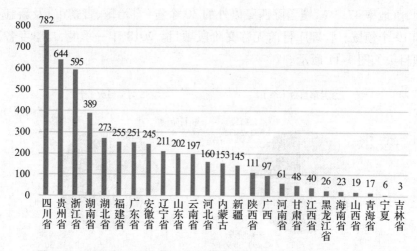

图 5-13　2018 年二季度管理库新增落地项目投资额地区分布（亿元）

管理库累计落地项目数排名中，山东（含青岛）382 个，占落地项目总数的 10.4%，居各省之首；安徽 247 个、新疆 238 个，分别居第二、第三位。贵州、云南、山东（含青岛）位居累计落地项目投资额前三，分别为 5 106 亿元、4 404 亿元、4 250 亿元。各地方落地项目数、投资额情况如图 5-14 和图 5-15 所示。

从落地率来看，上海共 2 个项目已全部落地；海南 98 个项目中落地 71 个，落地率 72.4%；福建 292 个项目中落地 189 个，落地率 64.7%。

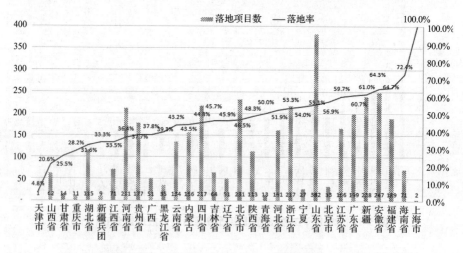

图 5-14　截至 2018 年二季度落地项目数、落地率地域分布情况（个）

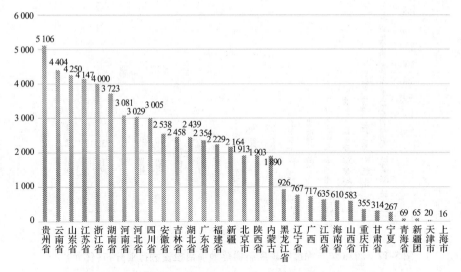

图 5-15 截至 2018 年二季度落地项目投资额地域分布情况（亿元）

从行业分布来看，2018 年二季度新增落地项目数前三位是市政工程、生态建设和环境保护、交通运输，分别为 125 个、42 个、39 个，合计占新增落地项目总数的 59.9%。二季度新增落地项目投资额前三位是城镇综合开发、市政工程、交通运输，分别为 1 461 亿元、921 亿元、623 亿元，合计占新增落地项目投资额总数的 61.5%，如图 5-16 和图 5-17 所示。

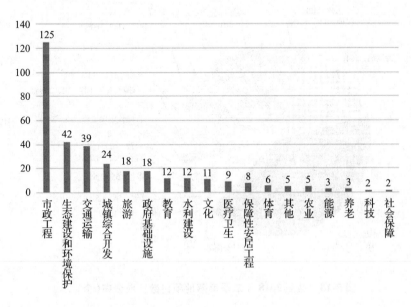

图 5-16 2018 年二季度管理库新增落地项目数行业分布（个）

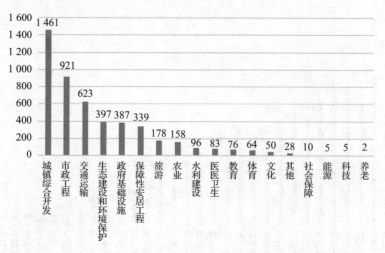

图 5-17　2018 年二季度管理库新增落地项目投资额行业分布（亿元）

管理库累计落地项目数前三位是市政工程、交通运输、生态建设和环境保护，分别是 1 520 个、504 个和 323 个，合计占落地项目总数的 63.9%。累计落地项目投资额前三位为市政工程、交通运输、城镇综合开发，分别为 21 307 亿元、14 795 亿元和 8 360 亿元，合计占落地项目总投资额的 74.1%，如图 5-18 和图 5-19 所示。

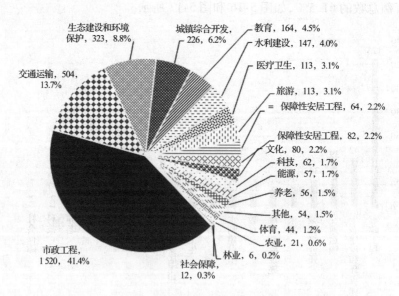

图 5-18　截至 2018 年二季度落地项目数行业分布（个）

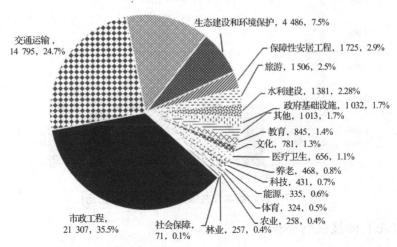

图 5-19 截至 2018 年二季度落地项目投资额行业分布（亿元）

（六）基本公共服务领域情况

我国基本公共服务主要包括文化、体育、医疗、养老、教育、旅游 6 个领域。2018 年二季度基本公共服务领域新增项目 2 个，投资额减少 146 亿元。管理库基本公共服务领域累计项目总数 1 351 个、投资额 11 938 亿元，分别占管理库的 17.4% 和 10.0%。项目数前三位是教育 378 个、旅游 331 个、医疗卫生 235 个；投资额前三位是旅游 4 731 亿元、教育 2 150 亿元、医疗卫生 1 760 亿元。具体见图 5-20、图 5-21。

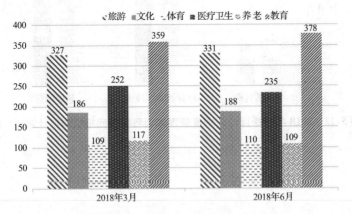

图 5-20 累计基本公共服务项目数（个）

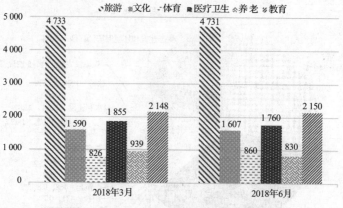

图 5-21　累计基本公共服务项目投资额（亿元）

（七）回报机制分析

按照我国三种回报机制统计，2018 年二季度使用者付费类项目较一季度净减项目 184 个、投资额 1 652 亿元；可行性缺口补助类项目新增项目 475 个、投资额 6 501 亿元；政府付费类项目新增项目 38 个，投资额减少 500 亿元，如图 5-22 和图 5-23 所示。

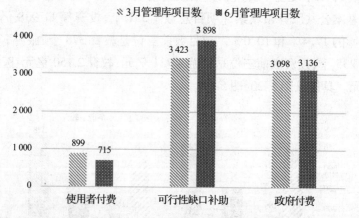

图 5-22　2018 年一季度与二季度管理库项目数按回报机制统计对比（个）

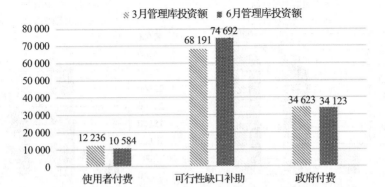

图 5-23　2018 年一季度与二季度管理库项目投资额按回报机制统计对比（亿元）

管理库累计使用者付费类项目 715 个、投资额 1.1 万亿元，分别占管理库的 9.2% 和 8.9%；累计可行性缺口补助（即政府市场混合付费）类项目 3 898 个、投资额 7.5 万亿元，分别占管理库的 50.3% 和 62.6%；累计政府付费类项目 3 136 个、投资额 3.4 万亿元，分别占管理库的 40.5% 和 28.6%，具体情况如图 5-24 和 5-25 所示。

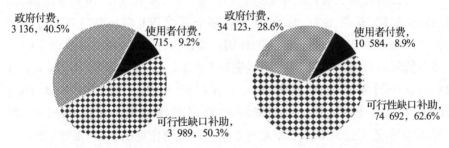

图 5-24　2018 年二季度管理库项目数按回报机制分布（个）　　图 5-25　2018 年二季度管理库项目投资额按回报机制分布（亿元）

对落地项目进行统计，二季度使用者付费类落地项目数和投资额分别净减项目 16 个、365 亿元，可行性缺口补助类和政府付费类落地项目数新增分别为 212 个和 147 个，投资额分别新增 3 899 亿元和 1 343 亿元。管理库累计落地使用者付费类项目 345 个，投资额 4 298 亿元；累计落地可行性缺口补助类项目 1 615 个，投资额 35 266 亿元；累计落地政府付费类项目 1 708 个，投资额 20 413 亿元。具体如图 5-26、图 5-27 所示。

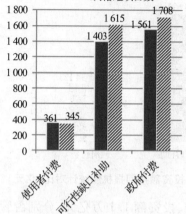

图 5-26　2018 年一季度与二季度落地项目数按回报机制统计对比（个）

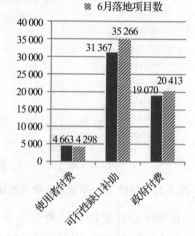

图 5-27　2018 年一季度与二季度落地项目投资额按回报机制统计对比（亿元）

（八）污染防治与绿色低碳项目情况

我国公共交通、供排水、生态建设和环境保护、水利建设、可再生能源、教育、科技、文化、养老、医疗、林业、旅游等多个领域 PPP 项目都具有支持污染防治和推动经济结构绿色低碳化的作用。按该口径，2018 年二季度污染防治与绿色低碳项目新增项目 191 个、投资额 1 962 亿元；管理库累计污染防治与绿色低碳项目 4 193 个、投资额 4.3 万亿元，分别占管理库的 54.1%、36.2%。新增落地项目 171 个、投资额 1 302 亿元；累计落地项目 1 991 个、投资额 22 078 亿元。2018 年一季度与二季度情况对比见图 5-28 和图 5-29。

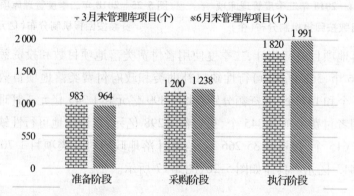

图 5-28　2018 年一季度与二季度污染防治与绿色低碳项目数对比（个）

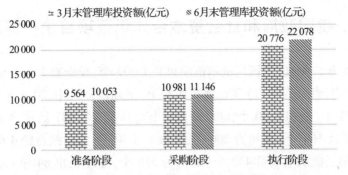

图 5-29 2018年一季度与二季度污染防治与绿色低碳项目投资额对比(亿元)

(九) 超过四成落地项目已开工

2018年二季度管理库新增已开工落地项目309个;管理库累计已开工项目1684个,占落地项目总数的45.9%。其中,山东(含青岛)已开工231个,占该省落地项目的60.5%;安徽已开工190个,占该省落地项目的76.9%;四川已开工148个,占该省落地项目的84.8%;湖南已开工170个,占该省落地项目的73.6%;其余省份开工数量均少于100个。各地情况如图5-30所示。

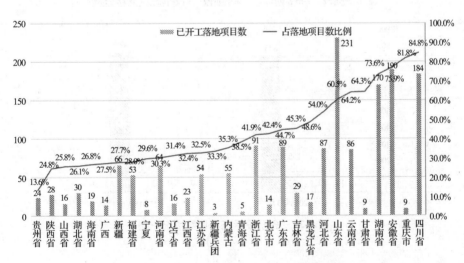

图 5-30 截至2018年二季度各地开工项目数及其占落地项目数比例

四、我国政府和社会资本合作示范项目执行情况

2018年二季度,我国四批示范项目共1 009个,投资额2.3万亿元,覆盖31个省(自治区、直辖市)及新疆兵团和19个领域。其中,2014年第一批示范项目21个(最初为30个,陆续调出9个),总投资额687亿元;2015年第二批示范项目160个(最初为206个,陆续调出46个),总投资额4 672亿元;2016年第三批示范项目432个(最初为516个,陆续调出84个),总投资额9 654亿元;第四批示范项目396个(2018年2月颁布),总投资额7 565亿元。落地示范项目共866个,投资额2万亿元。

(一)各阶段示范项目情况

我国PPP项目按全生命周期分为识别、准备、采购、执行和移交5个阶段,其中,准备、采购、执行和移交4个阶段的项目被纳入管理库。2018年一季度与二季度管理库各阶段示范项目数和投资额情况如图5-31和图5-32所示。

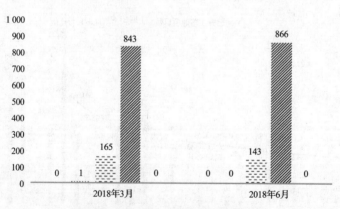

图5-31 各阶段示范项目数情况(个)

图 5-32　各阶段示范项目投资额情况（亿元）

（二）八成示范项目落地

项目落地率是指执行和移交两个阶段项目数之和与管理库项目数的比值。通过开展示范项目整改工作，2018 年二季度落地示范项目新增项目 23 个、投资额 75 亿元。截至 2018 年 6 月，落地示范项目累计 866 个、投资额 2 万亿元，落地率 85.8%，无移交阶段项目。示范项目总体落地率变化如图 5-33 所示。

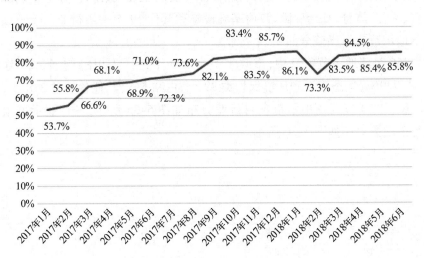

图 5-33　示范项目总体落地率变化

截至 2018 年二季度，第一批 21 个示范项目、第二批 160 个示范项目、第三批 432 个示范项目已 100% 落地，第四批示范项目中落地项目 253 个，落地率 63.9%。四批示范项目各自落地率如图 5-34 所示。

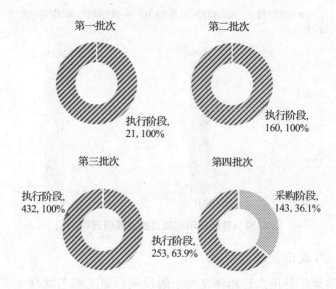

图 5-34 2018 年二季度一、二、三、四批次示范项目各自落地率

（三）市政工程类项目依然占据首位

管理库共包括能源、交通运输、水利建设、生态建设和环境保护、市政工程、城镇综合开发、农业、林业、科技、保障性安居工程、旅游、医疗卫生、养老、教育、文化、体育、社会保障、政府基础设施和其他 19 个一级行业。示范项目及落地示范项目涵盖全部 19 个行业。

866 个落地示范项目中，市政工程类 380 个，占 43.9%；交通运输类 86 个，占 9.9%；生态建设和环境保护类 82 个，占 9.5%；其他各类共 318 个，占 36.7%。二季度已落地示范项目行业分布如图 5-35 所示，各行业示范项目数与落地数对比如图 5-36 所示。

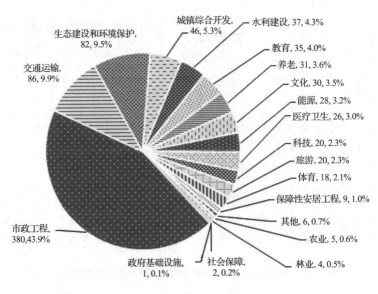

图 5-35　2018 年二季度落地示范项目行业分布(个)

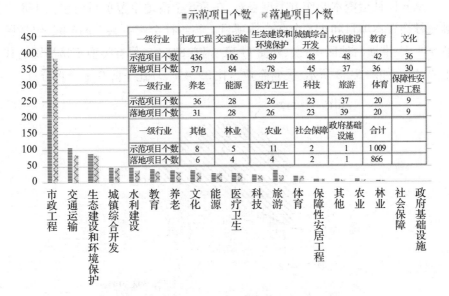

图 5-36　2018 年二季度各行业示范项目数与落地数对比(个)

(四) 山东、河南、云南落地项目数居前三

按各地落地示范项目数统计,山东(含青岛)已有 73 个示范项目签约进入执行阶段,居全国第一,其后为河南 72 个、云南 62 个、安徽 55 个、河北 54 个。其余各省均不足 50 个。各地示范项目数与落地数对比如图 5-37 所示。

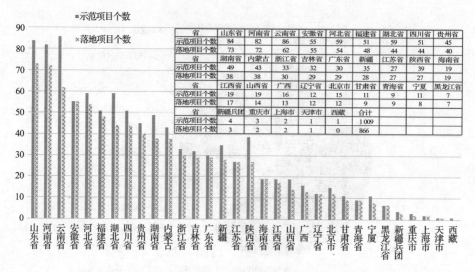

图 5-37　2018 年二季度各省份示范项目数与落地数对比(个)

(五)民营企业项目参与率近四成

从我国社会资本合作方类型来看,在 866 个落地示范项目中包括 448 个独家社会资本项目和 418 个联合体项目。签约社会资本共 1 516 家,包括民营 598 家、港澳台地区 40 家、外商 17 家、国有 821 家,另有类型不易辨别的其他 40 家。如图 5-38 所示,民营企业占比 39.4%,环比下降 0.1 个百分点。

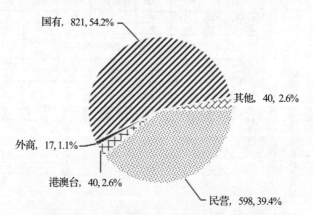

图 5-38　1 516 家社会资本的分类及占比(家)

从民营企业参与行业领域来看,民营的非联合体项目以及含民营、港澳台地区及外资的联合体两类项目数合计 455 个,占落地项目数的 52.5%,环比下降 0.1 个百分点。民企参与的行业领域 19 个,如图 5-39 所示。其中,市政工程 181 个、生态建设和环境保护 53 个、城镇综合开发 27 个、养老 26 个,其余皆为 25 个以下。

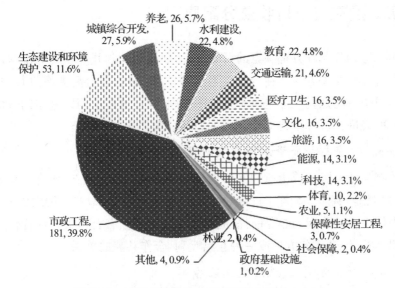

图 5-39 民营参与的落地示范项目领域分布（个）

（六）山东领跑落地示范项目开工数

截至 2018 年 6 月，累计已开工示范项目总数 450 个，开工率 52.0%。如图 5-40 所示，安徽和山东（含青岛）开工示范项目数同为 51 个并列第一，云南 43 个居第三位，占其各自落地示范项目数的比例分别为 92.7%、69.9%、69.4%。

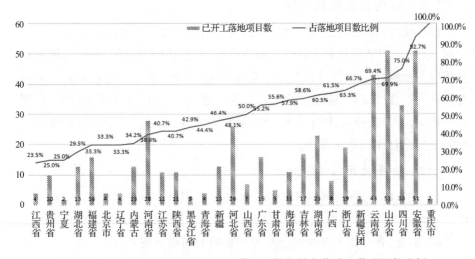

图 5-40 2018 年二季度各地开工示范项目数及其占落地示范项目数比例

五、投融资项目收益分配原则

为了达到公私双方都满意的目的,保证项目的顺利开展和成功建设,PPP项目利益分配相关方应当在合作关系形成之前,对收益分配方案进行协商,最终形成统一的意见。但是由于信息不对称,收益分配应当以基本的分配原则为标准来进行。本章将PPP项目的收益分配原则归纳如下。

(一) 政府与社会资本互惠互利原则

政府与社会资本希望通过PPP项目合作共同获取利润,达成合作双方所期望的"双赢"甚至"多赢"的目标。因此,充分考虑公私双方期望的投入收益应当作为收益分配的必要前提,同时需要保证不损害合作关系和合作各方的应得利益,使合作各方形成一种互惠互利、合作共赢的关系。

(二) 收益与投入、风险成正比原则

PPP项目合作关系要求合作各方在共同承担风险的前提下,利益共享,各方在最初协商利益如何合理有效地分配时,不仅要将各方的资源投入比例考虑在内,还要考虑对承担风险大小不同的各方给予与风险相匹配的补偿,来增强各方的积极性。在社会主义市场经济体制下,收益分配的多少应该与所担风险的大小相匹配,合作各方的收益分配应取决于风险承担的比例和资源投入的比例。

(三) 结构利益最优原则

PPP项目收益分配方案需要在理论计算的基础上给出收益分配的最佳比例,以调动PPP项目有关合作者努力合作、相互协调发展的积极性,因此建立相应的激励体系和信任机制是十分必要的。PPP项目的顺利实施需要将合作各方的法律义务、需要承担的责任以及能享受的权益都明文规定,做到有所依据,并要将投资比例、风险分担系数、合同执行度以及贡献度等多个影响因子的综合作用考虑在内。

(四) 公平兼顾效率原则

合理的收益分配方案对于调动合作各方的积极主动性、防止合作各方产生矛盾有巨大的帮助,但过度地追求公平又会对获得最大的PPP项目效益造成影响,因此,合作各方必须在公平得到保障的前提下兼顾效率。

六、城市基础设施投融资项目收益分配影响因素

虽然影响 PPP 项目的收益分配因素总体是错综复杂的,但我们可以做出合理的简化,从单个阶段来看,需要考虑的影响因素可以简化成固定性因素和灵活性因素。固定性因素又分为政府和社会资本双方投入比重、风险分摊系数;灵活性因素可细分为合同执行度、贡献度和公共部门对 PPP 项目的监督力度等。

(一) 政府、社会资本双方投入比重

资本的本质是为了追求利润,投资者在占有资产的形式、掌控资金流动的方向以及所享受的权益和法律规定的需要承担的义务等方面有很大程度的不同。一般来说,越大的投资会伴随越高的回报期望。相应地,根据公平分配、增加投资所得收益应与投资多少成正比的原则,合作方最终获得的收益的多少要与资本投入量呈正相关,政府和社会资本双方所预期的收益会与投入呈正相关。PPP 合作项目的本质就是试图形成政府和社会资本方的相互信任机制,促使双方为了获得项目的最大收益而加倍投入,但前提是能为其带来超出投资的收益。但如果合作双方同时追求收益随投资快速线性增长,就会加剧双方的利益冲突,降低合作效率。因此,在合作之前就先确定双方满意的投资比例是保证合作顺畅进行的前提条件。

(二) 风险分摊系数

通常来说,政府部门单独运营公共项目所需要承担的风险非常大并且效率还很低。而公私合作的 PPP 项目能够将一些风险分给能有效管理的私人投资者,从而在根本上解决了项目成本高、运营效率低的问题,同时又提高了项目的整体收益。政府希望的是项目的社会效益达到最大,所以很难单纯地从经济方面来计算其收益;但社会资本投资者的主要目的是为了追求与风险等级相匹配的回报,看重的是能够在这个项目中获取多少利润。如果某方在合作项目中需要承担更大的风险,那么要求分配得到比原本应得更多的收益来平衡承担风险的投入也是合理的。因此,计算各种风险的大小及合作各方如何分摊这些风险对于分配收益也有不可忽视的影响。想要达成长期稳定的合作需要给出合理的风险承担比例,这也是合作各方能够共赢的前提。如果要求某方承担更多的风险那就必须给予其部分收益的额外奖励,承担的风险越大,参与方希望得到的收益越高。

(三) 合同执行度

合同执行度指的是政府和社会资本双方为达成共同的利益目标,按照签订的合同要求而采取行动的积极程度。PPP 项目是以政府和社会资本双方协力合作为基础的,在项目建设过程中会签订对双方的行为有所约束的合约,但可能会有某一方为了追求利益,违背双方的约定,对 PPP 项目的收益造成一定程度的损害。而合同执行度就是为了防止这种现象发生而采用的用来衡量双方努力程度的指标,只有双方共同努力,才能获得最大的整体社会效益,社会评价才能较高。因此,将合同执行度当作影响因素之一,可以有效防止某一方偷懒情况的发生,使得 PPP 项目收益实现帕累托最优。

(四) 贡献度

PPP 项目的环境较为复杂,经常会有难以预料的情况发生,为了能快速解决这些环境变化的问题,需要双方中的某一方做出临时的牺牲和贡献。为了鼓励双方在这种情况下能够主动地为 PPP 项目贡献自己的力量,在收益分配比例方面也应该考虑这部分贡献度。

(五) 公共部门的监督力度

在项目建设的过程中,公共部门除了扮演参与者的角色外,还要对整个项目的建设进行监督。由于公私双方都不能有效地控制对方,而且双方的信息不对称,因此会发生项目参与方合同执行度低下或者擅自挪用公共资源等损害整体利益的做法。因此,需要公共部门在 PPP 项目中扮演监督角色,使得效率最大化和利益合理分配。

七、基于 Shapley 修正值的山东潍坊高铁投融资项目分析

根据经济学中的激励理论,在确定合作之前,各方都应该明确收益分配的基本原则。合理的公私方利益分配能够保障项目建设过程的顺利进行。合作各方获得的收益应该与投入的多少和风险的大小成正比,所以与投入和风险直接挂钩的利益分配方案对调动双方的工作积极性和投资积极性有重要意义。假设 PPP 项目总收益既定,通过分析收益函数的数据可得到使公私双方满意度达到最大的合理收益分配方法,也能解决公共部门和私人投资者之间的利益冲突问题。

(一) 基本假设

(1) 政策环境稳定,决策变动幅度不大,具有较为稳定的政治和法律环

境等。

（2）视利益均衡为静态，即利益各方经过协调，得到的公平分配状态。

（3）PPP项目的总体收益既定，且不考虑项目本身的运营成本的情况下，各方利益指的是参与方获得的总利润，包含由项目直接获得的利润和相关的政府补贴。

（二）确定各类参数

政府和社会资本双方资源投入比重

投入包括合作双方在合作之初的投资比例以及后期增加的投入，同时还包括项目建设的其他投入，如场地、劳动以及技术等的投入。我们可以根据以下方法来确定投资比例：

（1）明确社会私人资本的投融资条件和投资环境。

（2）通过确定最优的PPP合作项目资本原始构造，来确定公私双方的初始投资比例。

（3）以兼顾项目建设和运营为基础，设计出动态情况下满足合作双方不同收益要求的投资比例。

充分考虑上述因素可以计算得出公私双方的最佳投资比例为：a_{11},a_{21}。

（4）政府和社会资本双方风险分摊系数。根据城市交通基础设施PPP项目风险分配原则，采用AHP法进行确定，并假定政府、社会资本的风险分摊系数为a_{12},a_{22}。假设从项目开始建设到投入运营整个项目建设过程中存在m种风险，第i种风险占总体风险的权重为w_i，且公私双方分担第i（$i\leqslant m$）种风险的系数为x_i,y_i，则这些系数满足下列关系：$x_i+y_i=1,\sum w_i=1$。假定对其中一个风险赋予相应的权重值$\alpha=(\alpha_1,\alpha_2,\alpha_3,\alpha_4,\alpha_5,\alpha_6)$，通过专家打分法和模糊综合评判法，得到风险系数矩阵γ_3，则双方风险大小分别为：$x_3=\gamma_3\times PT$；同理可得y_3，且$x_3+y_3=1$。

（5）合同执行度。合同执行度指的是政府和社会资本双方为达成共同的利益目标，按照签订的合同要求而采取行动的积极程度。因为项目是以公私配合为纽带形成合作关系，双方为了追求更多的利益，会单方面采取懒散的态度，使得合同完成度低下，会造成原计划目标不能高质量完成，从而对项目的整体收益造成损害。只有当项目建设完成并获得收益后的收益分配按照其付出的努力多少来进行时，才能使整个利益分配更加合理，也能督促合作参与者尽其所能地参与到项目建设中去。

衡量合同执行度可以借用"净值法"，对比实际进度和计划进度来标定合同的执行度。因此,可事先确定任务目标,然后采用打分法,请相关监督部门对公私双方完成任务目标的程度进行评价、衡量,以此得出合同执行度的测度值 a_{31}、a_{32}。

(6) 贡献度。贡献度是政府和社会资本应对项目的突发状况所做出的贡献。贡献度的衡量可以按照以下步骤进行:

① 当遭遇突发状况时,确定其为 PPP 项目带来的收益负效益为 B。

② 明确双方应对这个突发情况,保证项目的成功开展所投入的资源,包括资金、人力、技术等以及其他沉没成本 C_g 和 C_s。

③ 确定物质和非物质投入,减少 PPP 项目负效益为 B'。

充分考虑上述因素可以计算得出公私双方的贡献度分别为:

$$a_{41} = \frac{C_g}{C_g + C_s} \qquad a_{42} = \frac{C_s}{C_g + C_s}$$

(7) λ 的确定。具体到每个 PPP 项目,都各有其独特的风险,因此,各个影响因子对 PPP 项目的影响程度各有不同。因此,在具体研究某个 PPP 项目时需要考虑属于每个项目的影响系数 λ。那么这样的一个利益分配影响系数 λ 是如何确定的呢?我们可借助匿名方式利用打分法征求专家对每一个影响因子的意见,并进行统计、整理、分析和归纳等,结合经验主义,合理估计难以确定的因素,经过连续多次的动态调整,得出所研究项目的 λ 值。

(三) 基于 Shapley 修正值的 PPP 项目收益分配模型确定

1. Shapley 值模型建立

城市交通基础设施按照 PPP 模式进行投资建设,合作成立后的项目公司设为投资联盟 S,S 可获得的总收益为 $v(S)$,不考虑风险因子对收益分配的影响,Shapley 值法假定各投资方共同承担项目风险,且风险均分为 $1/N$(N 为投资参与者总数),$S \in N$,为 N 的一个联盟。$v(S)$ 是定义在联盟集上的特征函数,设 φ_i 为局中人 i 的收入,根据 Shapley 值定理可得:

$$V(\varphi_i) = \sum_{s \in N} \frac{(|s| - 1)! \, (n - |s|)!}{n!} [v(S) - v(S-1)]$$

本研究假定 $i = 1、2、3$,分别表示政府、社会资本以及搬迁居民;$N = \{i\}$,表示 N 是参与人 i 的集合,则 $N = 3$;φ_1、φ_2 和 φ_3 分别表示未考虑风险因素的政府、社会资本和搬迁居民分配所得的收益。

2. 加入调整因素后的 Shapley 修正值收益分配模型建立

为了保证项目整体收益的最大化,合作各方需要承担不同的风险,这就需要进行参数调整。我们在这里将需要调整的因子写成 $Y = \{y\}$,$y = 1, 2, 3$,

这里的三个影响收益分配的因子包括投资比例、风险分摊系数和合同执行度。这样可得到影响利益分配的调整矩阵 A，然后将 A 矩阵中的数据进行归一化处理，得到 B 矩阵，通过专家打分法，得到每一个影响因素对 PPP 模式下轨道交通利益分配的影响程度，$C = \begin{bmatrix} c_1 & c_2 & c_3 \end{bmatrix}^T$，得 $R_i = \begin{bmatrix} R_1 & R_2 & R_3 \end{bmatrix} = B \times C$，$R_i$ 表示调整后各因素对各方利益分配的综合影响程度。

$$V_i = V\varphi_i + \left(R_i - \frac{1}{n}\right) \times v(S), i = 1,2,3$$

（四）山东潍坊高铁 PPP 项目案例计算

1. 项目总体概况

目前高铁出行已经成为人们的首选方式之一，而济青高铁作为我国"四纵四横"铁路网必不可少的部分，也是中国第一条由政府和私人投资者合资建设的高速铁路。项目投资总额约 600 亿元，资本金占总投资额的 50%，由山东省、中国铁路总公司分别承担 80%、20%。济青高铁总长 307 千米，仅潍坊段就有 147 千米，如果采用政府单独建设的方式，沿线征地和拆迁的补偿款就会耗掉政府财政预算的一半，给财政带来了巨大压力。为了有效解决这个问题，潍坊市政府灵活变通，采用 PPP 模式引入社会闲置私人资本来推动征地和拆迁补偿的实施。这一方式不但有效缓解了政府的财政压力，还首创了行之有效的社会资本参与地方高铁建设的新模式，并一定程度上为社会资本的潜力发挥提供了平台，成为中国首例规范运作的地方高铁 PPP 项目。项目计划投资规模为 40 亿元，期限 15 年。

此 PPP 项目按照拆迁（征地）—运营—移交的模式进行，具体方式为：首先由潍坊市政府授权潍坊市财政局负责项目的开展，并在社会上公开招标，然后由财政局进行资格预审，最后通过竞标的方式确定社会资本方。由政府的指定机构和成功竞标的社会资本方成立项目公司（SPV），社会资本方负责筹集征地和拆迁补偿所需的资金，政府指定机构负责征地和拆迁以及监管整个项目的运营与资金使用情况。合同约定双方的合作时间不少于 10 年，从合作开始至少 5 年之后进入回购期，回购期满，政府部门可以按照成本价优先回收社会资本。社会资本方在这个项目过程中每年会获得不高于 8% 的固定收益，这些收益来自整个项目的运营收益，如果有不足，就由政府出资补贴，并且将政府运营补贴支出列入财政年度预算以及中长期财政规划。

潍坊政府推出的这个 PPP 项目共获得了 15 家社会资本的投入，总共有 420 亿元的资本有意向投资，这也创下了比项目所需资金高达 10 多倍的社会资本追捧的纪录。经过激烈的竞标,最终邮储银行脱颖而出,获得与潍坊市财政局合作参与 PPP 项目城市高铁基础设施建设的机会。

2. 案例计算

山东潍坊高铁为城市交通基础设施 PPP 项目,涉及的利益相关者包括山东省政府方(G)、社会资本方(S)和搬迁居民(N)。经过有效评估,项目总体收益为 24 亿;如果 G、S、N 单干,其收益分别为 4 亿、4.8 亿、5.6 亿;如果 G 与 S 联盟,总收益为 9.6 亿;如果 G 与 N 联盟,总收益为 10.4 亿;如果 N 与 S 联盟,总收益为 12 亿。

假定项目的投资比重、风险分摊系数和合同执行度的权重系数 $C = (0.3, 0.6, 0.1)T$,G、S、N 三方投资比重为 $(0.2, 0.6, 0.2)$,G、S、N 三方合同落实度为 $(0.9, 0.9, 1)$,风险分摊系数中,$w_i = (w_1, w_2, w_3, w_4, w_5) = (0.1, 0.2, 0.1, 0.3, 0.3)$,$(x_1, y_1, z_1) = (0.65, 0.3, 0.05)$,$(x_2, y_2, z_2) = (0.2, 0.4, 0.4)$,$(x_3, y_3, z_3) = (0.33, 0.33, 0.34)$,$(x_4, y_4, z_4) = (0.15, 0.65, 0.2)$,$(x_5, y_5, z_5) = (0.3, 0.6, 0.1)$。

① 根据如上讨论,运用公式 $V(\varphi_i) = \sum_{s \in N} \frac{(|s|-1)!(n-|s|)!}{n!}[v(S) - v(S-1)]$,首先计算未加入参数调整的 Shapley 值。

$$V(\varphi_1) = \frac{0!\,2!}{3!} \times 4 + \frac{1!\,1!}{3!} \times (9.6 - 4.8) + \frac{2!\,0!}{3!} \times (24 - 4.8 - 5.6) = 6.7$$

同理可得:$V(\varphi_2) = 7.4, V(\varphi_3) = 8$。

归一后:$V(\varphi_1) = 7.2, V(\varphi_2) = 8, V(\varphi_3) = 8.75$。

② 加入调整因素后求 Shapley 值。

根据案例数据,山东省政府方、社会资本方和搬迁居民的投资比重测度值分别为 $a_{11} = 0.2, a_{21} = 0.6, a_{31} = 0.2$。

风险系数中:

$a_{12} = 0.1 \times x_1 + 0.2 \times x_2 + 0.1 \times x_3 + 0.3 \times x_4 + 0.3 \times x_5 = 0.273$

同理可得:

$a_{22} = 0.518, a_{32} = 0.209$

合同履约度中,$a_{13} = 0.9, a_{23} = 0.9, a_{33} = 1$,进行归一化处理后,$a_{13} = 0.3215, a_{23} = 0.3215, a_{33} = 0.357$。

根据公式 V_i 可以重新得到利益分配方案如下:

$V_1 = V(\varphi_1) + (R_1 - 1/n) \times V(s) = 7.2 + (0.26 - 0.33) \times 24 = 5.5$(亿元)

同理:$V_2 = 12.5$(亿元),$V_3 = 6$(亿元)。

如上计算,对 Shapley 值法调整前国有投资公司、私人部门和搬迁居民利益收入分配方案为 $V_1 = 7.2$(亿元), $V_2 = 8$(亿元), $V_3 = 8.75$(亿元);进行调整后,最终得出山东省政府方、社会资本方和搬迁居民利益收入分配方案为 $V_1 = 5.5$(亿元), $V_2 = 12.5$(亿元), $V_3 = 6$(亿元)。

八、结论

建立合理、公平的收益分配方案,对调动政府和社会资本双方的积极性、保证项目的顺利进行具有极其重要的作用。不得不承认,确定合理有效的收益分配是极其复杂的问题,不仅要把各种可能因素都充分考虑到,还要根据实际情况进行收益分配的动态调整,以保证合作双方都能积极实施项目计划,实现社会资源与核心能力的共享和互补,充分发挥双方合作带来的优势。

本研究在之前学者所做研究的基础上对城市交通基础设施 PPP 项目的收益分配继续进行探究,运用 Shapley 修正值、AHP 法、评价法、博弈法等进行定量计算,根据实际情况适当调整了影响公式的投入比重、风险分摊系数、合同执行度、贡献度、λ 系数等参数,通过搭配、计算,最终得出更加符合实际情况的收益分配方案。

总而言之,运营公私合营的 PPP 项目是一个极其复杂的过程,前人以及本研究的计算都还存在一些漏洞和误差。在未来,建议从事这项研究的专家学者从更多更复杂的利益分配案例中学习参数调整,这就要求运用更为先进的模型或者方法深层次分析各复杂利益相关者利益分配以及影响因素之间的关系,为城市交通基础设施 PPP 项目的良好发展提供指导。

第六章

苏州X小贷公司业务风险控制问题研究

小额贷款公司引入国内已有将近30年时间。在这期间,我国小额贷款公司的数量及放贷规模均取得了十分快速的发展,在解决中小企业融资难问题、促进地方经济发展等方面发挥了积极作用。目前,国内小额贷款行业已由无序混乱的初始阶段向规范健全的成熟阶段转变,一些风险点也逐渐暴露出来,其中最突出的就是业务过程的风险控制问题。由于小额贷款公司主要从事的是贷款业务,一旦风险控制出现纰漏,将严重影响企业正常经营,甚至会让企业濒临倒闭。因此,研究小额贷款公司风险控制问题,对于企业来说,能够降低其经营风险,同时促进其健康发展,意义十分重大。

本章以苏州X小贷公司作为研究对象,采用文献研究法、案例分析法等方法对该公司的风险控制情况进行分析,既发现其在风险控制方面值得借鉴的地方,也总结归纳其目前尚存在的问题,并提出相应的解决方案。本章内容理论与实际相结合,既有理论基础,又有实践支撑,使分析更具针对性和说服力。

一、绪论

(一)选题背景及意义

1. 研究背景

2018年是中国实行改革开放的第40个年头。这40年来,中国经济得到迅速而又全面的发展,取得了令全世界都为之惊叹的成绩。各个领域的改革不断深入,特别是金融领域的改革得到了持续推进,形成了新的金融制度。

银行、保险、证券三巨头齐头并进,互联网金融等新兴金融业态不断涌现,外资金融机构也积极进入中国金融领域,中国经济呈现出勃勃生机。然而金融环境是不断变化的,金融行业既充满机遇又充满挑战。为更好地在全球化浪潮中生存和发展,各大金融机构和类金融机构均加快转型升级步伐,调整发展策略以适应经济新常态。与此同时,这些金融机构也希望通过自身在当地的影响力,不断向实体经济渗透,为地方经济保驾护航。中小型企业作为全国经济活动的重要组成部分,在促进经济增长、增加税收、推动创新、吸纳就业、改善民生等方面具有无可替代的地位。企业需要发展,发展则需要大量的资金投入,但目前中小企业融资难、融资贵的问题依然突出,这也俨然成为一个世界性难题。随着近几年经济增速放缓,特别是最近被炒得沸沸扬扬的中美"贸易战"持续发酵,更是让这些中小企业如履薄冰。银行是金融行业的主力军,是企业外部资金的最主要来源,但其投向各类中小企业的资金非常有限。在这样的大背景下,非银行金融机构在金融创新领域进行了大量尝试,在中小型企业融资领域积极探索金融类产品和创新服务模式,各类小额贷款公司、担保公司、融资租赁公司、商业保理公司等非银行金融机构不断涌现,并有明显的发展趋势。这其中,小额贷款公司在金融创新体系中占据着越来越重要的地位,为我国各类中小企业提供了差异化的融资途径,缓解了企业融资难、融资贵的问题。然而在实际业务操作中,我国的小额贷款公司在业务风险防范、贷款出险处置等诸多方面还普遍存在不足,严重的甚至影响到企业正常经营。因此,对于小额贷款公司业务风险控制的相关研究显得十分重要。本章以苏州 X 小额贷款公司作为研究对象,具体分析了公司的经营业绩、业务流程及风险控制制度,同时也对公司在业务风险控制方面存在的问题进行深入分析,找出其内在原因,最后提出了可行的整改建议。

2. 研究意义

当前我国的小额贷款公司面临两个现实问题:一方面,小贷行业从业人员收入偏低,导致愿意从事小贷行业的高层次人才不足;另一方面,小贷公司的风险控制体系远比商业银行落后,有些小贷公司甚至没有专门的风控人员。这两方面缺陷非常不利于我国小额贷款公司业务的开展。企业的可持续发展需要较好的风险控制水平,所以小额贷款公司未来想要实现稳健运营,风险控制体系的合理构建以及强有力的执行至关重要。同时,数量庞大的有专业素养的风控人员需要发挥自己的专业特长,投入到小贷这个行业中。除此之外,小额贷款公司还面临着其他金融机构普遍存在的问题,如社会信用体系不健全、信息不对称现象严重等,这些都成为小贷行业发展的"绊脚石"。本章希望通过对苏州 X 小额贷款公司的研究分析,发现其在风险控制中值得借鉴的地方,同时归纳公司目前仍然存在的问题,探索风险控制产生的原因。在发现和探索的基础上,结合笔者多年的从业经验,为苏州 X 小额贷款公司提出可行性的改善建议,供公司管理层参考。与此同时,希望通过本章研究论述,呼吁各小额贷款公司重视高层次人才的引进,不断完善风险控制体系,努力把小贷行业推向更高的台阶,在社会经济活动中发挥更重要的作用。最后,笔者希望通过抛砖引玉,启发更多的行业精英献计献策,推动信贷业务风险控制相关理论的发展与完善。

(二) 文献综述

1. 关于小额贷款公司的含义及其风险构成的研究

小额贷款公司在 20 世纪 90 年代进入我国,至今已有近 30 年的历史。在此期间,中国人民银行、中国银行业监督管理委员会相继发布了《关于小额贷款公司试点的指导意见》《关于村镇银行、贷款公司、农村资金互助社、小额贷款公司有关政策的通知》等相关政策性文件,小额贷款公司在我国经济活动中扮演的角色愈发重要,小贷行业也进入了发展的快车道。

目前,国内外学者对小额贷款公司的定义都是从小额贷款的作用以及服务对象角度出发的。孟加拉国著名经济学家尤努斯博士(1983)认为小额贷款公司存在的最大意义是为广大的社会底层人民提供资金支持,以帮助他们摆脱贫困。尤努斯博士经过多年不懈努力,成立了世界上第一家专注为穷人提供服务的银行——格莱珉银行(Grameen Bank)。Anthony Saunders 和 Marcia Millon Cornett 在《金融市场与金融机构》一书中提道:金融企业的主要作用是面向企业和个人发放贷款,其中商业贷款、抵押贷款、消费贷款等是金融企业提供的主要服务类型,在整体业务中占比较大。除此之外的部分贷款,如汽车贷款,和一般的商业银行类似,商业贷款也和商业银行相差无几,但是在如何为中小企业和普通消费者提供高风险的贷款、如何为客户提供类信用贷款方面,金融企业则相对来说专业性更强。金融企业的资金包括自有注册资本及通过机构融资获得的资金,往往来源于长短期债务。金融公司无法吸收公众存款,是与商业银行最大的差异。英国学者 Martin 对于小额信贷做出如下评论:虽然大多数小额贷款公司的宗旨都是为了减缓贫困,都是为了社会经济的发展,但是它们的压力也在不断增加,主要包括:① 需要不断增长规模来扩大贷款的覆盖面,但这与覆盖贫困人口不同;② 需要增长业务量来实现经营的规模效益,从而完成公司自负盈亏的目标;③内部资金极为有限,需要商业资金助推增长。

杜晓山(2000)是我国较早开始研究、分析小额贷款的学者,他认为小额贷款的模式很多,也有很多新颖的地方,主要是为低收入群体提供小额信贷服务,不过它的本质是填补了传统金融业没有触及的领域和地带,为低收入群体提供小额资金帮助,为他们提供稀缺资源,这个特点也是国际上小额贷款公司的特色。在财经领域有一定话语权的朱大鹏认为,小额贷款公司面临的最大问题就是与客户之间的信息不对称,而解决这一问题的主要方式是进行制度创新。普惠制是小额信贷实现的原则,其本质意义是让每个阶层,特别是在信贷供求关系中传统金融无法覆盖的、处于弱势地位的阶层能够享受适合他们的金融产品和金融服务。我国小额信贷机构管理及风险控制专家嵇少峰(2018)认为,小贷公司进入中国后,出现了差异化,我们要鼓励百花齐放、百家争鸣,小贷公司要根据外部经济环境的变化,不断调整自身策略,更好地服务实体。

我国学者对小额贷款公司面临的风险种类进行了划分,相关理论研究成果较为丰富。曹春华(2018)认为,小贷公司风险分为内部风险与外部风险,外部风险主要来自政策与市场的波动及客户的信用风险;内部风险主要有公司信贷模式风险、管理风险等。与普通商业银行相比,小额贷款公司信息化程度较低,许多工作仍靠人工完成,这样就会埋下风险隐患。同时,小额贷款公司面对的多是边缘客户群体,这些客户往往不能提供有效的担保条件,一旦出险,贷款追回的难度很大。韩丹(2013)认为小额贷款公司应详细分析不同风险产生的原因,并对症下药,尽可能采取不同措施解决这些问题,实现小额贷款公司的长远发展。邢早忠(2009)认为,由于我国监管部门对于小额贷款公司的融资方式限制较多,如不允许吸收公众存款、只能从不超过两家的银行融资且合计金额不超过注册资本金的50%等。诸如此类的约束,限制了小额贷款公司的发展,同时也降低了资产的流动性,势必成为小贷公司的风险因素。

2. 关于小额贷款公司风险形成原因的研究

周忠明(2003)将小额信贷风险的形成总结为"四个缺乏":项目管理缺乏责任制;资金使用缺乏约束;资金回收缺乏保障;项目运作缺乏补偿。刘孝丽(2017)将小额贷款公司风险形成的原因分为内部原因和外部原因,内部原因主要有公司内控制度存在漏洞、服务对象出现偏差等;外部原因有信息不对称、对于违约客户的惩罚力度过轻等。黄晓梅(2012)的观点与刘孝丽类似,她认为信用风险是小额贷款公司面临的最主要风险,而这一类风险产生的根本原因在于其服务对象普遍存在信用意识低、经营能力弱等特征。另外,征信体系缺失也加大了小额贷款公司的风险。

也有很多专家学者从小额贷款公司内部查找原因,他们普遍认为从业人员专业能力低下、对待工作态度不端正等也是形成小额贷款公司风险的重要因素。王云锋(2015)认为小额贷款公司管理层水平的高低直接影响公司能否健康发展,同时,业务人员应尽可能避免操作失误,将不必要的损失降至最低。嵇少峰(2017)认为在操作信贷业务的时候,可通过软件与硬件的配合,建立风险模型,信贷机构根据建立的风险模型,能有效降低贷款风险,同时节省人力物力。

3. 关于提高小额贷款公司风险控制水平的研究

国内学者根据小额信贷公司的发展现状,从信用风险控制、操作风险控制、流动性风险控制等多方面进行阐述。蒋雪淼(2014)认为小额贷款公司可在内部建立客户评级体系,对不同级别的客户采取不同的管理办法,以此降低业务的信用风险。她同时呼吁央行等有关部门积极完善征信系统,允许小额贷款公司使用征信系统,降低信息获得的门槛,从而为降低信用风险提供支持。何兴(2018)认为小额贷款公司要加强同行业间的信息共享,同时,小额贷款公司要积极接入人民银行征信,借助较为完善的银行征信系统来加强自身的风险控制水平。张大龙(2014)认为政府部门要尽快明确小额贷款公司的法律地位,通过减免税收的方式给予小额贷款公司扶持。同时,要放开利率上限的管制,增强小贷公司盈利能力,从而提高抗风险能力。另外,他还提议小额贷款公司将不良贷款清收纳入考核体系,对于超额完成指标的给予奖励,充分调动员工积极性。曹滕(2015)认为可以通过不断创新信贷产品来提高小额贷款公司风险控制能力。外部经济环境每天都在发生着变化,企业的需求同样也在变,小贷公司必须想企业之所想,设计出更加符合企业需求的信贷产品,这样才能降低业务风险。

4. 文献评述

通过分析以上国内外相关文献能够发现,国外对于小额贷款的定义更多地带有扶贫色彩,发放对象主要是中低收入人群,用于其摆脱贫困,改善生活。而在国内,小额贷款的概念得到了极大丰富,其涵盖范围包括了需要资金支持的中小型企业。特别是在经济发达的沿海地区,几乎所有小额贷款公司的放款对象都是工业企业,因此国外的研究理论对于目前国内的现状来说并不完全适用。在此基础上,国内学者对小额贷款有了新的定义。与此同时,他们将小额贷款公司作为具体的研究对象,重点分析小额贷款公司在风险控制方面的诸多问题,如风险分类、风险形成原因以及如何提高自身风险防范水平等,相关理论成果十分丰富。这为今后小额贷款公司业务开展提供了坚实的理论基础。但美中不足的是,国内学者对于小贷公司的研究大多停留在理论阶段,缺乏对实际案例的分析,不免使这些理论略显空洞。同时,多数作者并非小贷行业从业人员,相关资料只能通过调研获得,并不能确保数据的真实性,很有可能经过了修饰。本章研究可弥补上述不足。

二、小额贷款公司概述及风险控制相关理论

(一)小额贷款公司概述

1. 小额贷款基本概念

小额贷款在国际上并没有统一的定义,主要是指给金融供给不足的中小微企业、贫困地区和弱势群体提供的小额分散的资金支持,具备浓厚的扶贫色彩。小额贷款作为一种在全世界范围被广泛认可的信贷形式,具有金额小、期限短、需求急、决策快、适用性和操作性强、具备较大的覆盖深度和广度等特点。

小额贷款在不同的历史阶段、不同的环境中的定义也有所区别,至今还没有形成定论,但目前基本达成以下共识:一是小额贷款的交易额度较小,但单笔金额多少可以称为小额贷款,并没有固定标准。国际上较通用的标准是单笔金额小于本国人均 GDP 的 2.5 倍,我国 2017 年人均 GDP 为人民币 5.9 万元,人均 GDP 的 2.5 倍约为人民币 14.9 万元,在这个金额内发放的贷款原则上均可认定为小额信贷。二是在服务的对象上,小额贷款更加倾向于无法正常获得商业信用支持的微型组织和人群,特别是小企业主、农民、初创型企业、个体工商户等。三是小额贷款的成本偏高,与传统商业银行相比,小额贷款公司的融资成本偏高,这是由小额贷款公司的资金来源决定的。另外,小额贷款公司收集客户信息的方式具有非标准化和非批量化特征,需要从业人员以面对面交流、人与人直接联系的方式替代传统贷款业务所要求的财产担保和资信指数,不过这并不代表前者的信用风险一定比后者高。

2. 小额贷款公司特征

小额贷款公司区别于银行或其他金融机构的特征非常明显,具体如下:

（1）程序简单，放贷过程快，手续简便。贷款业务流程相对简便，这是小额贷款公司相较商业银行最大的特点。贷款业务流程一般为：客户申请—贷款受理—尽职调查—上报贷审会—签订合同—办理抵质押登记等手续—发放贷款—贷后五级分类管理—收回贷款本息。原则上从客户申请贷款到发放贷款，要求两周内办理完毕，这是小额贷款公司的优势，相比银行等传统金融机构更加方便、更加快捷，相比普通的民间借贷更加规范、利息费用更低。

（2）还款方式灵活。小额贷款公司计算利息的方式非常灵活，可以根据贷款人的资金使用情况量身定制还款方案。常见的计息方式有等额本金、等额本息、按月结息到期还本、按季结息到期还本、利随本清或分多次还本付息等，十分灵活，这也是小额贷款公司赖以生存的法宝。同时，小额贷款公司允许贷款人在一个授信期间内随借随还，根据实际占用资金天数计算利息，这样就大大降低了贷款人的财务成本，对一些具有明显淡旺季的工业企业尤为适用。

（3）贷款范围较广。小额贷款公司的服务对象主要是规模较小的工业企业、个体工商户甚至是农户，填补了银行等传统金融机构的信贷空白，扩大了金融领域的覆盖面。

（4）营销模式灵活。小额贷款公司的经营宗旨即"风险可控"，可理解为在整体风险可控条件下不过多追究细节问题。用这种营销形式来发放贷款，兼顾了业务的简便、快捷、高效、安全，突破了传统金融机构的经营方式，特别是跳出了商业银行的闭端思维，非常有利于一些初创期、半成长期的中小型企业能够及时获得信贷资金的支持，并为一些处在融资困难阶段的个体工商户、农户等雪中送炭，可以一定程度上弥补商业银行与普通民间借贷之间的空白，更好地服务于企业，助推当地经济的可持续发展。

（5）社会风险较小。根据监管机构的要求，小额贷款公司不得吸纳民间存款、不得非法集资、不得发放高于法律保护利率的贷款、不得雇佣社会闲散人员收取贷款。小额贷款公司的募资、投放贷款、回收贷款均受到法律法规约束，且有各家公司规章制度的监督，特别是"只贷不存"，不会涉及敏感的民间存款问题，不会涉及非法集资问题，社会影响小，对公众的保护性较强。

3. 小额贷款公司存在的意义

小额贷款公司是金融创新的产物，并在短短几年间迅速发展壮大，特别是在商业银行没有覆盖但又有真实资金需求的领域，小额贷款公司扮演着十分重要的角色，并得到了充分认可。同时当地政府也通过小额贷款公司这个新型载体,向老百姓传导了正确的金融理念,引导民间融资的规范化、合法化,更好地完善了当地的金融市场,推动了当地的经济发展,弥补了金融市场的不足。

(1)有效配置金融资源的迫切需要。我国商业银行的贷款存在不均衡性,即约有90%的贷款投向大型企业,特别是一些央企、国企、政府平台,仅有不到10%的贷款流向中小型企业,中小企业融资贵、融资难问题俨然成为中小企业发展的最大瓶颈。究其原因,一方面传统农村信用合作社、地方城市商业银行的资金加速从农村撤离,本该用于服务"三农"或中小企业的资金严重不足;另一方面国有商业银行更愿意将橄榄枝抛向大中型企业,而对于小型私营企业、个体工商户的信贷投放异常谨慎。小额贷款公司这一新金融业态的出现,重新配置了金融资源,缓解了众多中小企业、个体工商户的资金需求,为中小企业等实现稳定发展起到保驾护航的作用。

(2)推进城乡经济建设的需要。随着我国改革开放的不断深入,政府财政资金、银行资金、外资资本、民间资金四种渠道的资金,对区域经济、城乡经济发展以及城市化建设发挥了重要作用。不过整体来看,财政资金投入不足、金融支持力度不大、外资资本非常有限、民间投资具有局限性等问题十分突出。为了推动金融制度的改革,建立健全金融组织体系,推动成立小额贷款公司势在必行,这也是推进城乡经济建设的必然需要。

(3)对缓解中小企业融资难问题将起到积极作用。从风险控制的角度出发,商业银行更青睐于向国有企业或者规模较大的民营企业投放贷款。而中小企业由于资质一般,内部管理特别是财务管理规范程度低,同时缺乏有效的担保方式,导致融资较为困难,流动资金紧张。许多企业不得不铤而走险,通过昂贵的民间资本获取资金,无形中增加了企业的财务成本。而小额贷款公司的出现,在很大程度上缓解了中小企业融资压力,助力企业做大做强。

(二)小额贷款公司风险控制理论

1. 小额贷款公司风险介绍

(1)政策风险。一方面,上级主管部门对小额贷款公司的限制条件众多,并配套出台了多项法律法规。鉴于这些法律法规的复杂性和不确定性,如果小贷公司未能及时进行调整,则会对公司的业务活动及发展造成不利影响。另一方面,小额贷款公司的融资性担保业务非常依赖于与商业银行的合作,而银行对于小额贷款公司的认可程度不尽相同。正常情况下,小额贷款公司会从银行取得准予担保的授信额度,期限一年。若授信到期后,小额贷款公司无法满足银行续授信的条件或者银行政策变动导致授信额度减少,则公司向客户提供的担保能力也会随之受到影响。

(2) 信用风险。小额贷款公司向中小微企业提供贷款服务,其客户群体相比较而言资产实力普遍偏弱,缺乏强而有效的担保措施,多数贷款只能以信用或类信用作为担保。而这些客户的还款能力受到多项因素的影响,如企业所处的行业地位、行业周期、经济环境等。一旦环境变化导致企业无法如期归还贷款,则会对小额贷款公司产生重大影响。另外,企业实际控制人的信用意识也在很大程度上决定贷款能否如期收回,借款人往往对于银行信用的维护非常重视,会第一时间归还银行到期贷款,但对小贷公司的贷款则是能拖就拖,甚至出现账上有钱也不愿归还贷款的情况。从实际情况来看,小额贷款公司比商业银行承担着更大的信用风险。

(3) 操作风险。信贷业务操作风险是实际业务中最常见的风险之一,贯穿于贷前、贷中、贷后管理的各个环节。与商业银行相比,小额贷款公司无论在信息化程度还是人员职业技能上均存在不小差距。同时,公司内部监管机制不完善也提高了操作风险发生的概率。操作风险一般分为主观和客观两种。主观的操作风险指的是业务人员利用制度漏洞,违规向不符合条件的客户发放贷款,这种情形隐蔽性强,对公司危害程度巨大;客观的操作风险则指由于经办人的能力或者工作态度原因导致无意识的操作失误,一般可以通过批评教育或者加强职业技能培训改正,危害性较小。近些年,金融机构内部操作风险频发,不仅造成了经济损失,也影响了金融机构的信誉,降低了社会公信力,我们应当引起重视。

2. 全面风险管理理论

每个社会组织或者经济组织都存在着不同的业务单位,每个业务单位都会面临不同的风险。全面风险管理理论认为,组织需要对于内部每个业务单位面临的风险进行全盘考量,将承担这些风险的各个业务单位纳入统一的体系中,对各类风险依据统一的标准进行测量并加总,且依据全部业务的相关性对风险进行控制和管理。这种方法是当今国际监管机构对大型跨国公司、政府组织等提出的一种要求。目前看来,该理论已在全球范围内得到了较好实践。对于小额贷款公司而言,在信贷各阶段,要对每一个环节进行全面风险管理,尽可能地降低风险带来的损失。在实际业务操作中,事后控制往往不能完全控制住风险,需要结合小额贷款公司的实际状况和所面临的风险,加强事前、事中控制,防患于未然,充分发挥全面风险管理的作用。

3. 信用脆弱理论

马克思曾对该理论有过阐述,他认为信用好比是一个事物的精神内在,它不能脱离经济实体,一旦经济实体出现波动甚至崩塌,则信用会变得一文不值。现实生活中,良好的信用都是基于社会稳定发展、就业充分、物价稳定。而一旦这种情况发生变化,如经济开始倒退、大量工人失业、通货膨胀日益严重,这个时候,将没有人会珍惜自己的信用,各种违约事件会随之而来。因此,外部环境的变动对于社会整体信用状况的影响是十分巨大的。

4. 委托代理理论

委托代理理论认为当企业发展到一定规模之后,企业所有权人由于自身知识结构或者健康状况的原因,无法继续管理企业,这时,企业所有权人需要找到具有专业知识的职业经理人代替其行使管理职能,两者之间即为委托代理关系。委托代理关系实现了所有权和管理权的分离,有助于企业的长远发展。但在委托代理关系当中,由于委托人与代理人的最终目标有所差异,委托人追求的是股东利益最大化,而代理人更加注重工资待遇、个人晋升、社会认同感等,这必然导致两者的利益冲突。若不对代理人的权利进行限制,则其很有可能为了追求自身利益而侵害委托人的利益。

委托代理关系在社会经济活动中普遍存在。以小额贷款公司为例,小贷公司的股东即为委托人,公司总经理即为代理人,双方形成了内部合约关系。鉴于委托人对于代理人的信息掌握较少,这时代理人掌握了主动权。另外,委托人和代理人有不同的目标,代理人为了追求其个人利益最大化,往往会将资金投向高风险行业以此获得高额回报,更严重的甚至直接越过股东,损害公司利益。

另外,借贷双方之间的合约关系,也是一种产生于小额贷款公司和借款人之间的代理关系。一旦小额贷款公司缺乏对借款人的约束,借款人会因为各种自身或者外部原因而导致其不能及时归还贷款,并最终造成小贷公司的信贷资产损失。

5. 信息不对称理论

信息不对称理论指的是在所有社会活动过程中,参与者对于信息的掌握程度是有差别的,能掌握更多信息的人员往往在经济交易中具有主动权,而掌握信息不充分的人往往处于弱势地位。信息不对称理论认为,在市场经济中,卖方比买方更全面动态地掌握商品的信息,因此更具有优势。

在信贷业务中，借款人为了取得贷款，往往会隐瞒一些负面信息，夸大正面信息，最常见的就是修饰财务报表，对于隐性负债只字不提，给小贷公司的尽调工作带来难度。从这个角度来讲，对小额贷款的审查其实就是为了消除这种信息不对称，努力还原企业真实状况。

信息不对称现象在市场经济中比较普遍，如果要降低信息不对称带来的危害，需要发挥政府这只有形的手的作用。

三、苏州 X 小额贷款公司简介与风控体系分析

（一）苏州 X 小贷公司基本情况介绍

1. 公司简介

苏州 X 小额贷款有限公司成立于 2010 年 12 月 31 日，注册资本 4 亿元，其中国资持股比例为 71%，是目前江苏省内实收资本规模最大的科技小额贷款公司之一。公司同时具备贷款、融资性担保、投资三大职能，为苏州大市范围内科技型中小企业提供投融资服务，涉及领域包括先进智能制造、生物医药及医疗器械、新能源科技、新一代信息技术、高端装备制造、软件与服务外包、新材料和节能环保等。公司在多年的经营发展过程中，以市场需求为导向，设计开发多款信贷产品，均取得很好的社会反响（见表6-1）。

表6-1 苏州 X 小贷公司产品说明

名称	产品说明	产品特色
新三板股权质押贷款	该产品是指已在新三板挂牌的企业通过股权质押、实际控制人夫妇保证等担保措施申请获得公司贷款的产品	1. 担保方式简便，以股权质押为主； 2. 还款方式多样，可选等额本息或按月结息、到期还本； 3. 放款期限最长可至 3 年
商票贷	该产品是指收款人在商业承兑汇票到期日前通过将票据权利转让给贷款人，而取得贷款的一种融资方式	1. 担保方式简便，以商票背书质押为主； 2. 贷款额度最高可达商票金额的 85%
员工股权激励贷款	"员工股权激励贷款"是指在企业股权激励方案实施中，公司给予企业员工或员工持股公司发放贷款用于购买企业股权或员工持股公司股权	1. 担保方式灵活，以股权质押和企业保证为主； 2. 还款方式多样，可选等额本息或按月结息、到期还本； 3. 贷款期限最长可至 3 年

续表

名称	产品说明	产品特色
投贷通	该产品是由苏州 X 小贷公司和母集团及其下属基金公司合作的综合信贷产品。它是以桥隧模式为架构,由小贷公司为企业提供贷款额度,母集团及其下属基金公司与企业签订期权协议的一种综合金融服务	母集团以自有多元化金融服务平台构建起信贷市场和资本市场间的桥梁和隧道,使得具有高价值和高增长潜力的中小企业实现贷款融资,扶持其快速发展
易科贷	该产品服务于通过江苏省科技成果转化风险补偿专项资金贷款项目评审并获取贷款的高成长性科技型中小企业,解决企业融资难问题	1. 一次调查,两个授信("苏科贷""易科贷"),有效地提升贷款审查效率及企业可申请的贷款额度; 2. 随借随还,按实际使用期限计算利息,节约成本; 3. 担保方式多样化
人才贷	该产品是向符合条件的科技型人才发放的用于其经营实体科技研发、生产经营且在授信期限内可循环使用的个人贷款	1. 产品服务对象为符合条件的科技型人才; 2. 担保方式多样化
电商贷	该产品指为苏州境内优质的电商企业提供快捷便利的融资服务,促进电商行业健康发展的贷款	本产品授信审批门槛低、授信金额高、按天计息、随借随还,符合电商企业资金周转快速的要求
设备贷	该产品是服务于生产型企业,基于企业在发展过程中为扩大生产、提高产量而需要资金采购新设备的个性化授信,授信期限两至三年	1. 等额本息分期还款,可减少企业一次性还款压力; 2. 担保方式多样化,较为灵活
二手车经营贷款	该产品是面向苏州市经营二手车交易的优质商户,为解决其交易所需的流动资金缺口而推出的贷款产品	该产品可帮助苏州市经营二手车交易的优质商户解决其流动资金缺口问题,盘活其现金流,推动其销售的增长,实现更高水平的利润,从而使这些有特色有潜力的商户得到健康快速发展

资料来源:公司内部资料。

2. 公司组织架构

苏州 X 小额贷款有限公司现有员工 32 人,组织架构相对简单,其中主要以业务部为重点职能部门,负责项目开发及维护。公司后台部门包括财务部、行政部、风控部,均协助业务部开展工作。公司具体组织架构如图6-1所示。

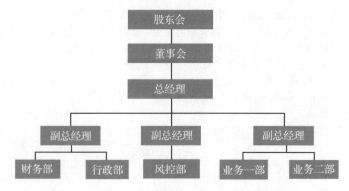

图6-1 苏州X小额贷款有限公司组织架构图

苏州X小贷公司设立了必要的职能部门,分工明确,各司其职,能够履行相关职能。公司设置的岗位类别、岗位级别和包含岗位如表6-2所示,制度建设如表6-3所示。

表6-2 苏州X小贷公司岗位类别、岗位级别和包含岗位

岗位类别	岗位级别	包含岗位
管理岗位	总经理级 部门经理级	正副总经理、总经理助理、业务总监 正副部门经理
前台岗位	客户经理级	高级客户经理 中级客户经理 初级客户经理
	客户经理助理级	高级客户经理助理 中级客户经理助理 初级客户经理助理
后台岗位	专员级	风控专员、财务专员、行政专员

资料来源:公司内部文件。

表 6-3 苏州 X 小贷公司制度建设

序号	业务及风控制度	财务制度	行政制度	人事制度
1	贷后管理制度	财务管理制度	用印管理办法	参加会议活动报备制度
2	贷款审查制度	资金管理办法	固定资产管理办法	委派人员管理办法
3	贷款审批制度	会计核算办法	档案管理办法	劳动人事管理办法
4	贷款业务管理办法		办公用品管理办法	薪酬福利管理制度
5	决策委员会议事规则			预留风险准备金规定
6	客户分管变动交接制度			绩效考核制度
7	业务档案管理办法			
8	呆账核销管理办法			
9	贷款业务流程			
10	担保业务流程			
11	投资业务流程			
12	房地产评估、抵押管理细则			
13	贷款客户分类办法			
14	开鑫贷业务操作流程			
15	征信系统管理办法			
16	五级分类管理办法			
17	小微企业私募债业务流程			

资料来源：公司内部文件。

业务部贯穿业务进行的各个阶段，负责多个制度的执行，具体包括：

（1）贷款审查制度。贷款审查制度主要通过初次拜访及后续收集纸质材料等方式，对目标客户及担保方的主体资格进行初步审查。如果客户明显不满足公司授信要求，则当场回绝；对于无法当场给出答复的，则将资料带回，交于部门经理审核后再通知客户；如果初步审核通过则进入信贷调查阶段。

（2）贷款审批制度。贷款审批制度包括原始报批材料审查、调查报告上会、评审结论、项目续议等环节，贯穿整个尽调过程，对每个环节均有明确要求。例如，在信贷活动尽调时实施 AB 角制度，A 角为业务经理，B 角为风险经理。

（3）业务档案管理办法。本管理办法所指的档案是公司在对客户授信调查、审批和贷后管理等过程中形成的各种法律文件、资料及其他背景资料，包括但不限于各种证照、调查报告、审批表、合同、权证、财务报表、验资报告等材料。档案管理实行"分类管理、专人负责、及时交接"的基本原则，达到"资料完整、安全保管、存取合规"的目的。

（4）贷后管理制度。对正常贷款客户每3个月进行一次贷后检查，并由A角撰写贷后检查报告。如客户发生本金逾期或者利息逾期10天以上，则须重点关注，贷后检查调整至按月进行。

3. 公司历年各项经营数据

表6-4 苏州X小贷公司2016—2018年经营数据（单位：万元）

年份	营业收入	利润总额	净利润
2016年	9 800	5 600	4 128
2017年	9 182	5 586	3 066
2018年	9 174	4 788	3 609

资料来源：公司内部文件。

截至2018年12月底，贷款余额7.25亿元，共计158户；银行在保余额13 150万元，共计14户；私募债3 900万元，共计5户。累计投资4 862.53万元，其中投资企业7户，投资基金3户，投资管理公司1户，投资供应链管理公司1户。

同时，通过对公司2018年12月末贷款余额的统计，可得出以下数据（见表6-5、表6-6和表6-7）。

表6-5 苏州X小贷公司12月末贷款分布情况

额度	100万元以下		100万元~600万元		大于600万元	
	笔数	贷款余额	笔数	贷款余额	笔数	贷款余额
合计	26	1 900万元	105	45 066万元	27	25 534万元

资料来源：公司内部文件。

表6-6 苏州X小贷公司12月末贷款利率情况

利率	13%以下	13%~15%	高于15%
余额（万元）	30 904	35 008	6 588

资料来源：公司内部文件。

表 6-7 苏州 X 小贷公司存量贷款期限情况

期限	3 个月以下	3～12 个月
余额(万元)	10 638	61 862

资料来源:公司内部文件。

由上述表格数据可知,苏州 X 小贷公司主要贷款投向为制造行业,户均贷款规模为 460 万元,平均年化率约为 13.5%,除特殊情况,如资金过桥或企业主动要求短期授信外,授信期限一般为 12 个月。

(二) 苏州 X 小贷公司风险控制体系

1. 设置风控部门

苏州 X 小额贷款公司设置了专门的风险控制部门,负责所有项目的审查工作。风控部目前共计有 5 人,风控部总经理 1 人,风控经理 3 人,法务 1 人。风控部总经理主要负责与其他各部门的协调工作,并协助分管的公司副总经理做好数据统计及汇报工作;风控经理需要与业务经理一起参与项目尽调,并出具风控审核意见,以及后续的贷后工作。另外,风控经理还需要对每一笔业务的纸质档案进行审核,通过后方可扫描进入资料库。法务的日常事务主要包括合同的制订、不良贷款的催收及诉讼等。

2. 设立贷款二级审批制度

苏州 X 小额贷款公司目前实行贷款二级审批制度。第一级审查委员会由公司总经理及 3 位副总经理构成,若项目授信金额不超过 1 000 万元,则只需由第一级审查委员会审议通过即可,通过标准为 4 人均同意操作。若项目金额超过 1 000 万元,则须提交第二级审查委员会,第二级审查委员会成员共有 5 人,分别为集团总经理、集团科技金融事业部负责人、集团风控总监,另 2 人由公司民营股东轮值担任,通过标准为至少 4 人同意操作。

3. 成立风控专家委员会

苏州 X 小额贷款公司与苏州市各大会计师事务所、律师事务所以及各行业协会展开深度合作,由这些专业人才组成风控专家委员会,对于较为复杂或者委员会争议较大的项目可以申请召集相关专家进行"一事一议"评审。在各行业专家充分发表个人意见后,再由审查委员会审议表决。

4. 苏州 X 小额贷款公司风控流程

公司目前实行贷前、贷中、贷后全流程风险控制,具体如表 6-8 所示。

表6-8 苏州X小贷公司全流程风险控制框架

基本流程	分流程	操作流程	输出文件
贷前	尽职调查	1. 借款人提出书面的借款申请； 2. 客户经理与风险经理一同实地调查； 3. 客户经理出具正式调查报告； 4. 风险经理出具项目审查报告	《企业贷款申请书》（或《个人贷款申请表》） 《企业贷款调查报告》（或《个人贷款调查报告》） 《转贷业务调查报告》 《贷款审查报告》 《授信业务申报表》
	项目评审	1. 风控部组织召开贷审会，评委发表意见； 2. 风控部出具授信业务审批通知单	《贷审会评委意见表》 《授信业务审批通知单》
	合同评审、签订	1. 法务拟定合同，必要时提请顾问律师发表法律意见； 2. 合同双人面签，并尽可能拍照为证	正式合同、 法律顾问意见书（如有）、 《用章申请表》
贷中	放款审批	1. 客户经理落实好每笔项目的放款条件，办理抵押登记、质押登记等手续； 2. 财务管理部确认收到咨询服务费、保证金（如有）； 3. 客户经理提交放款审批流程单会签	《放款审批流程单》
贷后	资产管理	1. 客户经理进行项目资料归档； 2. 业务部和财务管理部按照各自需要建立相应台账； 3. 提前3个工作日通知客户支付当期利息； 4. 客户经理审慎完成贷后检查，包括项目贷后检查的报告，五级分类的认定工作等； 5. 贷款到期前客户经理应提前10个工作日通知客户备款以还贷款本息； 6. 结清贷款的权证注销退还	《业务档案交接清单》、 项目台账、 《贷后检查报告》 《五级分类认定工作底稿》 《抵（质）押权证（物）注销/退回审批单》
	风险预警及处置	1. 相关客户经理向风控法务部提交风险预警事项报告； 2. 风控部核实风险事项； 3. 风控部会同相关部门讨论，业务部拟订处置方案，报风险控制委员会审批； 4. 风控部牵头跟踪落实处置方案	《重大授信风险事项快报》 《客户重大授信风险事项报告》《客户重大授信风险事项报告台账》

资料来源：公司内部资料。

（1）贷前尽调。信贷客户提出贷款申请请求后,小额贷款公司首先需要对客户的基本情况进行核实,这是信贷业务风险把控的第一关,对保证小贷公司资产安全至关重要。根据苏州X小贷公司规定,贷前尽调环节包括以下主要内容:

① 现场调查。现场调查实行双人AB角制度,由业务经理担任A角,风险控制部指定一名风险经理担任B角共同参与调查。业务受理后,A角应及时将客户基本资料提交给风险控制部,风险控制部应立即指定B角参与调查工作。调查前B角应在查阅业务相关档案后,与A角展开初步沟通,制订调查工作计划。A角负责与客户取得联系,确定现场调查时间、调查程序、调查内容、需配合的人员等。若需公司其他人员参与调查的,应事先落实好。A角和B角于约定的时间共同到贷款客户现场开展调查,收集和核查相关资料,根据现场调查中发现的新问题,调整调查内容和策略。

② 调查报告。A角根据客户基本资料、现场走访及自身掌握的情况撰写调查报告,按客户性质分别选用企业贷款业务调查报告或个人贷款业务调查报告,主要包括借款用途及还款来源、业务的期限和利率、采用何种担保方式、业务风险点分析以及有效的防范措施。A角按上述要求完成相应的业务调查报告,填写业务材料档案清单,并在业务调查报告上签署表明同意的倾向性意见后提交本部门经理进行审核。部门经理审核业务调查报告并签署表明同意的倾向性意见,提交风险控制部进行审核。A角和信贷业务部经理对业务调查报告的公正性和合理性、评价方法的正确性负责。

③ 业务风险审核报告。B角根据现场走访及自身掌握的情况完成业务风险审核报告并签署相关建议和意见后,将调查报告提交业务评审委员会各成员。若B角发现业务调查报告的真实性和准确性以及调查程序、调查方法存在问题,有权在业务风险审核报告中提出意见并要求A角进行反馈;对于判断不一致的问题,要在签署意见栏中写明意见,B角对所签署意见的公正性、合理性和正确性负责。

④ 评审材料审查。风险经理对报批材料进行审查,即审查报批材料是否齐全、完整、合规。报批材料中除业务调查报告和业务风险审核报告外还应包括客户提供的基本资料文件与评审决策需要的其他文件。上述材料齐全后由风险经理将业务调查报告和业务风险审核报告一并提交风险控制部经理等待评审。风险控制部经理审核业务调查报告和业务风险审核报告后发送给评审人员并安排评审会议。

（2）贷中管理。该流程主要为签订合同、落实担保条件及完成放款。根据公司要求，业务经理负责打印、填写、装订各类合同，风险控制部法务专员负责审核各类合同的合规性，审核完成后在合同文本上加盖"已核"的印章。由业务经理通知客户及有关各方前来签署相关合同文件。签署相关合同文件实行双人见证，可由业务经理、业务助理或风险经理任意两人组合见证客户及有关人员亲自签署法律文件，并在归档的合同上加盖"签证章"，由双人签字确认。业务合同一般采用公司标准格式文本。特殊情况下需使用非标准格式文本的，须经法务专员审核后办理，必要时由公司法律顾问审核后办理。业务经理填写用印审批单，持客户已签署的相关合同文件经风险控制部经理或有权签字人审核后，由法务专员加盖公司合同用章并做好用印记录。相关合同文件签署后，需要办理抵、质押登记手续的，业务经理对抵、质押登记手续的真实性负责。业务经理可以委托与公司签约的评估公司办理，但不得将抵、质押登记交与客户办理。

（3）贷后管理。贷后管理是指业务经理、风险经理根据公司要求对贷款项目进行跟踪调查和监测，撰写相关检查报告，对出现异常的贷款业务及时采取相应措施。业务经理作为经办业务贷后管理的主要实施者，承担贷后管理的具体实施责任。风险经理为经办业务贷后管理监管的审核人，承担组织、监督和审核的责任。根据要求，苏州X小额贷款公司贷后管理工作主要有以下几点：

① 定期检查。业务经理至少每3个月对所分管的业务进行一次检查。由风险控制部于每月初下发当月内须进行检查的客户和业务，由业务经理制订计划组织实施。业务经理应提前与借款人或保证人取得联系，确定现场检查时间与人员。业务经理和风险经理按照约定时间到客户现场开展贷后管理工作，收集和核查相关资料。现场走访后，业务经理应撰写贷后调查报告，并提交给风险经理，风险经理在签署审核意见后提交给风险控制部经理审核并归档。以应收账款为主要担保方式的，应对应收账款每月进行检查。

② 重点检查。当客户出现以下任一情况时应当立即实施重点检查：贷款本金逾期一周，欠息超过10天，贷款五级分类认定为后三类。重点检查须为现场检查，至少每月一次，应当着重分析客户出现的异常变化对其还款、履约能力的影响，以及给本公司造成或可能造成的损害，研究相应的解决措施，并形成贷后检查报告。

③ 贷款分类。在每季度末由业务经理将已发放的贷款业务按照信贷资

产风险分类管理办法进行风险分类,并填写贷款风险分类审批表报送审批,将最后认定的分类结果提交财务部按分类级别计提贷款损失准备金。

④ 贷款回收。贷款回收是指贷款到期时回收贷款本金,清算利息,解除抵、质押手续等。在贷款期限截止日前,业务经理应通过电话催收,督促客户主动归还贷款。客户归还贷款本息后,财务部应向客户开出还款凭证,以证明借款人本息结清。若有抵、质押手续的项目,业务经理应填写解除担保措施申请表,并交财务部、公司管理层进行审核,签署意见。业务经理根据解除担保措施申请表最终审核意见至风险控制部领取抵、质押物权凭证原件,办理用印手续,协助客户办理担保措施解除手续。贷款回收后,财务部、信贷业务部应及时将数据录入信贷系统和会计核算系统,相关材料交风险控制部归档。

⑤ 逾期贷款管理。贷款本金逾期一周内或者贷款利息拖欠10天内,业务经理应向客户、担保人发送逾期贷款催收通知书,及时进行催收,并取得送达回执;贷款逾期后,业务经理为第一追偿责任人,信贷业务部经理与风险经理为追偿协办人,上述责任人应及时制订追偿方案,报业务评审委员会审核后负责具体实施。

(4) 不同生命周期的项目尽调重点。根据笔者在苏州X小贷公司多年的工作经验,总结出在面对不同生命周期的项目时,考察的重点应有所不同。这可使客户经理在实际尽调过程中能迅速掌握调查重点,做到有的放矢,从而大大提高工作效率。

① 初创期企业。

A. 风险特点:

a. 产品未得到市场验证,商业价值有待确认;

b. 团队的市场开拓能力、公司治理能力以及协作力有待确认;

c. 资本金不充裕,加之前期研发投入过大,后期缺乏资金将产品推向市场。

B. 尽调方式:

a. 就公司产品咨询行业专家,确认其产业化前景,通过查询企业所在行业标杆上市公司的年报、半年报以及招股说明书,了解市场竞争态势,综合以上信息判断企业产品是否具有市场价值;

b. 通过企业所在孵化器招商部门了解企业团队核心成员相关背景信息,查看企业商业计划书关于市场拓展部分的内容是否切实可行;

c. 考察公司股东资产实力,确认其持续注资可能性,同时考察公司主业是否符合当地政府科技金融扶持政策,评估其后续取得政策性贷款的可能性。

② 成长期企业。

A. 风险特点:成长期,顾名思义一般是企业成长速度最快的时期,能够实现跨越式的发展,这种迫切的追求往往使公司决策层也希望在短时间内扩大产能,提高产量,抢抓市场机遇,提高市场占有率,并且在销售端、业务端、生产端各方面都得到飞速拓展。为了达到上述目标或预期,公司需要投入,甚至是超过公司自我积累、超过股东能力的投入,负债则成为很多成长期企业的主要选择。不过这是把双刃剑,助推企业发展的同时也可能加剧公司的财务风险。

B. 尽调方法:对该类企业尽调时除了传统的基础信息搜集和信用状况查询以外,重点要对以下方面进行核查:

a. 核实企业订单的真实性(防止资金挪用);

b. 生产现场现有设备产能的测算(确保产能可应付新增订单);

c. 库存和应收账款质量的核实(确保企业第一还款来源的可靠性);

d. 企业对外融资情况的梳理(防止企业过度融资造成资金链断裂)。

③ 成熟期企业。

A. 风险特点:

a. 由于主营业务已经稳定,且具备一定资金实力,存在跨行业投资的冲动和风险;

b. 由于产品生命周期的原因,这一阶段企业会面临产品市场竞争力逐渐减弱,由此导致业绩下滑的风险;

c. 企业经营多年后,原有创业团队在该阶段容易产生重大战略分歧,造成内部矛盾,进而影响公司运营和组织决策。

B. 尽调方法:针对该类成熟期企业,重点要对以下方面进行核查:

a. 了解企业是否存在大额对外投资,通过账目中往来科目的明细查询和全年累计发生额的获取以及投资收益科目寻找对外投资线索,若长期投资科目有较大余额则是明确信号,必须要搞清楚其对外投资状况,包括被投资企业的股权结构、目前的经营情况、是否可为母公司贡献利润或现金流、后续是否要追加投入等细节;另外,如果是长期盈利企业,尽调时发现企业现有融资规模远超正常公司运营所需要的资金体量,则是可疑信号,存在贷款资金转移进行表外投资的可能。

b. 企业产品市场竞争力的核实。通过查询企业所在行业标杆上市公司的年报、半年报以及招股说明书清晰了解该行业的竞争态势和企业盈利水平,进而判断借款企业产品是否具有市场竞争力以及未来的前景如何;也可通过向借款企业的行业竞争对手进行咨询来确定企业产品的竞争力和市场地位,这类软信息有时比财务信息更加重要。

c. 对于成熟期企业有必要了解企业创始股东的关系。一般可通过对创始股东和高级管理层独立的访谈以及对基层员工的走访,进行信息交叉验证,同时对于企业历年做出重大决策时召开的董事会决议和会议纪要进行查询,也较可能发现有价值的信息。

四、公司风控制度存在问题及原因分析

尽管苏州 X 小贷公司目前经营状况良好,每年都能超额完成股东给予的指标,但在日常工作中仍存在很多需要改进的地方,特别是风险控制方面。笔者将这些问题进行归纳总结,找出其背后的原因,并提出相应的建议,以期在日后的工作中进行改进。

(一) 公司风控制度存在问题及案例

1. 信用体系不完善,社会信用意识薄弱

信用是企业生存发展的基础,也是金融机构评判贷款风险的重要参考依据。然而由于我国处于改革开放初级阶段,中国特色社会主义市场经济体制还不够完善,各类失信情况时有发生。譬如企业信用登记、信用评估、信用监管等一系列信用制度在国内还没有完全建立。目前银行已经建立的企业信贷登记咨询系统尚不完善,如对租赁、保理、商票等融资方式鲜有涉及,税务、海关、工商等政府部门的大量企业资信资料更是无迹可寻。在实际生活中,由于缺乏主要的收入来源,缺乏有效的政府扶持,以信用作为主要经营对象的公司十分稀少,这就直接导致了市场经济条件下的企业信用情况无法得到公开、公平、公正的有效评估,市场的交易双方更是无法获取企业真实全面的信用材料,特别对于与传统商业银行进行差异化经营的小贷公司而言,更是难上加难。目前江苏省所有小贷公司仅能通过江苏金农股份有限公司查询目标客户在小贷公司发生的贷款记录,其他信息均需要企业主动提供,或者经办客户经理通过同行打听,信息获取难度大,成本高昂。

另外,企业作为经济活动的重要参与者,信用意识普遍偏低:金融活动中,企业提供虚假信息,骗取银行贷款;食品安全方面,制假售假案件频发,特别是前几年发生的"三聚氰胺"事件,更是深深刺痛了国人脆弱的神经。这些客观存在的不诚信现象,严重破坏了市场经济的有序运行,也导致全社会道德水准滑坡。

2. 人情贷现象凸显,信贷风险加剧

所谓人情贷,指本来没有资格获得贷款的客户通过上层领导"打招呼"的方式,迫使金融机构简化审核流程,降低授信门槛,最终取得贷款。现代社会中,任何组织都不是孤立存在的个体,它一定会与外部有着千丝万缕的联系,这种联系在一定程度上也影响着企业内部各项规章制度的运行。苏州 X 小额贷款公司是一家国有控股的小贷公司,公司成立之初按照当地政府及监管部门要求,吸纳了一部分民营股东,本意是规范民间资本运营。但随着公司发展壮大,一些弊端也随之暴露出来:民营股东会不定时地向公司推荐项目,或者为某些信贷客户提供便利。按照公司的规章制度,股东仅仅作为资金的出资方,原则上不能干预公司的日常经营,但实际上,对于自己介绍过来的项目,这些股东尤为"热心",频繁询问项目进展,甚至暗示经办人员对企业的尽调走个过场即可。迫于股东层面施加的压力,项目经理往往对于尽调过程中发现的问题睁一只眼闭一只眼,得过且过。而进行项目评审时,各评委基本都会形成默契,除非项目存在重大缺陷,一般均能顺利过会。据笔者粗略统计,X 小贷公司 2018 年 12 月底不良贷款总金额 1 649.55 万元,其中市场客户只占 30%,剩余的不良贷款或多或少均存在"人情贷"现象。而这种贷款的另外一个特点就是担保方式弱,几乎都以信用为主,这样即使项目进入诉讼阶段,也缺乏有效的担保措施来追偿贷款本金及相应利息,最终只能确认为损失。"人情贷"现象在各金融机构都很常见,这严重制约了企业发展。小额贷款公司由于资产规模小,受到的冲击相对于商业银行而言更大,因此这是小额贷款公司急需解决的问题。

3. 不良资产处置缓慢,影响公司流动性

不良资产,通俗的解释就是指处在非正常经营状态下的信贷资产,或者无法给小额贷款公司带来利息收入或其他收入的信贷资产,或者难以收回即将形成坏账的信贷资产。不良资产一方面占用了信贷额度,降低了资金的流动性;另一方面,不良资产不能为公司带来收益,直接影响经营利润。我国商业银行经过近半个世纪的发展,汲取国内外的经验教训,已经在不良资产的处置方面形成了一套适合中国特色的体系,更有长城、信达、东方、华融四大资产管理公司专门为各大银行服务。但小额贷款公司在资产处置方面能获取的渠道依然十分有限。以苏州 X 小贷公司为例,公司对于不良资产唯一的处置办法就是诉讼,而一些项目诉讼周期较长,甚至出现债务人人为拖延时间的情况,导致项目诉讼进展十分缓慢。对于确认无法回收的资金,公司只能用经营利润核销,而由于股东要求每年进行分红,因此可用于核销坏账的资金十分有限。截至目前,公司账上仍有将近 500 万元坏账等待核销。

4. 档案管理不规范,存在风险隐患

业务档案作为小贷公司日常经营活动中产生的手续要件,是金融活动的真实信息记录,更是确定借贷双方法律关系和权利义务的重要凭证,在最后的诉讼过程中起着至关重要的作用。科学地记录、保管和使用信贷业务档案,不仅是业务规范的基本要求,更是防范风险的重要保障。做好档案管理工作是小贷公司必须重视且需要不断规范完善的重要环节。

苏州 X 小贷公司目前也建立了档案管理制度,对合同归档的时间、业务资料的标准都有要求。但从实际执行的效果来看,仍然存在需要改进的地方:首先,注重对合同档案的要求,轻视对基础资料的要求。合同档案自然不用多说,是信贷关系的确立文件,同时也是借贷双方的法律保障。但对于基础资料而言,重视程度就没有那么高了。很多项目的基础资料是不完整的,特别是一部分保证人的基础资料缺失现象严重,还有一些客户主体进行过变更却没有及时更新资料。当这些客户一旦出现风险进入诉讼阶段,再需要经办人去补充收集这些资料时就会发现客户的配合程度大大降低,有些甚至有意拖延,故意藏匿重要资料,导致诉讼陷入被动。其次,档案交接工作不清晰,责任主体不明确。当业务人员岗位发生变动时,需要与指定人员进行项目交接,其中最重要的环节就是档案的交接。碍于同事之间的情谊,接收人一般不会对交接人提供过来的档案仔细查阅,而目前公司也未规定须由第三人对交接档案的真实性、完整性予以核实,只需交接双方签字确认即可。因此当这类项目发现资料缺失时,往往会出现双方推诿的情况。另外在项目完成放款后,客户经理会把全部资料交给助理,由其完成归档。在此过程中,一旦发现资料缺失,同样无法确认是哪个环节出现了问题。最后,公司没有设置独立的档案管理部门,没有专职专责,没有明确分工,档案管理员的岗位不清。苏州 X 小贷公司目前的档案管理工作是由风险控制部同事兼任的,没有做到专岗专责,没有具体的工作职责。按照公司规定,所有档案归档前必须对其完整性进行核查、验证,确认无误后进行文档扫描,上传至公司网盘。当档案借出归还时须再次复核,杜绝档案被人为调换。由此可见,档案管理本身是一个十分繁杂的工作,如果只是由风控人员兼职管理,对档案资料的安全性、完整性来说都是存在隐患的。另外,对于从外部取得的档案资料,其真实性核实应当作为重中之重,特别是房产抵押他项权利证书、股权出质通知书等核心档案,直接关系到担保措施是否有效落实,贷款安全有无保障。

现实案例:

AK公司于2013年5月在苏州X小贷公司获批贷款额度300万元,核心担保方式为以企业实际控制人名下一套房产作为抵押。抵押手续由ZD房产评估公司代办。苏州X小贷公司在取得该房产的他项权证后放款。2014年5月,该笔贷款到期,鉴于企业经营状况一般,苏州X小贷公司拟收回贷款。在与AK公司实际控制人多次协商还款方案无果后,苏州X小贷公司向法院提起诉讼并要求处置抵押房产。但经鉴别,该房产抵押他项权证为假证,AK公司实际控制人串通ZD房产公司经办人员,利用该房产分别在三家小贷公司取得贷款,合计金额500万元。该笔贷款最终确认损失100万元。

在该案例中,信贷客户经理及风控人员均未对他项权证真伪进行甄别,理所当然地认为政府部门出具的权证不会存在任何问题,最终导致了贷款损失。该案例发生后,苏州X小额贷款公司指定了两家房产评估公司作为合作机构,且严格要求在办理房产抵押时客户经理必须陪同到场,取得他项权证时必须由客户经理本人亲自领取,杜绝此类事情再次发生。

5. 贷后检查流于形式,无法有效控制风险

很多信贷人员往往对于贷前审查特别重视,而认为贷后管理属于事后控制,重要性不高。这种想法是错误的,通过专业的贷后管理模式,金融机构能够在信贷风险爆发前,及时而有效地识别、预防、化解、处置风险,从而提高整体信贷资产的质量,提高信贷资产的安全。

根据苏州X小贷公司贷后管理制度要求,对存量客户每3个月进行一次贷后检查,以现场走访为主,重点项目须由风控经理陪同走访。但由于目前客户经理维护的存量客户数量较多,他们往往会挑一些余额较大的客户进行现场走访,对于那些余额较小的客户则是通过电话询问了解企业经营情况,这样一来贷后检查的作用被大大降低。贷后的现场检查环节是应付中小企业信贷风险的重要措施和手段,中小企业的发展变化很大,需要金融机构对其进行定期或者不定期的实地走访,观察变化并核对账目,同时也要了解企

业资信情况和实际控制人及家庭变动状况,这样才能较好地把控住中小企业信贷业务的风险。

现实案例:

MKS为一家位于昆山的高科技企业,主要从事手机、笔记本电脑及其他电子设备的钢化保护膜研发及生产。公司2015年4月从苏州X小贷公司取得信用贷款150万元。从2016年1月起,该客户出现拖欠利息的情况,客户经理连同风控经理进行现场走访,发现之前租赁的厂房已经全部搬空,与企业实际控制人也无法取得联系。苏州X小贷公司立即向法院提起诉讼,但由于该笔贷款无其他抵、质押手续作为担保,且实际控制人名下无可查封的资产,因此贷款追回难度极大。后客户经理主动承认,该笔贷款由于金额较小,且企业离苏州X小贷公司距离较远,每次贷后检查均未到现场走访,财务报表也是通过邮寄方式取得,对企业真实情况毫不知情。据工厂工人介绍,该企业从2015年下半年开始出现经营困难,已经有社会人员到公司讨要货款,甚至搬走了机器设备。从2016年开始,工厂基本处于停产状态。

该案例充分说明贷后检查时对企业进行实地走访的重要性。若客户经理能严格按照公司要求执行,定期走访现场,肯定能及时发现公司经营出现异常,从而提前采取措施,而不是等到利息出现逾期时才想到去现场了解情况。

(二) 风控问题成因分析

1. 法律法规不完善,基础建设不健全

虽然目前部分地方政府已陆续出台了关于建立信用体系的法律法规,但覆盖面十分有限。目前中国涉及社会信用体系建设的立法散见于《刑法》《民法通则》《合同法》《证券法》《保险法》《消费者权益保护法》等,这些立法从民事、刑事、证券等不同的角度,对社会信用体系进行规定,但都缺乏整体系统性的立法,且涉及的范围和深度都不够,很难对信用体系起到明确的约束作用。信用数据来源方面,国内仍有多个政府部门未建立信息采集系统,导致数据不全面、不完整,不能充分展示企业的信用状况。

另外,国内第三方征信服务机构尚处在发展阶段,信息中介服务有待加强。自20世纪木开始,国内陆续出现了征信服务机构,但受制于国内征信环境影响,这些机构发展迟缓。而外资征信机构由于水土不服等原因,也迟迟未能发挥预期的作用。总体来看,目前在国内从事征信业务的机构普遍规模较小、实力较弱,从事综合性业务的机构较少。

2. 贷审会制度存在漏洞

贷审会是整个贷款业务审核的最后一环,直接影响到贷款申请通过与否,具有十分重要的作用。但目前苏州 X 小贷公司的贷审会制度仍然以内部评审为主,特别是金额不超过 1 000 万元的项目,审批环节相对简单,这样就给人情贷款提供了可乘之机。想要彻底杜绝这种现象,一方面可以考虑压缩民营股东股份,直接降低其话语权;另外一方面,应完善贷审会审批制度,让所有流程必须按照制度执行,不让任何个人有凌驾于制度之上的机会。

3. 无法吸引高素质人才

小贷公司作为类金融机构在信贷行业内一直处于劣势地位,对于人才的吸引力也无法与银行、券商等金融机构竞争,因此小贷公司对于员工的招聘要求往往低于其他金融机构,这样的"低门槛"就导致小贷公司员工的素质差异化较大,这里的差异化具体体现在员工专业化程度上。信贷行业对于业务人员的专业要求是很高的,专业化程度是对小贷公司资金安全的一种保障,而员工专业化程度往往取决于其所学专业和行业经验。对于苏州 X 小贷公司来说,公司全体员工 32 人,在信贷业务部和风控部这样的业务一线岗位共有 19 人,而这 19 名业务员当中,所学专业与业务相关的只有 5 人,在来苏州 X 小贷公司之前,有过信贷业务从业经验的员工只有 10 人。由以上这些数据可以看出,苏州 X 小贷公司中大部分员工最初的专业化程度是不足的,而苏州 X 小贷公司在全国小贷行业中是属于比较优质的,由此可以想象整个小贷行业所面临的员工先天专业化的不足。

4. 职业培训缺失

苏州 X 小贷公司对于新员工的培训方式就是一种"老带新"的模式,新员工初入岗位一般会先给老员工做助理,在协助工作的过程中学习业务流程。这种培训模式有几个显著缺点:首先,老员工毕竟不是专业的培训人员,不会给新人讲解学习的重点,新员工在学习业务时只知道这样做是对的,却不知道为什么这样做,所谓知其然而不知其所以然,遇到类似的问题时,新员工往往还是不知道该怎样处理,所以这样的培训模式缺乏针对性;其次,新员工是在协助老员工工作的过程中学习业务、熟悉流程制度的,老员工安排做什么事就做什么事,做一件学一件,这样新员工把整个业务流程都接触一遍需要耗费大量时间,无形中把学习的周期拉长了;最后,新员工由老员工一对一指导,很大程度上会受到老员工固有的思维模式及办事风格影响,很难形成一套自己的工作方式,且专业水平也会受到老员工水平的限制。综合来看,"老带新"的培训机制可能是成本最低的一种培训模式,但这种模式的培训效果往往不如人意,甚至还会给小贷公司的人才培养带来危害,最终,还是应该建立一个完整的培训体系,指导新员工进行系统性学习。

五、完善业务风控措施的建议

（一）加强政府引导,完善社会征信体系建设

首先,政府作为国家信用体系建设的引导者、先行者、领路人,应进行总体系统性指导,明确每个职能部门的职责,划清权限范围。信用体系建设需要多个政府协同参与,涉及金融、工商、税务、卫生、环保等,不同政府部门均有各自的规章制度及利益考虑,往往会导致工作无法开展,因此打破这种各自为政的状况势在必行。同时,建议尽快明确信用服务行业监督管理部门,建立监管制度,明确监管职责。对于所有从事信用服务的机构进行考核,对于考核合格者发放准入牌照,以规范信用服务机构的发展。其次,政府应该牵头建立"信用体系建设协会",通过协会广泛收集来自民间的声音,制定符合实际情况的行业标准,充分发挥行业协会对社会信用体系建设的中流砥柱作用,同时也对体系建设起到一个自我约束的作用。最后,建立失信公示平台,加大对失信人员的惩治。在平台上列清名单,列清失信的具体行为,确立黑名单制度,通过种种手段逐步建立起失信惩戒机制,同时对诚实守信的行为给予大力表彰和激励。此外,政府应当扶持国内第三方征信服务机构的发展,坚持政府引导、市场导入的宗旨,让一批依法经营、人员素质高、执业专业、功能齐全的优秀信用服务机构自主收集、独立整理、系统分析信用信息,提高全社会防范信用风险的能力。

（二）进一步优化贷审会制度设计

人情贷现象在各大银行普遍存在,其根本原因在于制度设计存在缺陷,让个人有机会凌驾于制度之上。要遏制人情贷的泛滥,最重要一点就是要在制度设计上进行规范,建立贷款出险倒查制度,找出贷款主要责任人,并纳入绩效考核。另外,建议加强监督机制,由集团党委、纪委成员不定期参加业务贷审会,让项目评审公开透明。作为公司领导层,要以身作则,不做以权谋私之事,始终把公司利益放在首位。业务人员更要严格把关,如实汇报项目中发现的问题。同时,针对公司目前存在的这种现象,笔者建议各市级小贷协会组织成立专家评审团,该评审团由全市各小贷公司业务或者风控负责人组

成。当小贷公司单笔授信超过一定金额时,必须向专家评审团递交项目尽调报告,评审团任意选取4～5名专家进行匿名评审,最后汇总意见并返还给小额贷款公司。专家评审的意见仅作为公司项目评审的参考,最终决定权还是在公司内部评委手上。但是,一旦项目出现风险,须对比当时公司内部评审意见及专家评审团的意见,如两者相差较大,则须公司评委解释原因。另外,目前主管部门对于小额贷款公司股东结构的限制已经完全放开,建议国资逐渐回购民营股份,增加国资对公司的控制权,进一步降低人情贷现象出现的可能性。

(三)适度减少分红,核销不良贷款

首先,各省级主管部门应加强对于小贷公司不良资产处置工作的关注度,建立统一的小贷公司不良资产处置体系,全方位打通处置渠道,同时也让不良资产处置有法可依、有据可循。其次,作为小贷公司,可以成立专门的资产保全部门,聘用专业人才进行管理,将不良资产处置工作纳入绩效考核,提高员工积极性。同行业之间可加强沟通交流、互通有无,利用各自优势开展处置工作。最后,呼吁各小贷公司股东要有长远的发展眼光,应当根据公司当年出险情况制订分红计划,必要时甚至不分红,最大程度保证资金用于核销坏账,将公司资金不良率控制在合理水平,保障公司稳健发展。这也是笔者认为目前最容易做到的改进措施。

(四)加强档案管理

小贷公司加强档案管理应该做好这样几个方面工作:(1)提高业务人员对档案管理工作的重视程度,加强业务人员的法律意识,定期安排档案管理方面的培训。(2)需要其他部门人员监督档案的交接工作,避免出现交接偏差,建议风控经理担任档案交接的监督员。三方均须在交接单上签字确认,一旦确认,所有后果均由接收人承担。同时,将档案管理工作纳入绩效考核,激励工作人员的积极性,对未能及时完成信贷档案资料整理归档,或因工作失误造成档案缺失的,严格执行惩罚制度。(3)档案管理需要留痕,做到有迹可循。与档案相关的每项内容、每步操作都要有明确且严格的操作要求,资料要编号存放,便于查找翻阅。痕迹化是指业务档案的每步操作都需要留下记录,确保出现问题时有迹可循。业务档案从档案整理开始,每一步经手人都必须确认签字,确认交接单。如需调阅档案,则应明确借用原因、借出时间及归还时间。

(五) 加强员工职业技能培训

首先，良好的培训体系，应该考虑到公司大部分员工。从企业对于人才培养梯队的角度来看，高级管理人员和核心员工相对普通员工接受的培训更多，这和公司的发展相吻合，但是不能忽视其他员工对于培训的需求，需要开设单独的培训课程满足一般员工的学习需要。在培训课程的选择上，要让不同工种、不同条线、不同职务的每个员工都能接受到相关联的培训，这要求从横向和纵向两个方面考虑。横向是指平行的每个职能部门，在日常工作中，针对部门需要完成的任务、需要匹配的技能、需要满足的要求，来确定部门培训的侧重点，设计相应的匹配课程。纵向是指根据员工层级的不同，从基层员工到公司管理层，在培训课程的设置上应有所不同。如果能涵盖横向和纵向两个方面，基本上就兼顾了公司中的每个级别、每个岗位的人员，不会造成疏漏。

其次，应制定完善的培训制度并切实有效地落实。我国的一些企业，虽然建立了一整套培训制度，但往往流于形式，没有真正按照规章制度来执行。而如果根据公司的实际情况来制定培训制度、遵守制度、执行制度，按照制度的要求来办理，则不会出现上述流于形式的问题，不会使培训付诸东流。举个例子，在制定培训制度时，应根据每个员工的参与次数、参与时间等指标，来给员工加分，要求员工培训的分数达到公司的要求，同时不定期地进行考试，考试成绩和公司职务的升迁、绩效奖金等挂钩；同时还要考虑到员工自我发展的需要，员工适合哪一种培训或者喜欢哪一类课题，都需要挖掘。员工的发展包括两方面内容：一方面是员工自下而上、主观能动的职业规划，是员工自我认知下的思考；另一方面是公司根据其战略目标，不断影响员工的职业规划，丰富其职业技能。这样，在员工自身得到发展的同时也更加符合企业的需求，企业与员工一同进步，良性循环。这也是留住好员工的方法之一。

(六) 持续推进投贷联动

投贷联动的本意是指金融机构运用"股权+债权"形式的金融工具，为处于不同生命周期的企业提供投融资帮助。近些年来，随着我国改革开放的不断深入，随着国内经济转型升级的推进，随着我国金融市场的创新、发展、开发，各商业银行也在积极探索投贷联动方面的措施。但受制于国内法制环境、分业经营的监管现状和商业银行自身存在的问题，投贷联动的推进可谓困难重重。但作为一家科技小额贷款公司，可在投资与贷款之间自由切换，与传统商业银行相比具有巨大优势。投贷联动模式广泛适用于初创型的高新技术企业。这类企业在发展初期，大量的资金投入到研发上，销售很少甚至没有销售，且由于缺乏足值的抵押物或者其他强有力的担保措施，一般很难从金融机构取得贷款。苏州 X 小额贷款公司在遇到类似情况的企业时，会先对该企业进行尽职调查，在充分肯定其行业发展前景的情况下，通常会与企业签订一份期权协议作为贷款条件的补充。协议约定，当贷款到期时，若企业无法归还本金及相应利息，则苏州 X 小贷公司有权将该部分资金转为公司股权。若企业如期归还贷款，则在其引进其他投资人时，苏州 X 小贷公司在同等条件下享有优先认购权。这样，通过锁定企业未来发展的超额收益，大大降低了短期贷款的风险。截至目前，苏州 X 小贷公司通过投贷联动模式操作的贷款项目有 7 家，最终均成功取得企业股权。

六、小结

本章对苏州 X 小贷公司的信贷业务风险管理进行了全面阐述及分析。在研究过程中，首先查阅了目前国内外关于信贷业务风险控制方面的相关理论及案例，作为研究基础；其次，结合笔者就职的苏州 X 小额贷款有限公司实际经营情况，详细介绍了公司的业务流程及风控制度；再次，配合案例列举了目前公司在风险控制方面仍然存在的不足，并分析形成这些问题的原因；最后，针对上述问题提出可行性建议，供公司领导参考，同时也希望启发同行业公司提供更好的解决方案。

参考文献

陶凌云. 商业保理发展的现状与对策——基于浦东33家商业保理企业的调查分析[J]. 新金融, 2014(6): 18 - 22.

钟洁. 保理业务的新发展及前景分析[J]. 时代金融, 2016(17): 287, 293.

蒋敏聪. 保理业务发展现状及风险控制[J]. 财经界(学术版), 2015(22): 132 - 133.

刘文文. 关于我国国际保理业务发展的限制因素及对策研究[J]. 河北企业, 2018(1): 67 - 68.

郑加梅, 陈霜华. 商业保理行业效率评价: 基于DEA模型和上海的证据[J]. 上海立信会计金融学院学报, 2018(5): 111 - 120.

吴传旺. 云链金融商业保理平台面临融资问题与应对措施分析[J]. 现代商业, 2018(25): 43 - 44.

赵永军. 工程建设保理: 盘活应收账款[J]. 施工企业管理, 2013(2): 85 - 87.

房丽媛, 张子彪, 程雪. 供应链金融保理资产证券化的应用与发展[J]. 金融市场研究, 2018(3): 33 - 40.

田奇. 金融保理融资对降低中小企业应收账款成本问题的研究[J]. 中国商论, 2018(18): 35 - 36.

梁金祥, 李宝德, 梁正大. 经济新常态下商业保理实施证券化融资[J]. 金融经济, 2016(8): 135 - 136.

陆昊天. 浅析财务信息系统在商业保理模式中的应用[J]. 中国商论, 2018(7): 170 - 171.

熊阳春. 商业保理人才培养模式探索[J]. 合作经济与科技, 2016(15): 133 - 134.

张法, 张秀娥. 利益权衡视野下的应收账款反保理融资模式探究[J]. 行政与法, 2018(2): 42 - 50.

支磊. 金融业保理资产证券化结构探析——以摩山保理资产支持专项计划为例[J]. 财会月刊, 2017(23): 80 - 84.

谢秀维. 小议我国银行电子化的成效与制约因素分析[J]. 时代金融, 2012(18): 139.

傅巧灵,赵睿.电子渠道迅速发展对商业银行基层营业机构建设的影响——以北京为例[J].经济研究参考,2013(29):65-69.

钟鼎礼.对基层国有商业银行网点转型的思考[J].当代经济,2008(8):149-151.

张玉庆,马树江,宋利鹏.现代商业银行运营管理模式探讨[J].华北金融,2011(5):30-32.

王保平.国外商业银行运营管理实践及其借鉴意义[J].经济论坛,2009(18):64-66.

宗少俊,周明,孔新荣,等.我国大型商业银行运营管理体系建设研究[J].农村金融研究,2011(9):46-50.

迟国泰,孙秀峰,郑杏果.中国商业银行收入结构与收入效率关系研究[J].系统工程学报,2006(6):574-582,605.

孙秀峰,迟国泰,杨德.基于参数法的中国商业银行规模经济研究[J].中国管理科学,2005(4):24-32.

魏煜,王丽.中国商业银行效率研究:一个非参数的分析[J].金融研究,2000(3):88-96.

赵旭.国有商业银行效率的实证分析[J].经济科学,2000(6):45-50.

周逢民,张会元,周海等.基于两阶段关联DEA模型的我国商业银行效率评价[J].金融研究,2010(11):169-179.

肖海霞,柴用栋.中国商业银行营业网点绩效比较研究——基于SBM的三阶段DEA模型的实证分析[J].生产力研究,2015(4):33-36.

赵永乐,王均坦.商业银行效率、影响因素及其能力模型的解释结果[J].金融研究,2008(3):58-69.

韩松,苏熊.中国商业银行结构效率研究:基于复杂网络DEA模型[J].中国管理科学,2016(8):1-9.

张健华.我国商业银行效率研究的DEA方法及1997—2001年效率的实证分析[J].金融研究,2003(3):11-25.

林树,李翔,杨雄胜等.他们真的是明星吗?——来自中国证券基金市场的经验证据[J].金融研究,2009(5):107-120.

宋光辉,王晓晖.明星现象、家族策略与投资者的选择——基于中国主动型股票类基金的经验证据[J].财贸经济,2011(05):45-50.

郭春松,蔡庆丰,汤旸炀.基金家族的业绩关联与溢出效应——基于共同技能效应与共同噪声效应的实证研究[J].金融研究,2015(05):162-177.

王晋忠,张夏青.基金业绩溢出效应及对开放式基金家族造星行为的影响[J].经济理论与经济管理,2017(02):67-77.

王会娟,张然.私募股权投资与被投资企业高管薪酬契约:基于公司治理视角的研究[J]. 管理世界,2012(09):156-167.

谈毅,叶岑. 风险投资在公司治理结构中的效率分析[J]. 中国软科学,2001(04):46-51.

简新华,石华巍. 独立董事的"独立性悖论"和有效行权的制度设计[J]. 中国工业经济,2006(03):60-67.

姚伟峰. 独立董事制度,真的有效吗?——基于上市公司行业数据的实证研究[J]. 管理评论,2011(10):31-35.

后　记

本书属于"China Knowledge：金融科技与资产管理系列丛书"之一，该系列丛书由 SKEMA BUSINESS SCHOOL（法国 SKEMA 商学院）中国苏州校区学术校长林桦教授主编。编辑组成员由陈作章（副主编，总编）、于宝山（副主编）、陈奕君、戴子一、邹嘉琪、史佳铭、杨刘礴睿等组成。

本书共六章，第一章由史晓璐撰写，第二章由琚丹、于宝山和杨刘礴睿撰写，第三章由王梓蓉和汤清源撰写，第四章由王欢、陈作章和杨刘礴睿撰写，第五章由赵媛媛和于宝山撰写，第六章由李鑫、陈作章和于宝山撰写。

本书由陈作章和于宝山修改、总纂与定稿，在本书研讨与撰写过程中，杨刘礴睿、汤清源等作为 China Knowledge 研究项目助理研究员在资料收集和整理上做了大量工作。本书在出版过程中得到苏州大学商学院、苏州大学出版社有关领导与专家以及各位撰写者的支持和帮助，在此一并表示感谢！

本书研究中国特色社会主义市场经济发展中商业银行经营模式创新问题，以理论联系实际、实事求是的研究态度，透过现象看本质的指导思想以及问题导向的研究思路，针对中国金融发展的实际问题深入研究，因此，该研究成果具有较高的理论和实际应用价值。本书可作为中外金融机构高管、高等院校教师、研究生和 MBA 学员等学习与研究的参考资料和案例教学的教材使用。

由于著者水平有限，书中难免存在疏漏和错误之处，恳请各位专家和学者批评指正。

著者

附：

关于中盛

中盛集团致力于为全世界投资者提供中国市场的商业资讯、投资咨询以及其他相关产品的服务。中盛集新闻、出版、在线、传媒、研究和咨询服务于一体,为在中国投资的海外客户提供一站式服务。同时,中盛也为中国国内的客户提供产品和服务,帮助中国政府机构和企业在海外扩大影响及开拓国际市场。

中盛独有的商业模式以及具有强大优势的产品集合,不仅满足了客户对基本投资信息的需要,更在错综复杂的执行层面上为投资者提供服务。

专业出版

中盛出版致力于为全球的投资者、银行家、专家学者等提供高质量、有深度的专业出版物。在经常性的市场调研和对客户深入了解的基础上,中盛在世界上首次推出了一系列以行业划分的专业商务指南。这些出版物在形式和内容上的创新,为中盛赢得了广泛赞誉。

中盛出版依托其母公司新加坡中盛集团,将出版物发行到四大洲,40多个国家。

市场调研

中盛集团的行业研究处于国际领先水平,为有意投资中国市场的投资者提供深入、广泛的行业信息。中盛的研究咨询服务始终保持着全面、高品质的优势。

时至今日,中盛的研究领域已经扩大到中国的40多个行业。散布于中国众多城市的高素质的研究团队,始终为客户提供高品质的研究服务,在各种投资项目中扮演着重要角色。

中盛的研究报告也可以通过汤姆森咨询(Thomson Corporation)、彭博通讯社(Bloomberg)、路透社(Reuters)或众多在线分销商获得。

新闻专线

中盛新闻提供及时、深入报道中国经济的付费新闻服务。中盛新闻通过众多平台发布,覆盖了平面媒体、电台、电视台以及网络等媒体的广大受众。众多全球知名的资讯提供商都在使用中盛新闻来丰富其信息资源。

近几年,世界上众多大型的传媒机构、新闻提供商以及研究机构纷纷采用中盛的新闻。例如彭博社(Bloomberg)、道琼斯路透资讯(Factiva)、律商联讯(Lexis Nexis)、汤姆森资讯、FactSet以及欧洲货币的ISI新兴市场、香港贸发局等。

中盛针对中国重大的经济和金融事件发表独特、深入的评论,受到传媒业内人士、客户和读者的好评。每天,中盛的新闻和评论都能及时到达追求高质量报道的读者手中。

咨询服务

中盛咨询致力于为在中国市场的外国投资者提供全方位、有深度的投资咨询服务;同时也为中国政府和企业提供投资海外的咨询服务。

中盛咨询之所以能帮助客户在较短时间内解决投资过程中遇到的各种复杂问题,并得到他们的信任,在于它对中国的行业发展有着深入的研究,并了解外商在中国投资的程序和具体事宜。中盛的业务已经扩大到中国的众多省份。几年来,中盛咨询以财经顾问的身份参与了众多大中型投资项目,为这些项目的实施提出了大量有价值的建议。

中盛咨询的团队成员敬业乐业、充满激情,深受客户的信任,并随时准备迎接新的挑战,为客户创造更大的价值。

Appendix:

About China Knowledge

China Knowledge is in the business of providing business solutions and products on China. Within the Group, we have publishing, newswires, research, online and a wide range of consulting services offer to foreign businesses seeking opportunities in China. Our products and services also serve domestic clients which include governments, ministries, state-owned and private enterprises seeking to market to the global markets.

Our business model is unique and powerful as it seeks to fulfill the most basic informational needs to complex execution services.

Professional Publishing

China Knowledge Press is a leading provider of high-quality and in-depth contents to professional, investors, bankers and academia worldwide. We constantly research the markets to understand the needs of our clients. As a pioneer in publishing some of trendsetter guidebooks have earned us the reputation of being the first in numerous industries and sectors.

Since its inception into China Knowledge Group, the products have reached out to more than 40 countries across 4 continents.

Market Research

Our research reports pioneer in publishing some of the world's first industry intelligence. We seek to deliver in-depth and objective information, and offer services to global businesses seeking opportunities in China, and pride ourselves on maintaining the highest standards of quality and integrity in our research and consulting service.

Today, our research capability covers more than 40 industries across China. Our teams of research analysts based in numerous Chinese cities are highly qualified and excel in providing the highest quality business intelligence that is business practical. The analysts are often engaged in collaborative consulting relationships with our clients to make executable strategies in meeting business and financial objectives.

The contents are also available in Thomson Corporation, Bloomberg, Reuters and many other online resellers.

Newswires

China Knowledge Newswires is a premium brand on quality, in-depth and timely news covering China. Our newswires is featured on a variety of platforms and reaches an extensive audience on print, radio, TV and the Internet. The global content providers and news aggregators have been relying on our news to enhance their content and extend their sources.

Over the years, the world's largest media groups, news providers and research vendors use our newswires to add to their product lines. For example, China Knowledge's newswires is resold in Dow Jones & Company's Factiva, Lexis Nexis, FactSet, Thomson Corporation's Dialog, ThomsonOne, Euromoney's ISI and many other similar businesses are negotiating for our newswires.

Consulting

China Knowledge Consulting has been the most dynamic and complete in terms of consulting services to foreign companies seeking business opportunities in China. On the outward, we offer the most complete services to local Chinese government departments and companies in pitching their services to overseas businesses.

We have become a trusted name in executing complex tasks required by our clients in many parts of leveraging on our extensive operations. We have unparallel depth of both functional and industry expertise as well as breath of geographical reaches in China. Over the years, our consulting has evolved into one that adds tremendous values in areas of financial advisory services capable of executing mid to large size transactions.

At heart, we are a big family who are passionate about taking immense challenges that create values and trusted relationship with our clients.